Florian Riess

Staat und Kirche

Florian Riess

Staat und Kirche

ISBN/EAN: 9783744656207

Hergestellt in Europa, USA, Kanada, Australien, Japan

Cover: Foto ©ninafisch / pixelio.de

Weitere Bücher finden Sie auf **www.hansebooks.com**

Die

Encyclica Papst Pius' IX.

vom

8. Dezember 1864.

Stimmen aus Maria-Laach.

XII.

Staat und Kirche.

Freiburg im Breisgau.

Herder'sche Verlagshandlung.

1869.

Staat und Kirche.

Von

Florian Rieß,

Priester der Gesellschaft Jesu.

Freiburg im Breisgau.
Herder'sche Verlagshandlung.
1869.

Einleitung.

1. **E**in Jahrhundert in Umwälzungen und blutigen Kriegen, deren Ende nicht abzusehen ist, stellt die Außenseite des Versuches dar, den Staat auf ganz anderen Grundlagen zu erbauen, als die Weisheit vorangegangener Zeitalter für nöthig gehalten. Unter dem Vorwande nämlich, die Rechte der Natur wieder herzustellen, trennte das vorige Jahrhundert die weltliche von der geistlichen Ordnung, ja von Gott überhaupt, und räumte dem Menschengeiste seinem Schöpfer gegenüber eine unbeschränkte Freiheit ein. Längst ist es durchschaut, daß der Staat ohne Gott, oder die atheistische Gesellschaftslehre die letzten Aufschlüsse über die verschiedenen Formen und Abstufungen der Revolution bietet und daß auf diesen Wegen ein dauernder öffentlicher Friede, dieser erste Bestandtheil aller staatlichen Wohlfahrt, nimmer zu hoffen ist. Unverkennbar ist auch das Ringen aller Bessern, von dieser unheilvollen Grundlage wegzukommen und gegen die Alles bedrohenden Fluthen eine starke Wehr aufzurichten. Wir kennen aber keine andere Hülfe, als jene, die Gott selber der menschlichen Gesellschaft gegeben hat. Das Weichen von diesem Grunde, wie die unfehlbare Wirkung, das Verderben der Gesellschaft, mit den Bedingungen der Rückkehr in's gehörige Licht zu setzen, ist die Aufgabe der folgenden Abhandlung. Die Beleuchtung der Grundsätze des §. VI. und §. X. des Syllabus soll uns hiezu dienen. Die innere Verwandtschaft derselben wird es rechtfertigen, wenn wir die Trennung von Staat und Kirche mit der Religionsfreiheit zusammennehmen; bildet doch diese nur die Kehrseite von jener und gehören beide wesentlich zur liberalen Socialdoctrin.

Wir beginnen mit einer geschichtlichen Erörterung der Thesen, um darauf die sachliche Würdigung ihrer Irrthümer folgen zu lassen.

Erster Theil.

Geschichtliche Erörterung der Thesen.

§. 1. Die Thesen 39 und 40.

2. Der Satz, den wir an der Spitze des §. VI. erblicken [1]:

„Der Staat, als der Ursprung aller Rechte, besitzt ein gewisses unbegrenztes Recht"

wird in der Quelle [2] als der letzte Ring an der Kette der materialistischen Irrlehren charakterisirt; er erscheint als die Spitze, durch welche sich die atheistische Weltansicht gegen die auf den Ideen der Gerechtigkeit und Religion erbaute Gesellschaft kehrt; er bildet das Schlagwort einer Partei, welche mittelst seiner den radicalen Umsturz der bestehenden Ordnung zu legitimiren sucht. „Indem sie ferner Lüge auf Lüge, Wahnsinn auf Wahnsinn häufen und alle rechtmäßige Auctorität und alle legitimen Rechte, Verpflichtungen und Gebote mit Füßen treten, tragen sie kein Bedenken, an die Stelle des wahren, legitimen Rechtes falsche, erlogene Rechte der Kräfte zu setzen und die moralische Ordnung der materiellen zu unterwerfen. Auch anerkennen sie außer den stofflichen keine andern Kräfte und setzen alle moralische Bildung und Sittlichkeit in die Anhäufung und Vermehrung der Reichthümer, wie immer sie geschehe, und in die Befriedigung jeder Art schlechter Lüste. Und mit solchen nichtswürdigen und abscheulichen Grundsätzen hegen und pflegen und erheben sie den verworfenen Sinn des gegen den Geist sich empörenden Fleisches und legen diesem natürliche Befugnisse und Rechte bei, welche nach ihrem Vorgeben von der katholischen Lehre mißhandelt werden, wobei sie die Mahnung des Apostels: „„wenn ihr nach dem Fleische lebet, werdet ihr sterben; wenn ihr aber durch den Geist die Werke des Fleisches ab-

---

[1] „Reipublicae status, utpote omnium jurium origo et fons, jure quodam pollet nullis circumscripto limitibus."

[2] Maxima quidem vom 9. Juni 1862. S. Recueil des allocutions etc. citées dans l'Encyclique et le Syllabus du 8. Décembre 1864 p. 458.

töbtet, werdet ihr leben""", gänzlich verachten. Außerdem geht ihr Stre=
ben dahin, alle Rechte jeglichen rechtmäßigen Eigenthums zu vergewal=
tigen und zu vernichten, und so erdichten sie fälschlich und bil=
den sich ein ein gewisses von keinen Grenzen umschriebenes
Recht, von dem sie wähnen, der Staat, nach ihrer leichtfertigen Mei=
nung der Ursprung aller Rechte, sei damit ausgerüstet."

3. Die Grundlage dieser Staatslehre bildet also in Wirklichkeit der
vollendete Abfall vom Geiste zum Fleische, d. h. nicht nur von der über=
natürlichen Ordnung und ihrem Gesetze, sondern auch aus der natür=
lichen Wahrheit in die Lüge, aus der natürlichen Gerechtigkeit in die
Revolution und Willkürherrschaft. Für die Bekenner der unbegrenzten
Staatsmacht ist die Offenbarung und das göttliche Recht der Kirche ein
überwundener Standpunkt. Auch die Lehre der natürlichen Vernunft
über die Unerbittlichkeit des Sittengesetzes; über die Vergeltung nach
dem Tode; über den Unterschied von gut und bös, Tugend und Laster;
über die Pflichten gegen Gott, die socialen wie die privaten, hat bei
dieser Partei keine wirksame Geltung mehr. Weil aber die menschliche
Natur doch eines festen Haltes für den Einzelnen wie für die Gesell=
schaft bedarf, wird der Staat zu einem unumschränkten Wesen, zu einer
Art Gottheit gemacht. Er soll seinen Anbetern Alles ersetzen: die Vor=
sehung, das Gewissen, den Himmel, das Gericht, das höchste Gut. In
dem vollkommenen Chaos der Religion, der Tugend und Wahrheit ist
das Vaterland noch das einzig gebliebene Eiland, an das sie sich krampf=
haft anklammern, die Liebe zu ihm die einzige Tugend; freilich wird es
unter ihren Händen ein Idol, sein Cult eine neue Art von Götzendienst,
deßhalb auch wie der alte mit jeder Art von Unsittlichkeit und selbst
Ungeheuerlichkeit verbunden. Das ist in kurzen Zügen die atheistische
Staatslehre. Wer sich ihr ergeben hat, will begreiflich mit dem Seelen=
heil nicht weiter behelligt werden; in der Erinnerung an die Ewigkeit,
auf die er nimmer hofft, liegt für ihn kein Trost; die Sorge für die
Rettung der Seele sei, beredet er sich, ein Abweg von der wahren mensch=
lichen Glückseligkeit; in der Mahnung der katholischen Lehre zur Ab=
töbtung sieht er nicht eine wohlthätige Anleitung zum Heile, sondern eine
Feindseligkeit gegen das menschliche Geschlecht.

4. Hier findet dann die 40. These [1]:

---

[1] „Catholicae Ecclesiae doctrina humanae societatis bono et commodis
adversatur."

ihren Ort. Sie ist jener beredten Schilderung von den Anstrengungen
der Geheimbünde zur Umwälzung von Staat und Kirche, im ersten
Rundschreiben Pius' IX. entlehnt [1]: „Damit sie die Völker desto leichter
hintergehen und die Unerfahrenen und Unvorsichtigen betrügen und mit
sich in ihre Irrthümer hineinziehen, geben sie lügnerischer Weise vor,
ihnen allein seien die Wege zur Wohlfahrt bekannt, und maßen sich
frischweg den Namen Philosophen an, als ob die Philosophie, welche
sich nur mit der Erforschung der natürlichen Wahrheit abgibt, dasjenige
zurückweisen müßte, was Gott Selber, der höchste und gütigste Urheber
der gesammten Natur, aus besonderem Wohlwollen und Erbarmen den
Menschen kundgeben wollte, damit sie das wahre Glück erreichen." Ein
Beispiel aus dem Leben veranschaulicht übrigens am besten die Wohl=
fahrt, welche von dieser neuen alleinseligmachenden Philosophie der Atheisten
den Völkern und den Einzelnen zugedacht ist. Es ist der kurzen Herr=
schaft der Partei in der Römischen Republik vom J. 1849 entlehnt [2].
„Es ist Niemanden verborgen, in welch trauriger und beklagenswerther
Lage sich Unsere geliebtesten Unterthanen durch die Wirksamkeit eben
jener Menschen, welche so schwere Verbrechen gegen die Kirche be=
gehen, befinden. Der öffentliche Schatz ist vergeudet, erschöpft; der
Verkehr liegt darnieder; unerschwingliche Steuern werden Hoch wie Nieder
auferlegt; das Privateigenthum wird denen, die sich Volksführer schelten
lassen, preisgegeben; die Freiheit der Gutgesinnten ist in Frage gestellt
und in höchster Gefahr, ihr Leben durch den Dolch des Meuchelmörders
bedroht; das, und wie die schweren Uebel noch heißen mögen, durch
welche die Bürger geängstigt und in Schrecken gehalten werden, sind
also die Anfänge jener Glückseligkeit, welche die Feinde des Papstthums
verheißen." Möchten doch, schließt der Papst, diese Heimsuchungen den
Bethörten die Augen öffnen und dieselben erkennen lassen, daß all' diese
Uebel aus der Verachtung der Religion stammen und daß eben nur „bei
der göttlichen Lehre Christi und Seiner heiligen Kirche Hülfe zu finden
ist, sofern diese Lehre als fruchtbare Mutter und Pflegerin aller Tugen=
den und als Feindin der Laster, wie sie die Einzelnen zu Wahrheit und

---

[1] Qui pluribus vom 9. November 1846. Acta ex quibus excerptus est
Syllabus. Romae, 1865. p. 5.
[2] Allocution Quibus quantisque vom 20. April 1849.

Gerechtigkeit führt und durch das Band gegenseitiger Liebe verknüpft, so für die öffentliche Wohlfahrt der bürgerlichen Gesellschaft und ihre Ordnung eine außerordentliche Sorge und Thätigkeit entfaltet."

5. Die Staatsvergötterer zerstören also bei ihren Anhängern nicht allein die Hoffnung auf ein besseres Jenseits, sie vernichten auch die irdische Wohlfahrt der Einzelnen wie der Völker, wie die neuesten Erfahrungen ebenso wohl als die Zeiten des römischen Verfalls und die Schreckensherrschaft am Ende des vorigen Jahrhunderts beweisen. Ohne Religion und Sittlichkeit auch kein zeitliches Glück. Die katholische Lehre dagegen stellt jene moralischen Güter sicher, also ist sie auch in zeitlicher Hinsicht eine Wohlthäterin, und Jene, welche dieselbe untergraben, sind die wahren Feinde der menschlichen Gesellschaft. Mit dem alten Heidenthum lebt auch die Sprache der christlichen Apologeten wieder auf.

6. Ist die Lehre, daß der Staat ein unbegrenztes Recht habe, ja die Quelle alles Rechtes sei, Absolutismus und zwar in seiner Vollendung, so hat die Kirche mit der 39. These diese sociale Irrlehre formulirt und geächtet, während sie in der 40. die materialistische Unterlage indirect, direct aber die irreligiöse Staatslehre, oder die Trennung der Gesellschaft von dem Lichte der geoffenbarten Wahrheit, kennzeichnet. Wir erhalten also hier die Aussicht auf drei Seiten der atheistischen Staatslehre: in ihrer Rechtslehre ist sie absolutistisch, in der Sittenlehre materialistisch, der Offenbarung gegenüber ungläubig. Um bezüglich des ersten Merkmals Mißdeutungen zu entgehen, ist es gerathen, sich an das zu halten, was die These ausspricht. Vieles wird in Folge des verwirrten Sprachgebrauchs für Absolutismus ausgegeben, was in Wahrheit entweder zu den berechtigten Staatsformen gehört, von denen hier ganz abzusehen, oder rechtmäßige Behauptung der Staatsgewalt ist. Wäre freilich nur jener Gebrauch der Gewalt legitim, welcher und so lange er von den Untergebenen gesetzt und anerkannt ist, oder nur jene Staatsverfassung im Recht begründet, welche sich auf den Volkswillen als ihre Quelle stützt: dann müßte man alle Ansprüche auf ein selbsteigenes Recht der höchsten Auctorität als Ausflüsse des Absolutismus ansehen, ebenso jede unwiderrufliche Entscheidung, oder die „rechtliche Unfehlbarkeit" der rechtmäßigen Gewalt, auch so lange sie im Kreise ihrer Befugnisse bleibt, als absolutistisch preisgeben [1]. „Der Souverän kann

----

[1] Vergl. Dr. Held. Staat und Gesellschaft vom Standpunkte der Geschichte der Menschheit und des Staates. Leipzig. Brockhaus. 1863—65. II., 535. 587.

nicht Unrecht thun", lautet die von Hobbes eingeführte Parole des Ab=
solutismus; doch läßt diese verrufene Phrase eine Deutung zu, welche
ihr den schlimmen Sinn benimmt; wenn wir sie nämlich verstehen von
dem Souverän, soferne er seine Gewalt in legitimer Weise gebraucht.
Es würde aber der krankhafte Proceß zum Absolutismus hin in dem
Augenblicke ansetzen, als die höchste Gewalt im Staate die Grenzen ihrer
Befugnisse mißachtete. Und das gälte ebenso wohl von Autokraten als
von einer demokratischen Regierung, ob constitutionelle Formen bestünden
oder nicht. Die Vollendung langte dann bei der Lehre der 39. These
an, daß der Souverän das Recht mache, in keiner Weise voraussetze,
und bei diesem Geschäfte einer schrankenlosen Macht sich erfreue.

7. Nach dem eben citirten Staatsrechtslehrer stellte der Absolutismus
eine der verschiedenen Ansichten vom „Staatsprincip", oder wie Andere
sagen, von der Staatsidee [1] dar; oder er wäre eine irrige Ansicht von
Dem, was der Staat nach der göttlichen Weltordnung unter uns Men=
schen hier auf Erden sein soll. Die entsprechende Praxis, durch Staats=
streiche, widerrechtliche Gesetze, oder durch Umwälzungen, könnte mannig=
fach sein und müßte von der Theorie wohl unterschieden werden. Die
absolutistischen Grundsätze können mit andern Worten ebenso wohl in
hochconservativen Kanzleien als tiefrevolutionären Clubs sich vorfinden.
Die verschiedenen Auffassungen vom Staate spiegeln sich aber vornämlich
in den Ansichten über den Ursprung und die Bestimmung desselben.
Dr. Held sucht mit Recht Beides im göttlichen Schöpfungsgedanken, der
wissenschaftlich erkennbar ist „in dem allgemeinen natur= und vernunft=
nothwendigen freigeselligen Wesen des Menschen." Soferne wir der Hülfe
des Christenthums bedurften, um das göttliche Ebenbild in der Einzeln=
wie in der Socialpersönlichkeit deutlicher zu erkennen, müssen wir im
Allgemeinen diese Ableitung des Staates aus der sittlichen Menschen=
natur und seine Rückführung auf die göttliche Weltordnung die christ=
liche Staatsidee nennen. Nicht als ob sie eine geoffenbarte Wahrheit
enthielte, sondern nur in dem angegebenen Sinne, daß das Licht der
christlichen Aera erst diese tiefere Erfassung des Staates ermöglicht hat[2].
Dieses schicken wir voraus, um den Begriff des genannten Auctors vom
Absolutismus besser würdigen zu können. Der Absolutismus, den er

---

[1] v. Moy. Grundlinien einer Philosophie des Rechtes. Wien 1854. Mayer. II.
S. 8 ff.

[2] Vergl. Dr. Held. A. a. O. II, 637. 638.

von der Anarchie und vom Despotismus wie vom Constitutionalismus unterscheidet, ist, wenn wir seine Erklärung in die gewöhnliche Sprache übertragen, der Staatsgrundsatz, welcher das gesammte, öffentliche wie private Rechtsleben von der gesetzgebenden Gewalt im Staate abhangen läßt; während beim Despotismus die individuelle Willkür des Souveräns darüber entscheidet, in der Anarchie aber die Rechte der Staatsgewalt den Ansprüchen der Untergebenen geopfert werden [1]. Der Constitutionalismus dagegen (offenbar in einem weiteren, als dem gewöhnlichen Sinne genommen) wäre die durch rechtliche Einrichtungen gesicherte Beschränkung der höchsten Gewalt zu dem Zwecke, um Freiheit und Ordnung nach den Forderungen der göttlichen Idee vom Staate auszugleichen [2].

8. Unseres Dafürhaltens würde, wie dem Despotismus die Anarchie, so dem Absolutismus der Liberalismus richtiger zur Seite gestellt; dagegen der Constitutionalismus aus dieser Reihe herausgenommen, weil er mehr eine besondere Verfassungsform als eine eigenthümliche Auffassung von der Bestimmung des Staates zu enthalten scheint. Für das Erstere spricht auch der geschichtliche Gegensatz; der Liberalismus hat sich theils dem protestantischen, theils dem gallicanischen Staatsprincip gegenüber ausgebildet und wie es gewöhnlich geschieht, das Fehlerhafte an diesen Gestalten des Absolutismus nicht verbessert, sondern auf die Spitze getrieben. Nach dieser Seite hin stellen sich beide, Absolutismus und Liberalismus, als Krankheitsformen der christlichen Gesellschaftsentwicklung dar, während Despotismus und Anarchie mit der vorchristlichen Zeit gemein sind. Darauf weist auch, daß die letztgenannten eine habituelle Unordnung mehr auf dem Willensgebiet der Herrschenden und Gehorchenden, der Liberalismus und sein Gespan dagegen in dem höhern Reiche der Intelligenz zur Erscheinung bringen. Deßhalb tritt das Verderben des Absolutismus im Gewande falscher Doctrinen auf.

---

[1] Absolutismus ist „der Staatsgrundsatz, infolge dessen der nach den gegebenen Umständen principiell möglicherweise richtig aufgefaßte Staat und sein ganzes Leben, oder beides, soweit es richtig aufgefaßt, und diese richtige Auffassung in der Sitte, Gewohnheit oder in Gesetzen, welche auch das Staatsoberhaupt binden, ausgesprochen ist, von dem staatlichen Willen des Trägers der Staatsgewalt abhängt." A. a. D. II, 641.

[2] „Das Princip der rechtlich beschränkten Staatsgewalt unterscheidet sich von den vorausgegangenen insoferne, als nach ihm grundsätzlich in der ganzen Einrichtung und Lebensthätigkeit des Staates die richtige Ausgleichung zwischen Freiheit und Ordnung durch diesem Zweck entsprechende Rechtsinstitutionen versucht wird."

Daher wird man die christliche Staatsidee als den eigentlichen Gegensatz von Liberalismus und Absolutismus betrachten müssen, während der Anarchie und Despotie die Herrschaft der gerechten Gesinnung oder der Gerechtigkeit gegenüber steht.

9. Eine lichtvolle Ergänzung bietet Jarcke, wenn er auf die Anschuldigung der Liberalen eingeht: der Absolutismus sei die nothwendige Folge des Princips, das vom Christenthume aufgestellt werde, daß alle Gewalt von Gott komme. Umgekehrt, erwiedert Jarcke, ist „die Doctrin des Absolutismus erst im Kampfe gegen die Institutionen des Mittelalters entstanden." „Irrgläubige und atheistische Philosophie haben sich zum Versuche der wissenschaftlichen Begründung desselben die Hand geboten. Das auf eine pseudotheokratische Grundlage gestellte falsche göttliche Recht der Könige, wie Salmasius und Masenius es lehrten, ist nur eine Maske für die bittere Gehässigkeit gegen den christlichen Staat, welche Hobbes und Baruch Spinoza zuerst in ein wissenschaftliches Lehrsystem brachten. Beiderlei Formen, eine nicht minder gottlos als die andere, sind nur Spielarten derselben heidnischen Staatslehre, die von der Vergötterung der weltlichen Gewalt ausgeht [1]." Hienach müßten wir das Specifische des Absolutismus in den Rückfall in die heidnische Staatsidee legen. Soferne nämlich bei dieser die Unterordnung der Staatsgewalt unter die Schranken des göttlichen Gesetzes und die Ableitung aus dem göttlichen Willen mangelt, hat sie mit dem Absolutismus allerdings die Lehre gemein, daß nicht Gott, sondern der Mensch der Urheber des Rechtes und seiner Ordnung im Staate sei. Der wesentliche Unterschied aber von der heidnischen Idee bestände immerhin darin, daß diese das Licht der Offenbarung erst noch zu gewärtigen hatte. Daraus folgte von selber, daß eigentlich die Verachtung der göttlichen Oberherrlichkeit das Charakteristische des Abfalls von der christlichen Staatsidee bildet. Insoferne hat es guten Grund, was ein berühmter Publicist, der Convertit Adam von Müller, am Anfange des Jahrhunderts, im Angesichte der Verirrungen der deutschen Philosophie auf diesem Gebiete, ausgesprochen hat: „Ich sehe in der allgemeinen Schwärmerei für die Chimäre des absoluten Staates, des absoluten Gesetzes und der absoluten Vernunft nichts Anderes, als das Ringen und Drängen eines unglücklichen Geschlechtes nach dem persönlichen Gott, von dem es abgefallen ist [2]."

---

[1] Principienfragen. Paderborn. Schöningh 1854. S. 57.

[2] Von der Nothwendigkeit einer theologischen Grundlage der gesammten Staatswissenschaft. Leipzig 1819. S. 4.

10. Damit erhalten wir neue Aufschlüsse für die Feindschaft des (philosophisch vollendeten) Absolutismus gegen die katholische Lehre. Sein Haß wächst in der That, in dem Maße als er sich ausprägt. Natürlich! Der Absolutismus ist der Gipfel des Hochmuthes, der den Menschen antreibt, sich auf den Herrscherthron Gottes zu erschwingen, und um so schuldbarer, weil ihm das Licht der christlichen Erkenntniß zur Seite steht, das den Heiden mangelte. Die katholische Lehre dagegen, wie sie die Herrscherrechte Gottes mit unerbittlicher Strenge festhält, ist ihrem Ursprunge nach schon ein lebendiges Zeugniß für die tiefste Selbstherablassung Gottes, zugleich ein fortwährendes Lob Seiner Menschenfreundlichkeit. Durch all' das aber enthält sie ein bleibendes Verwerfungsurtheil über den Absolutismus. Kaum irgendwo tritt die berührte Feindseligkeit mehr zu Tage, als bei der heute so weit verbreiteten Hegel'schen Staatsphilosophie, deren verderbliche Einwirkung nicht allein in den verschiedenen Streitigkeiten zwischen Staat und Kirche auf deutschem Boden, sondern weit darüber hinaus in politischen und socialen Umwälzungen der Gegenwart sich fühlbar macht. Will man die atheistische Staatslehre in ihrer Abrundung kennen lernen, so muß man eben bei dieser Philosophie ansprechen. In ihr sind wie in einer Grundsuppe alle socialen Irrlehren, die sich auf dem Wege des Abfalles von der Offenbarung in Englands Skeptikern und Freigeistern, in Frankreichs Sensualisten und Deutschlands Rationalisten seit zwei Jahrhunderten erhoben haben, zusammengeflossen, vielleicht um durch ihre Ungeheuerlichkeit dem Menschengeiste länger zu imponiren. Daher denn auch ihr tödtlicher Haß gegen die katholische Lehre, der sich wie eine giftgeschwängerte Atmosphäre auf faulem Moorgrunde erhebt. Hier haben wir also eine geschichtliche Ausprägung für unsere beiden Thesen, welche die beste Erläuterung derselben bietet [1].

11. Selbst von wohlmeinenderen deutschen Publicisten konnte man, aus Anlaß der Kirchenstreitigkeiten in den verflossenen Decennien, den Grundsatz zu Markte bringen sehen, „daß die Principien des modernen Staates und der katholischen Kirche, da beide kein Gleichberechtigtes neben sich anerkennen, unvereinbar seien." Es ist deßhalb nicht überflüssig, an die Voraussetzung zu erinnern, unter welcher allein dieses richtig ist. Diese ist keine andere als die Lehre der Hegelinge, daß der arme moderne Staat das „griechische Princip" in seinen Eingeweiden

---

[1] Um nicht den Gang der Abhandlung zu verwickeln, haben wir eine nähere Beleuchtung der Hegel'schen Staatsidee in den Anhang verwiesen.

trage, also mit einer Staatsreligion alten Styles schwanger gehe. —
Es ist richtig unter der Voraussetzung, daß, wie bei den Stürmen gegen
die badische Convention bemerkt wurde, der moderne Staat die „gött=
liche Mission" (was ist bei den Hegelianern nicht Alles göttlich!) „em=
pfangen hat, alle hohen und sittlichen Lebenszwecke menschlicher Gesell=
schaft mittelst seiner Ordnungen zu erreichen"[1]. Auch sind, wie Bei=
spiele beweisen, unerquickliche Vermischungen des heidnisch=absolutistischen
Staatsprincips mit dem sogenannten christlichen des 16. Jahrhunderts
noch keineswegs ausgestorben. Ein Musterbild dieser Art bot seiner
Zeit eine „christlich=staatsrechtliche Abhandlung", welche zu zeigen ver=
suchte, „daß es dasjenige nicht geben soll, was man gewöhnt ist, Kirche
zu nennen." Zur Motivirung dieses Wunsches wurde da im Hegel'schen
Sinne geltend gemacht, das Leben der Menschheit dürfe nur Einen
Zweck, den Staat, haben; daher soll „der Staat als Rechtsverfassung
und als religiöse Verfassung absolut vereinigt, ganz und innerlich eins
sein." Da hätten wir also wieder das „griechische Princip"![2] „Die
Menschheit hat eben nur e i n e n Gesammtlebenszweck, wie nur e i n
Dasein." Das wäre vorerst noch zu prüfen! „Ein Volk, worin Rechts=
verfassung und Kirche scharf geschieden wären, verzehrte sein eigenes
Lebensmark," was die Ottonen, die Konstantine und andere Größen
unter den Monarchen nicht begriffen haben!

12. Näher aber noch liegt uns die Herrschaft des Hegel'schen Staats=
princips in dem unglücklichen Italien, welche unseren Thesen das Da=
sein gegeben hat:

Einer dieser jungitalischen Hegelinge, d'Ercole, erklärte Vieles,
wenn er schrieb: „Das politische Bewußtsein, welches Italien unter
der Bewunderung der ganzen Welt" (mit einziger Ausnahme etwa der
Pariser Börse) „in dieser letzten Zeit an den Tag gelegt, hat seine
eigentlichen Wurzeln in diesen (Hegel'schen) Principien" (über Staat,
Recht und Religion)[3]. Ein anderer glühender Freund der italienischen
Einheit, der Apostat Spaventa, findet in dem die Hauptaufgabe der Ita=
liener des 19. Jahrhunderts, „sich ganz und wesentlich und vollständig

---

[1] Beleuchtung der Verhandlungen der protestantischen Conferenz in Durlach den
18. Nov. 1859. Von Dr. Karl Zell. Freiburg. Herder 1860.

[2] Dr. Schmitthenner. Das Recht des Regenten in kirchlichen Dingen. Eine
christlich staatsrechtliche Abhandlung. Berlin 1838.

[3] In der nunmehr eingegangenen Hegel'schen Zeitschrift: „Der Gedanke".
II. S. 70. Nach Auszügen im Märzheft des „Katholiken". 1868. S. 259.

innerlich zu befreien" von dem, was er die „Widersprüche des mittel=
alterlich=katholischen Bewußtseins" nennt. Quis tulerit Gracchos de
seditione querentes? Wer hält es aus, wenn die Hegelinge von Wider=
sprüchen reden, sie, die den Widerspruch als Lebensprincip umfassen?
Uebrigens ist es richtig, daß das Hegelthum in seiner Art eine vollkom=
mene „Befreiung" oder Trennung von der christlichen Gesellschaftslehre
darstellt. Als der Hauptfehler der letztern wird der Dualismus zwischen
Staat und Kirche angegeben, zum Entgelt werden wir es als den Haupt=
vorzug Jungitaliens preisen, daß es sich zum Monismus oder zum
„griechischen Princip" bekehrt. Nach der modernen Seligkeitslehre müsse
der Staat als das Ganze gefaßt werden, ja geradezu als „die Verwirk=
lichung der göttlichen Idee in der Praxis des socialen Lebens, wie in
der Wissenschaft und der Kunst, als die reale Selbstoffenbarung Gottes
in der Welt" — und in den Finanzkünsten, wollen wir zur Verherr=
lichung des Hegel'schen Gottes beisetzen, denn seine wirthschaftliche Herrlich=
keit überbietet alle früheren Selbstoffenbarungen dieses Wesens. — „Den
Staat zu begreifen als die Objectivirung des gesammten Menschenlebens
und dieses als die eigentliche Offenbarung des göttlichen Lebens" [1], dies
sei der Grundgedanke für die Aufgabe der modernen Philosophie, wie
die Hegelinge in Italien sie verstehen. Bei solchen Aspirationen ist es
eine große Ehre für die Encyclica Quanta cura und den Syllabus, von
der hegelisch begeisterten Studentenwelt Neapels mit öffentlichen Insul=
ten empfangen worden zu sein. Der Taumel beginnt nun freilich der
Ernüchterung auch in diesen Kreisen zu weichen, wie die allseitige
Reaction gegen das eingeschwärzte Hegelthum beweist. Es ist aber eine
merkwürdige Wendung unserer an Ueberraschungen so reichen Zeit, daß
die Krone der außerkirchlichen deutschen Philosophie vor dem Felsen=
manne schließlich ihr Grab suchen mußte!

13. Der Staat mit widerchristlicher und unsittlicher Grundlage,
wie immer er sich behange, ist innerlich faul, ist die Verwesung der
Gesellschaft, ihre Zersetzung in Atome, bei der man sich für die Zukunft
auf einen Deux ex machina wechselseitig vertröstet, um das Elend der
Gegenwart erträglicher zu finden. Der Hegel'sche Staatsbegriff birgt
deßhalb in seinem Schooße das ausgebildetste Bekenntniß der europäischen
Revolutionspartei. Dies haben die Ehrlicheren unter den Schülern

---

[1] Brief vom 22. März 1865. Im „Gedanken" VI. S. 130 ff. Katholik a.
a. O. S. 270.

offen eingestanden. Das „griechische Princip"[1] ihres Meisters gefiel ihnen aus mancherlei Gründen recht gut; obwohl es einen Rückschritt von zwei Jahrtausenden postulirt, war es wie gemacht für die fortge= schrittenste unter den Parteien der Gegenwart. Aber diese fand zugleich, daß mit ihm oder „mit dem Princip des freien Selbstbewußtseins oder des (Menschen=) Geistes, der absolut ist, der alten Welt gegenüber nir= gends als in abstracto Ernst gemacht werde." Der Standpunkt Hegels sei immer noch der des „theologischen Dusels." Groß seien die Hegel'schen Entdeckungen der Freiheit: daß „die sich selbstbestimmende Vernunft, die Gegenwart des Ewigen", Staat und Geschichte die Sub= jectivirung des Absoluten und nur mehr Ein Gehorsam, der gegen die Vernunft, möglich sei[2]; allein es fehle die diesen Social=Grundsätzen entsprechende gesellschaftliche Praxis. Die Hegel'sche Philosophie ist, „richtig verstanden, die Auflösung aller Systeme. Es fehlt nur, daß der auflösende Denker, der Mensch der Geschichte, der Schöpfer eines ewig jungen Geisteslebens an die Spitze gestellt werde"[3]. Wir sind nicht in die Geheimnisse der Partei eingeweiht, wissen also nicht, ob inzwischen der philosophische Messias erschienen ist. Nach einer um zwei Jahr= zehnte jüngeren Manifestation „auflösender Denker" besitzt der „Humani= tätsstaat" das Arcanum des „ewig jungen Geisteslebens": Beseitigung jeder Fessel für das Fleisch, jeder Dienstbarkeit unter Menschen, sowie des kalten Mein und Dein. Was aber noch das Wunderbarste ist an diesem Eldorado der Zukunft: Alles wird glückselig und es herrscht all= gemeine persönliche Sicherheit[4].

14. So wären wir also glücklich bei unserm Ausgangspunkt, bei der Glückseligkeitslehre der italienischen Geheimbünde[5] angelangt. Diese

---

[1] S. darüber die Erklärung in der Beilage.

[2] Arnold Ruge. Actenstücke. 7. 9. 24. 54 ff.

[3] Arnold Ruge. Ges. Werke. VI. S. 33.

[4] Wer diese und ähnliche neuesten Ausgeburten des antisocialen Aberwitzes näher kennen lernen will, den verweisen wir auf die „Apologetischen Ergänzungen der Fundamentaltheologie" von Dr. Nep. Ehrlich. V. Der Mensch und der Staat S. 288 ff.

[5] „Es wurde mir von Leipzig eine Broschüre zugeschickt, die auf Veranlassung der Freimaurerloge in Padua verfaßt wurde. Diese hat nämlich alle Gelehrten, die in der Schule des Fortschrittes erzogen seien, aufgefordert, ein Gutachten dar= über abzugeben, wie man die unbefugte Einmischung jeder Auctorität in Glaubens= angelegenheiten verhindern könne. Der Verfasser sucht diese Aufgabe zu lösen, in= dem er als die beiden Institute auf Erden, von denen alles Böse herkomme und die deßhalb zerstört werden müßten, das Eigenthum und die Ehe bezeichnet. Das

aber wiederholen nur in schlechtem Ausdruck, was die Materialiſten des vorigen Jahrhunderts mit einer gewiſſen kühnen Originalität hinge= worfen haben [1]. Die Vergötterung der menſchlichen Vernunft endet bei der Verthierung, bei der Läugnung der höhern, ſittlichen Natur in uns, des Rechtes und ſeiner Ordnung, bei der Zerſtörung des Staates. Um über dieſe traurige Thatſache ein tieferes Verſtändniß und mit dieſem zugleich die Grundlage für die Erörterung der übrigen Theſen der §§. VI und X des Syllabus zu gewinnen, ſei uns ein kurzer Rückblick auf die geſchichtlichen Vorausſetzungen des modernen Staatsbegriffes geſtattet.

§. 2. Die Ausbildung der Theorie von der Trennung des Staates und der Kirche.

15. Den Ausgangspunkt biete die chriſtliche Socialordnung. Sie ruht auf dem Felſengrunde der Welterlöſung. Daß Chriſtus nicht eine Schule, ſondern ein geiſtliches Reich gründete [2], mit dem Gebote an alle Menſchen ohne Ausnahme, unter der Gefahr des ewigen Heiles in daſſelbe einzutreten und das Evangelium als oberſte Norm ihres Ver= haltens anzuerkennen, konnte für die beſtehende ſtaatliche Ordnung und ihre Träger nicht ohne die tiefſten Wirkungen bleiben. Soferne die= ſelbe mit heilsgefährlichen Irrthümern verwachſen war, ſtand ihr von Seite der neuen Lehre ein Kampf auf Leben und Tod bevor, auf welchen die Jünger vom Herrn vorbereitet werden [3]; unbeirrt von der Einſprache weltlicher Obrigkeiten ſollen dieſe vor den Mächtigen der Erde das Evangelium bekennen. Gegen die Pflicht, ihm ſich zu unter= werfen, gibt es keine Berufung auf irgend welche irdiſche Gewalt; im Colliſionsfalle überwiegt ſie alle anderen menſchlichen Pflichten, die der

---

iſt das Ende dieſer Richtung." Frhr. Wilh. Emman. v. Ketteler, Biſchof v. Mainz. Stellung und Pflicht der Katholiken im Kampfe der Gegenwart. Herder 1868. S. 12 f.

[1] Die Recherches philosophiques sur le droit de propriété considérée dans la nature par un jeune philosophe, die 1780 erſchienen, ſtellen den Men= ſchen in Beziehung auf Socialität vollkommen gleich mit dem Thiere; nach dem Rechte der Selbſterhaltung habe jedes Weſen (ob Menſch oder Thier) ein „Recht" auf Alles, deſſen es bedarf und das es bewältigen kann. Das Weib kommt nur als Waare in Betracht. Auch der Cannibalismus wird gerechtfertigt.

[2] Den genaueren Erweis ſ. in der VI. St. a. M. L. beſ. S. 25 ff.

[3] Matth. 10, 18.

Selbsterhaltung nicht ausgenommen. Dieses ist den Trägern der welt=
lichen Obrigkeit ebensowohl gesagt, als andern Adamskindern; warum
auch sollten sie allein von der Ladung zum hochzeitlichen Mahle ausge=
schlossen sein? Oder weßhalb sollten alle menschlichen Handlungen eine
höhere Norm im Evangelium empfangen haben, jene aber, die auf das
öffentliche Wohl gerichtet sind, von derselben ausgenommen sein?

16. Ein Vorbild der unfehlbaren Wirkung dieser göttlichen Lehren
für die gesellschaftliche Ordnung unter den Menschen bot schon der Alte
Bund. Seinen politischen Einrichtungen liegt im Unterschiede von allen
heidnischen Gesellschaftsformen die klare Erkenntniß zu Grunde: Gott
ist es, welcher den Mächtigen dieser Erde ihre Gewalt gegeben hat; sie
sind also Seinem Gesetze im Gebrauche ihrer Gewalt unterworfen und
Ihm als ihrem höchsten Richter verantwortlich [1]. Der theofratische Cha=
rafter des israelitischen Staates, welcher das Staatsoberhaupt auch in
politischen Dingen den Gesandten Gottes, des eigentlichen Oberhauptes,
unterwarf, bildete eine Eigenthümlichkeit jener Vorstufe zum messia=
nischen Reiche. Wenn sodann die Richtung des mosaischen Gesetzes auf
das zeitliche Wohl eine gewisse Unterordnung des Priesterthums unter
das Königthum bedingte [2], so ist diese durch den Universalismus der
Weltreligion und ihre strenge Richtung auf das Himmlische und Geist=
liche aufgehoben worden. Zu dem Unvergänglichen aber gehörte, neben
der Scheidung des Geistlichen und Weltlichen [3], die Unterwerfung der
obersten Gewalt unter das göttliche Gesetz, denn diese ist schon in der
sittlichen Natur begründet [4]. Hält man hiemit die hieher bezüglichen
Stellen des Neuen Testamentes zusammen [5], so treten uns bereits in
deutlichen Umrissen zwei verschiedene Ordnungen mit verschiedenen Ge=
walten entgegen, verschieden nämlich durch ihren Zweck, ihren Umfang
und ihre Mittel, die aber zugleich in eine gewisse Beziehung gesetzt sind.
Die letztere drückt sich theils darin aus, daß die weltliche Gewalt nichts
vermag gegen das Reich Gottes, mit dessen Eintritt sich die Religions=
angelegenheiten der staatlichen Hoheit entziehen; theils darin, daß die

---

[1] Buch der Weisheit 6, 4—11. Jes. Sirach 17, 14. 15.
[2] S. Thomas Aqu. De regimine principum I. cp. 14.
[3] II. Chron. 19, 10. 11. mit 26, 16 ff.
[4] Hermann Conring. De Politia Hebraeorum. Ugolin. Antiquit. XXIV.,
319 sqq.
[5] Joh. 18, 36. Matth. 22, 21. 1 Petri 2, 13—14. Röm. 13, 1—7.
Titus 3, 1.

Christen, deßhalb, weil sie als Volk Gottes eine neue geistliche Familie
bilden, nicht aufhören, im Gewissen zum Gehorsam gegen die staatliche
Ordnung verpflichtet zu sein. Dem entsprechen dann auch die allbe=
kannten Thatsachen aus den Zeiten der Urkirche. Dem hohen Rathe
der Juden wird von den Aposteln alles Recht sich in die geistlichen An=
gelegenheiten der neuen Religion einzumischen, abgesprochen [1]. Bis dahin
hatte er eine, auch von den Römern anerkannte geistliche Gewalt be=
sessen [2], diese hatte also mit dem messianischen Reiche aufgehört, indem
sie an die Vorsteher der Kirche überging. Die Römer legten sich schon
dem jüdischen Gesetze gegenüber keine Gewalt bei, viel weniger haben
sie eine solche über die Kirche erlangt. Schon der Gedanke, daß die
Apostel zu irgend welcher geistlichen Verrichtung die Beistimmung der
römischen Landpfleger oder eines Gliedes der herodianischen Familie nach=
gesucht hätten, ist eine Ungereimtheit.

17. Der geschichtliche Sieg dieser Socialprincipien über den heid=
nischen Staat wurde wie bekannt erst nach einem heftigen Kampfe, der
alsbald mit dem Bekanntwerden der neuen Religion zu Rom entbrannte [3],
errungen. Die christliche Religion wurde als ein Angriff auf die Grund=
lage des Staates, den Göttercult, auch von besseren Kaisern geächtet;
die Christenverfolgung nahm also, abgesehen von den Ausbrüchen des
Volksfanatismus, einen gesetzlichen Charakter an. Aber wer wollte es
wagen, die kaiserlichen Edicte gegen das natürliche Rechtsgefühl, an
welches schon die Apologeten siegreich appellirten, in Schutz zu nehmen?
Der heidnische Staat hatte kein Recht, die junge Kirche
zu verfolgen, im Gegentheil, er war verpflichtet, sie gegen die be=
stehenden heidnischen Culte zu schützen. Mit gutem Grunde beriefen sich
auch die christlichen Apologeten darauf, daß die Staatsgesetze und die herr=
schende Praxis nur die Irreligiosität, nicht aber eine bestimmte Religion
verpönten; daß es überhaupt unmöglich war, einen bestimmten Cult zur
herrschenden Staatsreligion zu erheben, wenn auch der Staat das Recht
hiezu hätte erweisen können [4]. Wendete man ein: aber die Christen
schließen ja jede Art von Göttercult aus, während der Staat nur
bestimmte Culte preisgibt, so verwiesen die Apologeten auf die philo=

---

[1] Apg. 5, 29; 4, 19. 20.
[2] Apg. 18, 14—16. De finibus utriusque potestatis Ecclesiasticae et
laicae. Ratisbonae 1782. p. 128 sqq.
[3] Tertullian. Apol. cp. 2. — Ruinart. Acta martyrum. Praef. § 3 n. 26.
[4] Athenagoras. Legat. ad Caesar. n. 2. Ed. Migne p. 896.

2*

ſophiſchen Secten, die noch viel rückſichtsloſer, unter dem Beifall der Zeitgenoſſen, gegen alle beſtehenden Culte vorangingen [1]. Legte man vollends allgemeinere Normen der Sittlichkeit und der natürlichen Religion an, ſo konnten allein die Chriſten die Probe beſtehen, denn alle die unmenſchlichen Verbrechen, die man ihnen anzudichten das Bedürfniß hatte, wurden ungeſtraft von den Götzendienern verübt, und in der Erfüllung der Pflichten gegen den Staat leuchteten die Chriſten ihren Mitbürgern als Muſter voran [2]. Auch die Ausrede blieb verſagt, daß die chriſtliche Religion ſich als Geheimniß der Prüfung der heidniſchen Obrigkeit entziehe; denn die Chriſten forderten dieſe, Kaiſer und Senat, wiederholt zur Prüfung auf [3]. Aber beſtanden nicht ausdrückliche Verbote gegen neue Religionen? Tertullian wies nach, daß ſie außer Geltung gekommen waren. Die Geſetze über unerlaubte Verbindungen aber fanden auf die Chriſten keine Anwendung. Denn dieſe waren keine Faction im Sinne des Geſetzes, ſondern, wie Tertullian ſiegreich ausrief, eine religiöſe Geſellſchaft, auf göttlichem Grunde ruhend, auf das Ewige gerichtet, ein Reich, das, die Grenzen des Staates überſchreitend, ſich über die ganze Welt-ausdehnte [4]. Daher auch die Verlegenheit der römiſchen Kaiſer, wie ſie z. B. in der Correſpondenz zwiſchen Plinius d. J., dem Statthalter von Nicomedien, und Trajan zu Tage tritt [5]; in ihrem Schwanken zeigt es ſich deutlich, daß mit der Kirche eine Thatſache vor ihnen ſtand, welche ihrem Geſetzeswerk über den Kopf wuchs.

18. Die Anerkennung der chriſtlichen Religion durch die römiſchen Kaiſer hatte darum nicht die Wirkung, daß die Kirche erſt das Recht auf den Schutz der öffentlichen Gewalt gegen ihre Bedränger erwarb; denn dieſen ſchuldeten ſchon die heidniſchen Kaiſer. Und geſetzt, die Kaiſer wären nur für ihre Perſon in die Kirche eingetreten, dann hätte dieſe bloß eine Bürgſchaft für die Verwirklichung ihres Rechtes erlangt, daß die Chriſten ebenſo wie die Heiden nach dem Gewiſſen leben

---

[1] Tertullian. L. c. cp. 46.

[2] Justin. L. Apol. n. 17. Ed. Migne p. 354.

[3] Justin. L. c. n. 44.

[4] Corpus sumus de conscientia religionis et disciplinae divinitate et spei foedere. Unam omnium rempublicam agnoscimus mundum. L. c. cp. 38. cf. den Brief an Diognet cp. 5—7. Und zu den fraglichen römiſchen Geſetzeſtellen Savigny, Syſtem des heutigen Röm. Rechts. II., 256 ff.

[5] Epp. Plinii IIdi X, 97. 98. 43. S. den Anhang zur I. Apol. des hl. Juſtin bei Migne p. 430 sqq.

burften [1]. Allein mit den Kaiſern trat auch die römiſche Staatsob=
rigkeit ein und ſo unterwarf ſich auch der Staat den Vorſchriften
des Glaubens. Die Wirkung war für die Socialperſönlichkeit im Weſent=
lichen keine andere, als für die Einzelnperſönlichkeit, wurde nur ver=
ſchieden durch die verſchiedene Natur der Subjecte. Wie alſo der
Gläubige ſich den Glaubensgeſeßen und disciplinären Vorſchriften unter=
wirft, ſo auch die chriſtlich gewordene Staatsgewalt [2]; ſie ehrte die
Organe der geiſtlichen Gewalt nach der Stellung, welche ihnen der
Glaube anweist, ſchüßte ihre Auctorität als ein öffentliches Gut, beſtrafte
Jene, welche ſie untergruben, als Uebertreter ſtaatlicher Geſeße, ſchrieb
den Unterthanen den Glauben vor, zu welchem ſich die lehrende Kirche
bekannte und verfolgte Häretiker und Apoſtaten mit bürgerlichen Strafen [3].
Warum auch ſollte, fragt der hl. Auguſtin, der chriſtliche Herrſcher, der
die Verbrechen gegen die Sittlichkeit ahndet, nicht ebenſo gegen die Ver=
brechen bezüglich der Religion und der Kirche einſchreiten? [4] Damit
griff die weltliche Obrigkeit nicht in ein fremdes Gebiet über, wie ſie
ausdrücklich anerkannte, daß ihre zum Schuße der Religion erlaſſenen
Geſeße nur das ſtaatlich ausführten, was kirchlicher Seits beſchloſſen
war [5]. Ueberſchritten Manche die Grenzen, ſo wurden ihre Geſeße ent=
weder abgeſchafft, oder durch nachträgliche Anerkennung Seitens der
Kirche zur Ordnung zurückgeführt.

19. Dieſes gilt namentlich auch von dem germaniſch = chriſtlichen
Staate, der ſich mit dem römiſch=chriſtlichen zu den gleichen Grundſäßen
dem canoniſchen Rechte gegenüber bekannte [6]. Mangeln auch z. B. in
manchen fränkiſchen Reichsgeſeßen, welche kirchliche Beſtimmungen enthal=

---

[1] Taparelli. Verſuch des Naturrechts. § 1429. Deutſche Ausgabe. II, S. 283.
[2] Novell. 131 cp. 1.
[3] L. 2. 3. 4. Cod. Just. de summa trinitate ac fide catholica (l., 1.). L. 10.
De paganis (l, 11.). Nov. 131 cp. 15.
[4] „Aliter servit Rex Deo quia homo est, aliter quia Rex est: quia homo
est ei servit vivendo fideliter: quia vero etiam Rex est, servit leges justa prae-
cipientes et contraria prohibentes, convenienti vigore sanciendo … Quis
mente sobrius Regibus dicat: nolite curare in regno vestro, a quo teneatur
vel oppugnetur Ecclesia Domini vestri; non ad vos pertineat in regno vestro,
quis velit esse religiosus sive sacrilegus, quibus non potest dici, non ad vos
pertineat in regno vestro quis velit esse pudicus, quis impudicus.“ Ep. ad
Bonifacium (185) n. 19. 20.
[5] Nov. 6. Epil. cf. Nov. 42.
[6] Vgl. die Conſtitution Childeberts I. (554); des Frankenkönigs Gunthram
(585), und Capitularien Karl des Gr., bei Pertz Monum. III, 1. 4. 8. 54. 86.
mit can. Principes seculi. 20 und Incestuosi. 22. c. 23. I. Qu. 5.

ten, ausdrückliche Vorbehalte, so folgt daraus nicht, daß sie die Grenzen der beiden Gewalten zu Gunsten des Staates verwischten. Einmal gingen die meisten dieser Kirchengeseße vom geistlichen Stande aus und ihre Veröffentlichung versah sie ordnungsgemäß mit der königlichen Sanction. Oder dieselben bestanden aus Excerpten von Synodalbeschlüssen, die in der Regel von Bischöfen besorgt waren; oder endlich die christlichen Könige handelten im Sinne der Kirche, welche in jenen einfachen Verhältnissen diesen Eifer zur Förderung der geistlichen Wohlfahrt eher ermuthigen als einschüchtern wollte [1].

20. Hiemit erlangte die Staatsgewalt im Mittelalter eine ähnliche Stellung zur Kirche, wie das Königthum in der alttestamentlichen Theokratie. Aber wie die Theokratie aus dem Stande der Vorbereitung und des Außerordentlichen unter den Propheten herausgegangen ist und sich zu einer höhern priesterlichen Ordnung entfaltet hat; so erweitert sich der Staat über die Schranken des nationalen Königthums zu einem christlichen Völkerbunde mit dem Kaiser an der Spiße. Durch Nichts vielleicht hat die Kirche ihr Wohlwollen und ihre befruchtende Kraft für das staatliche Leben mehr bekundet, als durch die Wiedererweckung der Kaisergewalt im Abendlande: das Höchste, wozu es die Menschheit auf dem politischen Gebiete bringen kann, eine Verbrüderung der Nationen in der Förderung des Reiches Gottes. Es war die Krone dessen, was der Staat der geistlichen Wiedergeburt im Christenthume zu danken hatte: von der Kirche hat er die Befähigung zu höhern sittlichen Lebenszwecken und zu einem wirksameren Schuße der persönlichen Rechte und Güter seiner Angehörigen empfangen; durch sie ist er der entwürdigenden Umarmung des Gößendienstes entrissen worden; von ihr hat er die Würde der menschlichen Persönlichkeit erfahren und ein Recht kennen lernen, das im Besiegten nicht stirbt; sie hat ihn zum Bewußtsein seiner Hoheit gebracht, indem sie ihm in dem Abgrunde göttlicher Machtvollkommenheit die eigentliche Quelle seiner Gewalt erschloß. In der That, was will die zweideutige Vergötterung der Staatsgewalt durch die diesfalls so freigebigen Gößendiener neben der Anschauung des canonischen Rechtes, das im Könige das „Ebenbild der göttlichen Majestät" erkennt [2] und den christlichen Fürsten „zu der ganzen Höhe des Gedankens emporhebt, Gottes Stellvertreter" [3] zu sein?

---

[1] De finibus utriusque potestatis, p. 160 sqq.
[2] Can. Haec imago. 13. C. 33. Qu. 5.
[3] Phillips. Kirchenrecht. II, 471 ff.

21. Die Grundidee des chriſtlichen Staates, die Lehre von den beiden Gewalten, die ſich am vollkommenſten in der chriſtlichmittelalterlichen Geſellſchaft ausgebildet hat, iſt ein unvergängliches Poſtulat an die menſchliche Geſellſchaft; aber das Subſtrat dieſer Socialidee, das Leben der einzelnen chriſtlichen Nationen iſt vergänglich; dieſe haben ihre Sonnenhöhe, jene chriſtliche Jugend, auf welche man das Wort des Dichters anwenden möchte:

„O glückſelige Zeit, wo der Jüngling blüht und die Jungfrau,
Unaufhaltſam enteilſt du, um nimmer wieder zu kehren.“

Keine Romantik des Alters, in welches die Spaltungen ihre wachſenden Schatten werfen, vermag die Jugendkraft der Glaubensfülle einem Volke zu erſetzen. Die Sonne der Völker aber, ungeſchwächt in ihrem Glanze, bleibt Chriſtus, wenn auch auf dieſes oder jenes Volk bereits die Nacht ſich niederläßt. Was für die griechiſch-römiſche Welt trinitariſche und chriſtologiſche Häreſien, Streitigkeiten über Gnade und Freiheit, Schismen, kaiſerliche Religionsedicte, Bilderſtürmerei und Verfolgungen des Klerus werden ſollten, das kann möglicherweiſe für das europäiſche Abendland die Kette jener traurigen Erſchütterungen der kirchlichen Einheit im Glauben und in der Verfaſſung ſein, welche mit dem großen abendländiſchen Schisma ſich eröffnen und in der franzöſiſchen Revolution ihren Höhepunkt gewinnen. Für das Verhältniß der beiden Gewalten zu einander haben ſie die Wirkung einer thatſächlichen Auflöſung des von Gott gegründeten Bundes in einer Reihe von vormals chriſtlichen Staaten. Zuerſt weicht der chriſtliche Völkerbund (die Ethnarchie) oder das Kaiſerthum in chriſtlicher Geſtalt unter dem Drucke der centrifugalen nationalen Strömung; dann bringt dieſe in das Innere der Kirche ein, um ſich in ſchismatiſchen Tendenzen zu verſuchen, die unter Mitwirkung der Glaubensſpaltung theilweiſe zum Ziele gelangen und das Gegenbild des chriſtlichen Staates, die Unterordnung des Geiſtlichen unter die Staatshoheit in ſoweit anbahnen. Hier entſtehen auch neue Theorieen über Staat und Kirche, welche von der Strenge und Einfachheit der chriſtlichen Idee immer mehr abweichen, bis ſie mit dem Aufgeben der gläubigen Grundlage dieſelbe zum Gegentheil verzerrt haben.

22. Als den gemeinſamen Pol, nach welchem dieſe Theorieen vergiren, können wir die allſeitige Unabhängigkeit der weltlichen Gewalt, als den gemeinſamen Stützpunkt die Meinung, daß die geiſtliche Jurisdiction nicht

göttlichen, sondern menschlichen Rechtes sei, bezeichnen. Aber in der Entwick=
lung dieser widerchristlichen Socialdoctrin läßt sich ein Fortschritt hauptsäch=
lich in dreifacher Abstufung wahrnehmen: Die weltliche Gewalt soll in der
Kirche bleiben, durch die Festhaltung der Glaubenseinheit und die Un=
terordnung unter die kirchliche Lehrgewalt; aber in der Disciplin soll
sie unabhängig, die Nation im Gegensatz zur Universalkirche autonom
werden; die Grenzen werden vom Staate, beziehungsweise der Natio=
nalkirche festgestellt. Das Beispiel hiefür bieten die Reformconcilien
und ihre späteren Ableger im Gallicanismus und Josephinismus. Das
Fundament ist die Bestreitung des päpstlichen Primates der Jurisdiction
als göttlichen Institutes in der Kirche. Auf der zweiten Stufe wird
zwar noch die Abhängigkeit der Staatsordnung vom christlichen Gesetze
grundsätzlich festgehalten; allein die Einheit im Glauben der Kirche wird
verlassen und auch der Lehrgewalt der Gehorsam gekündet. Die Aus=
legung des christlichen Gesetzes und die Ordnung der Kirchenverfassung
wird vom Laienthum, sei es in demokratischer Gestalt von den Gemeinden
oder absolutistisch von der Staatsgewalt, in die Hand genommen. Bei=
spiele bieten England unter Heinrich **VIII.** und Elisabeth, sowie die
nordischen, insbesondere die deutschen Staaten, welche sich von der katho=
lischen Kirche im Laufe des sechszehnten Jahrhunderts getrennt haben.
Die dritte Stufe gibt die Offenbarung als Grundlage der Staatsordnung
völlig auf und vollendet sich in der atheistischen Staatslehre. Das
Moralgesetz und die Rechtsprincipien, vom Glauben emancipirt, kommen
nur als Object der „freien Wissenschaft" in Betracht, die freie Wissen=
schaft aber ist in Wahrheit eine Staatsangelegenheit geworden. Die
Geburtsstätte dieser mit der Freigeisterei sich entwickelnden Ideen ist
England, aber die praktische Ausgeburt derselben, die den modernen
Staat, das Werk der Philosophie und der Geheimbünde, zu Tage ge=
fördert hat, ist der französischen Revolution vorbehalten geblieben. Die
Kirche hat nicht alle Staaten an diesem Strudel verloren, aber sie hat
die Grenzen zwischen christlichen und getrennten Staaten wiederholt
wechseln sehen müssen; im Allgemeinen hat sich das Gebiet derjenigen,
welche der christlichen Ordnung die Treue bewahrt haben, verengert.
Andererseits hat mit der vollen Auswirkung des widerchristlichen Social=
princips zum atheistisch=revolutionären Staatsidol eine heilsame Er=
nüchterung und in Folge davon selbst in vormals der Kirche feind=
selig gegenüberstehenden Kreisen eine rückläufige Bewegung Platz ge=
griffen. Die Abwege haben nicht minder dazu gedient, die ver=

schiedenen Seiten der christlichen Gesellschaftslehre immer mehr ins Licht zu setzen.

23. Der mittelalterliche Cäsareopapismus mit seinem Vorbild im Byzantinismus kann als der Ausgangspunkt für die ganze Bewegung zur Abtrennung der politischen Gesellschaft von der Kirche angesehen werden. Vor einiger Zeit hat der berühmte römische Lehrer des Natur-rechts, Audisio, die überraschende Aehnlichkeit zwischen dem Kirchenrecht des Hohenstaufen Friedrich II. und den Ideen der italienischen Actions-partei unter Mazzini und Garibaldi nachgewiesen [1]. Die Stelle, welche in der christlichen Ordnung der Heiland einnimmt, ist von diesen Welt-verbesserern dem Imperator zugedacht; sein Kanzler ersetzt den Papst, die Hierarchie wird kaiserlich zugeschnitten und auf diesem Wege die „Ein-fachheit der apostolischen Kirche" realisirt. Hätte der hl. Petrus nicht darauf vergessen, sich bei Nero um eine Hofcharge zu bewerben, so könnte man diesem kaiserlichen Kirchenrecht allen historischen Hintergrund nicht absprechen. Als die eigentlich wissenschaftlichen Vertreter dieses kaiser-lichen Absolutismus werden gemeinhin die Parteigänger Ludwig des Bayern gegen Papst Johann XXII., Marsilius von Padua und Jo-hannes von Jand aufgeführt. Um dem Kaiser freie Hand gegen die Kirche zu verschaffen und einen Frieden in seinem Sinne über die Chri-stenheit zu bringen, wird die gesellschaftliche Ordnung in der Kirche wie ihr Eigenthum unter die Hoheit des Kaisers gestellt und zum Substrat eine Lehre über den Ursprung der Gewalt genommen, welche mit der modernen Theorie von der Volkssouveränetät eine frappante Aehnlichkeit hat. Alle Ge-sellschaftsgewalt, auch die kirchliche, soll vom Volkswillen ausgehen; so lange die Staatsgewalt heidnisch blieb, ging die Kirchengewalt von den Gläubigen auf die Bischöfe, nachher aber auf die Fürsten über. Die geistliche Gewalt für sich soll sich ferner auf Ermahnen und Lehren beschränken und den Zwang ausschließen. Die eigentliche disciplinäre Gewalt in der Kirche komme dem Kaiser zu, von dem auch die Gliederung der geistlichen Aemter stamme. Die praktische Folgerung ist, daß der Kaiser Papst und Bischöfe nach Befinden ein- und absetzen und über das Kir-chenvermögen verfügen kann [2]. Da die Urheber dieser Lehre noch die

---

[1] In der röm. Academie vom 14. Juni 1866, nach einem Berichte der Civiltà.

[2] Ausführlich widerlegt bei Albert Pighius in seinen 5 Büchern de Hierarchia. Die Verurtheilung der Hauptsätze durch Johann XXII. bei Roskovàny, Monu-

Auctorität der lehrenden Kirche, der heiligen Schrift und der Concilien anerkennen, so sind sie mit Leichtigkeit aus diesen verschiedenen Quellen zu widerlegen [1].

24. Nahm Marsilius eine Gleichheit in den Gliedern der Hierarchie an, so gingen Luther und die Reformatoren des 16. Jahrhunderts einen Schritt weiter und lehrten ein allgemeines Priesterthum der Gläubigen. Sie eröffneten damit nach der Absonderung von der katholischen Kirche eine neue Gestaltung kirchlicher Organisationen, ebenso mannigfaltig, als die Theorieen, welche zur Rechtfertigung dieses Unternehmens nachträglich erfunden wurden [2]. So sehr aber auch diese, nur mehr historischen Werth habenden Theorieen von einander abweichen, sie haben alle ein gemeinsames Fundament in der Läugnung der kirchlichen Lehrgewalt. Nicht die Kirche nämlich entscheidet, welches der wahre Sinn des Wortes Gottes ist, sondern der geistliche Privatsinn der Ausleger, zu welchem dann, um ein öffentliches Symbol zuwege zu bringen, die weltliche Gewalt mit ihrer Auctorität hinzutritt. In Uebereinstimmung mit Luther, Melanchthon, Chemnitz u. A. sagt Brenz: es ist Sache jedes Einzelnen (ad unumquemque hominem privatum pertinet) über die Religionslehre zu urtheilen und die wahre von der falschen zu unterscheiden. Zwischen den Privaten aber und dem Fürsten besteht der Unterschied, daß wie jener eine private, so dieser eine öffentliche Auctorität in der Entscheidung über die Religionslehre besitzt (quod ut privatus privatam, ita princeps publicam habet de doctrina religionis potestatem judicandi et decidendi) [3]. Selbstverständlich ist wie die Lehrso die disciplinäre Jurisdictionsgewalt in der Kirche aufgehoben und mit der Läugnung des Unterschiedes zwischen Priesterthum und Laienthum auch die Hierarchie der Weihe zerstört. Mit dieser vollkommenen Demokratisirung der Kirche konnte es sehr wohl bestehen, daß dafür die politische Gewalt bis zur Theokratie hinauf geschraubt wurde. Erst dem 18. Jahrhundert, dem die englische Revolution vorspielte, blieb es vorbehalten, die politischen Consequenzen des neuen Socialprincips all-

menta I, 95. Ueber den Zusammenhang mit Cola Rienzo s. Phillips, a. a. O. III, 115.

[1] Vergleiche die vorausgegangenen Abhandlungen VI. und VII. über die Unabhängigkeit der Kirche, die kirchliche Gewalt und ihre Träger von P. Schneemann.

[2] Eine reichhaltige Zusammenstellung hat von den Neuern Dove in der Sechsten Aufl. von Richter's Kirchenrecht. (Leipzig 1867) S. 176 ff.

[3] Vergl. die verschiedenen hieher gehörigen Stellen aus den Schriften der Reformatoren bei Bellarmin, De verbo Dei III. cp. 3.

seitig zu entwickeln. Dieses geschah aber in der Wirklichkeit, wie immer, in Uebergängen. Als die beiden Extreme lassen sich die anglicanische Hochkirche einer= und die calvinistischen Presbyterianer andererseits (dafern wir von den Wiedertäufern und Schwärmern absehen) betrach= ten. Die Lutheraner und Zwinglianer halten die Mitte. Ein Extrem der Presbyterianer bildeten frühzeitig die Independenten in England und Schottland, als deren Ableger das in den Vereinigten Staaten zum Uebergewicht gelangte Sectenwesen angesehen werden kann. Ihren Ge= genschlag können wir in jenen Hochkirchlern sehen, die einer Verständi= gung mit der katholischen Kirche entgegenstreben.

25. Im 18. Jahrhundert auch geschah es, daß sich im Gegen= satz zu einer an Widersprüchen überreichen lutherischen Orthodoxie mit Hülfe des Naturrechts jene protestantische Gesellschaftslehre ausbildete, welche zwischen der katholischen und der liberalen die Mitte hält. Als Grund= züge derselben können wir annehmen: in der christlichen Gesellschaft gibt es, wie in der heidnischen, nur Eine oberste Gewalt und kann es nur Eine geben; denn das Gegentheil ist wider die Natur der staat= lichen Ordnung. Die Kirche braucht deßhalb nicht im Staate zu ver= schwinden. Sie ist als eine Corporation in ihm, für sich betrachtet, Schule, in welcher es Lehrer gibt und Zuhörer; das Lehramt ist selbst göttlichen Rechtes, soferne es auf göttlichem Auftrage beruht, daß ge= lehrt werde. Aber die Lehrer haben keine göttliche Sendung und Voll= macht; deßhalb verpflichten sie auch nicht im Gewissen, sie so wenig, als die Bekenntnisse, welche von der bürgerlichen Gewalt vorgeschrieben werden. Denn das Wesentliche am Protestantismus ist die Glaubensfreiheit der Einzelnen und ihre ursprüngliche Gleichheit in der Kirche. Alle Ge= walt in dieser ist von Unten ausgegangen; die ersten Christengemeinden standen als Corporationen unter dem heidnischen wie dem christlichen Staat, und unter der Staatshoheit blieben auch alle ihre Vereinigungen in den Concilien, die ihre Gesellschaftsgewalt nur von den Gemeinden hatten. Die christlichen Kaiser haben diesen Corporationen, ihren Statuten, Gesetzen und Einrichtungen öffentlichen Charakter verliehen. Die öffent= lichen Aemter in der Kirche haben als öffentliche von ihnen ihre Auctorität [1].

---

[1] Hugo Grotius in seinem Commentarius posth. de Imperio summar. po-
testatum circa sacra. — Pufendorf. De habitu religionis christianae ad vitam civilem; Heineccius, J. H. Böhmer u. A. Eine reiche Auswahl von Belegstellen ist in der schon citirten Schrift de finibus utriusque potestatis p. 1—45 mit einer bün-
digen Widerlegung und Beleuchtung durch die gegenüberstehenden katholischen Principien

Da die Reformation nichts anders will, hat sie die erste Freiheit her=
gestellt [1].

26. Auf dieser Grundlage bildete sich der „christliche Staat" im
protestantischen Sinne des Wortes aus, als dessen besonderes Verdienst
es gewöhnlich gerühmt wird, die weltliche Gewalt nach den Vorschriften
der heiligen Schrift wieder in ihre Hoheit und Würde zurückversetzt zu
haben. Von der christlichen Socialordnung ist allerdings der Grund=
satz hier geblieben, daß die Obrigkeit wie der Einzelne nicht allein den
im Naturgesetze enthaltenen, sondern auch den im Worte Gottes geoffen=
barten göttlichen Geboten unterthan, auch zum Schutze der christlichen
Lehre und Zucht verpflichtet sei; beßgleichen die Ableitung der obrig=
keitlichen Gewalt aus göttlicher Anordnung. Dieses haben die Refor=
mationen mit der katholischen Zeit gemein, nicht, wie einige wähnen,
im Gegensatz zu ihr, aufgebracht. Aber sie unterscheiden sich von ihr
wesentlich erstens in dem, daß sie der Kirche die göttliche Sendung und
Stiftung bestreiten im Widerspruche mit den klaren Stellen der heiligen
Schrift und der einstimmigen Ueberzeugung des christlichen Alterthums.
Dadurch geben sie der weltlichen Obrigkeit ein Uebergewicht, wovon die
christliche Zeit nichts weiß. Was die Kirche zweitens und unabhängig
von der weltlichen Gewalt, selbst im Kampfe mit ihr liegend, aus eige=
nem, göttlichem Rechte geordnet und entschieden hat, soll bis auf die
Feststellung der Glaubenssymbole ein Recht der öffentlichen Gewalt im
Staate sein. Die Lehrentscheidungen und kirchlichen Glaubensregeln
sollen also nicht mehr untrügliche im Gewissen verpflichtende Aussprüche
der vom heiligen Geist geleiteten Kirche, sondern politische Beschwich=
tigungsmittel sein; bei ihnen gibt nicht mehr die Wahrheit den Aus=
schlag, sondern, wie ein Vertheidiger dieser Theorie sagt, der öffentliche
Friede, weßhalb es sich, wie derselbe ehrlich genug beifügt, wohl er=
eignen kann, daß die Glaubenssymbole etwas Falsches enthalten [2]. Die=

---

zu finden. — Eine mit vieler Erudition geschriebene lutherische Darstellung findet
man in Mosheims Vertheidigung des sog. Collegialsystems gegen das Territorialsystem von Thomasius, Hobbes u. A., in dessen „Allgemeinem Kirchenrecht der Protestanten". Herausgeg. von Windheim. Helmstädt. 1760. S. 16 ff. 208 ff. 542 ff.

[1] „Antea Episcopi vel ipse Pontifex pleraque jura circa sacra sibi vin-
dicaverunt, et ita jus circa doctrinas publicas solummodo exercuerant. Luce
vero Evangelii erumpente Protestantes jure suo se in pristinam libertatem
vindicarunt". J. H. Böhmer. Jus eccl. Prot. I. 1. 450.

[2] J. H. Böhmer drückt dieses in folgender Weise aus: „haec approbatio
respicit publicam doctrinam; verum antem a falso non semper dirimit. Unde

ſes hinderte aber die betreffenden Obrigkeiten nicht, von der Annahme ſolcher Symbole alle bürgerlichen und politiſchen Rechte abhängig zu machen und die Diſſidenten, mochten ſie Katholiken, oder auch Refor= mirte, oder Lutheraner, oder Rationaliſten ſein, je nach dem Wechſel des Syſtems, aus dem Lande zu weiſen. Das hieß in der That das Gewiſſen nicht frei machen, ſondern es einer Knechtſchaft unter Men= ſchenſaßungen unterwerfen, gegen welche die Herrſchaft der göttlich be= glaubigten Lehrauctorität in der Kirche goldene Freiheit iſt.

27. Der Grundſaß gefährdete aber, und dieſes iſt der dritte, fol= genſchwere Unterſcheidungspunkt, die chriſtliche Grundlage des Staates ſelber, ſofern durch ihn die Auslegung der heiligen Schrift und die oberſte Entſcheidung darüber, was als Offenbarung zu gelten habe, nur ſcheinbar bei den Theologen, in Wahrheit bei der höchſten Gewalt ver= blieb. Sie wählte ja die Theologen aus, und da es an Mannigfaltig= keit der Richtungen nicht fehlte, wurde die Grundlage ſchwankend. Es konnte alſo auch eine rationaliſtiſche oder naturaliſtiſche Auffaſſung von der Reli= gion als das Wahre am Evangelium an höchſter Stelle die Oberhand ge= winnen. Was ſich daher im vorigen Jahrhundert thatſächlich vollzog, die philoſophiſchungläubige Auflöſung des chriſtlichen Staates, wie ſie z. B. im Preußiſchen Landrecht ſich cryſtalliſirte [1], iſt durch das proteſtantiſche Princip vorbereitet worden, ſofern es der göttlichen Lehrauctorität in der Kirche feindlich iſt.

28. Auf dieſem faulen Grunde iſt auch die Theorie der ſtaatlichen Hoheitsrechte über die Kirche gewachſen, eine Lehre, welche be= kanntlich bei den deutſchen Juriſten als eine Art Univerſalheilmittel gegen die Anwandlungen des canoniſchen Rechtes zu hohem Anſehen gelangte. Ihre Urheber betrachteten die völlige Aufhebung dieſes Rechtes als eine für die Proteſtanten vollendete Thatſache. Sie konnten ſich ihren pro= teſtantiſchen Gegnern gegenüber, die im Epiſcopalſyſtem einige Trümmer desſelben für die neue Kirchengewalt zu retten ſuchten, als habe dieſe die biſchöfliche Gewalt aus der katholiſchen Zeit beerbt, auf die Augs=

---

contingere potest, ut haec a vero et tramite Scripturae sit aliena." Jus Protest. I. tit. 1. § 32. „Non proprie spectat ad officium Principis" (de= cidere controversias theologicas); „interim quando turba et tumultus in hisce litibus metuuntur, decernere potest quaenam doctrina publice doceri debeat, ut ita pax publica conservetur." Jus Paroch. cp. 2. § 61.

[1] Dr. Ludovicus Gitzler. De statu Ecclesiae catholicae secundum Jus Borussicum. Vratislaviae. 1852. p. 8. sqq.

burger Confession berufen, welche nur den „Dienst am Worte" kenne, mit diesem aber so wenig als mit den Productionen eines Sängerchors die weltliche Gewalt beenge [1]. Der Versuch, der neuen Kirchengewalt einen selbsteigenen Ursprung neben der staatlichen ausfindig zu machen und so ihre Selbstständigkeit mehr zu sichern, machte seinem Urheber Ehre, aber mit den geschichtlichen Thatsachen stand die Lehre des Terri=torialsystems mehr im Einklang [2]. „Nach der protestantischen Ansicht", erklärte J. H. Böhmer trocken [3], „ist die kirchliche Jurisdiction ein Theil der Staatsgewalt, also machen die protestantischen Landesherrn mit Recht Anspruch auf jene Jurisdiction". Es seien die Fleischtöpfe Egyptens, wornach es die protestantischen Theologen gelüste; aber das canonische Recht müsse mit Stumpf und Stiel ausgerottet werden.

29. Wir können jedoch diese Frage ganz bei Seite lassen, um die spätere allgemeinste Auffassung der Protestanten von der weltlichen Hoheit über die Kirche zu gewinnen. „Die oberste Gewalt des Fürsten", wird aus dem Naturrecht hierüber vorgetragen, „erstreckt sich durch das ganze Gemeinwesen über alle Handlungen der Bürger, nicht allein so=fern sie als Einzelne in Betracht kommen, sondern auch sofern sie par=ticulare Vereinigungen eingehen und eine moralische Person constituiren. Die Kirchen sind nichts Anderes als solche Particularvereinigungen und befinden sich im Staate wie andere Corporationen (collegia); sie sind nicht Bestandtheile des Staates, aber noch viel weniger stellen sie einen besonderen Staat dar." Um zu diesem Resultat zu gelangen, mußte man freilich auch davon absehen, daß die religiösen Handlungen wie Beten, Opfern nicht ohne Weiteres den übrigen gleichgestellt werden können; was dasselbe einigermaßen entschuldigt, ist der Ursprung der religiösen Gesellschaft, wie er bei den protestantischen Gemeinden als unbestreitbare Thatsache vorlag. Diese „Kirchen" bleiben als Gesellschaften unter der

---

[1] „Cum potestas ecclesiastica concernat res aeternas et tantum excercea-tur per ministerium verbi, non impedit politicam administrationem, sicut ars canendi non impedit politicam administrationem." Conf. Aug.

[2] S. Mosheim. A. a. D. S. 551 ff., wo die Art, wie Churfürst Johann von Sachsen im J. 1526, unter Beihülfe Melanchthons, das neue Kirchenwesen ordnete, beschrieben ist. Die prot. Geistlichen waren nur als eine Art Techniker beigezogen. Die Landesherrn nahmen die geistliche Gewalt des Papstes und der Bischöfe an sich, und der Religionsfriede gab ihnen hierin freie Hand. Im Wesentlichen ist es überall so gegangen, namentlich auch in England, als Heinrich VIII. sich zum Haupte der Kirche erklärte.

[3] Jus ecclesiasticum. l. l. I. tit. 31 § 44. § 3.

Hoheit des Staates und für diesen entscheide bezüglich der Einmischung in ihre inneren Angelegenheiten einzig das Staatswohl. Das aber lasse sich nicht wahrnehmen, „wenn nicht der Landesherr eine oberste Gewalt über das Geistliche ausübe und auf alle Weise darauf bedacht sei, das Aufkommen einer politischen Gewalt in der Kirche zu verhindern" (d. h. die Unabhängigkeit in katholischem Sinne zu vereiteln). Diese Staatshoheit über die Kirche wird definirt als die Befugniß des Staats= oberhauptes, „festzusetzen, was sich in der Kirche auf das Staatswohl oder die öffentliche Sicherheit bezieht". Aehnlich hat später der Art. 10 der Erklärung der Menschenrechte die Rücksicht auf die öffentliche Sicher= heit als zu oberst maßgebend für die Stellung des Staates zur Religion überhaupt erklärt. Im Einzelnen entspringe daraus das jus reformandi, oder das Recht zu bestimmen, ob und wie weit ein kirchliches Bekenntniß öffentliche Religionsübung in einem Staate erlangen solle. Sodann das jus cavendi et inspiciendi, d. i. „dafür zu sorgen und zu bewirken, daß das Wohl und die Ruhe der Gesellschaft nicht durch die Kirche oder die Ausübung der geistlichen Gerichtsbarkeit beeinträchtigt werde". Darin sind inbegriffen: Rechte der Abwehr gegen den Schaden, den die Staatshoheit von einer solchen Kirche noch zu befürchten hätte, und po= sitive Maßnahmen, durch Einwirkung auf die kirchliche Leitung. Den Schluß bildet das jus advocatiae, das „Schutzrecht" des Staates für die Kirche und ihre Rechte [1]. Es soll nämlich den also zusammen= gearbeiteten Kirchen noch ein Schein der Selbständigkeit gerettet werden. Welcher? ist in der That gleichgiltig, nachdem selbst das Recht der Existenz der Willkür der omnipotenten Staatsgewalt über= liefert ist.

30. Die ganze Lehre von den Hoheitsrechten steht und fällt mit dem obersten Grundsatze, daß die individuelle Gewissensfreiheit oder Un= abhängigkeit der kirchlichen Lehrgewalt gegenüber göttlichen Rechtes sei [2]. Denn wenn dieses Princip richtig ist, dann wird die „Kirchenhoheit" d. h. die Staatshoheit über die Kirche allerdings ein berechtigter Schutz der Geistesfreiheit gegen die Anmaßungen eines Standes, welcher sich, durch glückliche Umstände begünstigt, die Gewalt über die Gewissen zu erringen und den Schein göttlicher Vollmacht und Sendung zu behaupten wußte. Ist aber umgekehrt die Vollmacht der lehrenden Kirche wirklich

---

[1] Georg Ludwig Boehmer. Principia juris canonici 1785. Ed. 7. § 20 sqq.
[2] J. H. Boehmer. Institutiones Juris canonici. I., I. § 12.

göttlichen Ursprungs, so sind die Christen von Gott selber verpflichtet, in Sachen des Heiles ihr zu folgen, und die behauptete Gewissensfreiheit ist eine Auflehnung, welche zu schützen keine Gewalt berechtigt sein kann. Welche Alternative! entweder ist die ganze Kirchengeschichte ein Gewebe von Lug und Trug, und was wird dann aus den Aposteln, aus dem Stifter selber? Kann er noch die ewige Weisheit sein, wenn Er ein solches Werk gestiftet hat? können Seine Verheißungen von der Sendung des heiligen Geistes, von Seinem Beistande noch göttliche sein? kann die heilige Schrift noch Gottes Wort sein? behalten nicht die Gottes= läugner, die Encyclopädisten, die extremsten Rationalisten Recht? Dies ist das eine Glied der Alternative. Wir lassen es sich ruhig aussprechen; es hat sich zur Genüge nach allen Seiten hin entwickelt. Und das andere Glied? was ist die auf jene Freiheit gebaute moderne Gesellschaft, wenn diese Freiheit Empörung ist? wenn sie Abfall ist von der Wahrheit? wenn sie der zweite Sündenfall ist aus dem Paradiese des Glaubens? Nun aber kann wirklich kein Zweifel darüber be= stehen, daß jene angeblich urchristliche Freiheit so wenig je in der Kirche bestanden hat, als ihr untrennbarer Genosse, das allgemeine Priesterthum [1].

31. Aber hat das Princip der Gewissensfreiheit nicht einen andern Boden für seine Berechtigung? Ist es nicht göttlich im Sinne des Naturrechtes? und jeder Gewalt unter Menschen gegenüber unveräußerlich? Diese Frage ist später ausführlicher zu erörtern. Hier genügt die Be= merkung, daß mit dem Princip in diesem Sinne die Grundlage des Glaubens aufgegeben und der Staatsgewalt jedes Recht, ein bestimmtes Religionsbekenntniß auszuschließen, benommen wird [2]. Mit der Aner= kennung des Wortes Gottes wird die Pflicht, demselben sich zu unter= werfen, von allen Offenbarungsgläubigen eingeräumt; an diese Pflicht schließt sich die andere von selber an, jene Vorschriften zu beobachten,

---

[1] Classisch bleibt der Erweis des katholischen Princips, daß die Schriftauslegung beim Lehramt der Kirche und diese, nicht die weltliche Gewalt, oder Private, die Mission und zwar göttliche Mission hat, zu lehren und die Kirche zu regieren, und daß die Hierarchie von Gott geordnet ist, bei Bellarmin. De verbo Dei. III., 4—10. Vergl. De Romano Pontifice I, 7. De membris Ecclesiae. I, sqq. 14. III, 17—19. — S. übrigens den ausführlichen Nachweis der katholischen Wahrheit bei P. Schneemann in der X. Broschüre.

[2] Diese Consequenz haben zuerst die Reformirten gegen die Lutheraner zu ziehen versucht. In Deutschland traten die Petitionen um allgemeine Religions= freiheit schon um 1575—76 öffentlich hervor. S. Burkhard. Autonomia. I. fol. 13 ff. 120 ff. 180 f.

welche etwa Gott selber gegeben hat, um Sein Wort gegen den menschlichen Irrthum sicher zu stellen; also auch der Kirche sich zu unterwerfen, wenn dieses der von Ihm gewollte Weg ist. Verschmäht man dieses, so bleibt für die Staatsgewalt nur die Religionsfreiheit. Es verschwindet also z. B. das Recht, den Katholicismus zu verbieten, und damit löst sich das protestantische Staatsprincip selber auf. Geschichtlich ist diese Folgerung der Neuzeit zuerst in katholischen Staaten Wirklichkeit geworden und bedarf zu ihrer Erläuterung eines Blickes auf gewisse Uebergangsstufen, die unter dem Namen des Gallicanismus und Josephinismus allgemein bekannt sind.

32. Das Concil von Trient wollte von der Höhe aus, auf welcher es die socialen Schäden in der christlichen Gesellschaft überschaute, die weltliche Gewalt zu einem dem christlichen Geiste mehr entsprechenden Verhalten zur Kirche zurückführen [1]; freilich ohne Erfolg. Möchte die weise Absicht der Kirche wenigstens im 19. Jahrhundert nach den vielen bitteren Erfahrungen der letzten Zeit ein willigeres Gehör bei den Mächtigen dieser Erde finden, als in jener Epoche! Einen nicht geringen Antheil an der Verhinderung jener heilsamen Absichten hatten die bereits mehr oder weniger allgemein gewordenen absolutistischen Gelüste nach unbeschränkter Freiheit der Staatsgewalt. In den der Kirche treugebliebenen Völkern konnten dieselben nun freilich nicht bis zur Abschüttlung des Glaubensjoches und zur Zertrümmerung der geistlichen Ordnung vorgehen, aber sie machten sich doch in dem Streben Luft, der staatlichen Machtvollkommenheit einen weiteren Spielraum als früher zu gewinnen. Hiezu schienen sich die Ansätze der Reformperiode zu eignen. So bildete sich namentlich in Frankreich die gallicanische Theorie aus. Nach den Grundsätzen zu schließen, die Petrus de Marca zusammengestellt hat [2], haben die älteren Gallicaner mit einer naheliegenden Milderung protestantische Ansichten über die angebliche Freiheit der Urkirche auf die gallicanische Kirche übertragen, und so dem Papste jeden Besitz von Auctorität in Gallien vor dem 6. Jahrhundert abgesprochen. Damals sei nach dem Sturze der Römischen Herrschaft der König das Haupt der Kirche gewesen. Daran reihten sie die Behauptung, der Papst könne außer dem

---

[1] S. den Reformationsentwurf, der in den Vorbereitungen stecken blieb, bei Buchholz, Geschichte der Regierung Ferdinands I. IX. S. 703.

[2] In seinen Prolegomena zu den Dissertationes de Concordia Sacerdotii et Imperii seu de libertatibus Ecclesiae Gallicanae. I. p. CXXVI. sq.

Concil keine für Gallien verbindlichen Gesetze erlassen; auch habe er überhaupt den allgemeinen Concilien gegenüber keine Gewalt. Sie in Frankreich hätten den Beruf, diese Unabhängigkeit mittelst der alten Kirchengesetze zu behaupten und nöthigenfalls durch einen eigenen Patriarchen gegen den Papst zu schützen. Einstweilen habe der König das Recht, auf eigene Faust hin in der Kirche Gesetze zur Aufrechterhaltung der Disciplin zu erlassen, wie auch die weltlichen Gerichte Appellationen vom Mißbrauch der geistlichen Gewalt annehmen könnten.

33. Eine doctrinäre Grundlage für solche auf das Schisma zielenden Anmaßungen gab Edmund Richer[1]; nach ihm soll der Kirche eine eigene Gesellschaftsgewalt im strengen Sinne des Wortes so wenig zukommen, als eine monarchische Verfassung. Was an disciplinärer Gewalt in der Kirche besteht, soll nur eine Art Executive, ohne eigentliche gesetzgebende und richterliche Vollgewalt sein und dem Papste nicht mehr als den Bischöfen und Priestern von Christus zufließen. Die Kirche soll eine Zwangsgewalt nicht besitzen, will auch er mit Marsilius. Hier habe die weltliche Gewalt ergänzend einzustehen, der Fürst als der von Gott bestellte Schirmherr und Wächter des kirchlichen wie des göttlichen Gebotes. Deßhalb kommen dem Letztern die bereits genannten Freiheiten der gallicanischen Kirche zu, nach eigenem Ermessen in der Kirche Gesetze zu geben u. s. w. Obwohl verdammt, lebte diese Irrlehre doch in der Praxis der Gerichtshöfe gemildert fort und erhielt eine Art nationale Sanction in den vielgenannten gallicanischen Artikeln von 1682.

34. Als den Mittelpunkt derselben kann man die Aufrechthaltung dieser eigenthümlichen gallicanischen Freiheiten, die Fénélon viel richtiger die Sclaverei der gallicanischen Kirche nannte, ansehen, der königlichen Befugniß nämlich, unter dem Vorwande des Schutzes sich in kirchliche Angelegenheiten nach Befinden einzumischen, mittelst des Placet mißliebige Kirchengesetze, mittelst des Appel comme d'abus lästige Urtheile des geistlichen Gerichtes zu vereiteln. Dieß sind „die Gewohnheiten und Einrichtungen, wie sie von Frankreich und der gallicanischen Kirche angenommen sind", durch welche (nach Art. 3) die päpstliche Gewalt ein-

---

[1] In seinem Werk de ecclesiastica et politica auctoritate. Eine gute Darstellung und Kritik s. bei C. Tarquini. Juris Ecclesiastici Publici Institutiones. Romae. Ex officina libraria Bonarum artium. 1862. p. 98 sqq. Von Richer selber wiederholt widerrufen wurde das System 1612 zu Paris und zu Aix; sodann durch die Indercongregation unter Paul V. Gregor XV. und Clemens XI., sowie durch ein eigenes Breve von Innocenz XI. im J. 1685 verdammt.

geschränkt sein soll. Um aber dieses vorgebliche königliche Recht besser zu fundiren und zu schützen, wird die Trennung der weltlichen von der geistlichen Gewalt (in Art. 1) zum Ausgangspunkte genommen und mit den Vertheidigern des Episcopalsystems (Art. 2) die Superiorität der Concilien über das Oberhaupt der Kirche, sowie die Bestreitung der päpstlichen Lehrauctorität zu Hülfe gerufen. Wären die übrigen katho- lischen Nationen in gleicher Weise vor den Papst getreten, um sich ihre Frei- heiten herauszunehmen, so wäre an Statt der kirchlichen Ordnung ein Wirr- warr von unabhängigen Nationalkirchen zu Stande gekommen, in denen, wie man mit Recht gesagt hat, der Hofwind an die Stelle des heiligen Geistes getreten wäre; die Kirche hätte sich im günstigsten Falle — menschlich zu reden — in eine Conföderation aufgelöst, in Wahrheit in schismatische Staatsanstalten, nach Art der orientalischen Kirche. Die Urheber dieser gallicanischen Erklärung haben ihre Grundsätze selber widerrufen, aber es ist doch eine merkwürdige Wendung, daß ein Jahr- hundert später der königlichen Gewalt jene Demokratisirung von der Revolution bescheert wurde, welche der Gallicanismus schließlich über die Kirchengewalt verhängen wollte. Dem Könige blieb von der Gnade der von ihm sich trennenden Stände nur noch die Executive mit dem Berufe, die Grenzen seiner Gewalt, die Canones der souveränen Legis- lative zu hüten; und zuletzt wurde er auch dieses Rechtes beraubt.

35. Nach dem Vorangeschickten ist es also historisch richtig, was aus Anlaß der Verhandlungen über den Syllabus und die Encyclica Quanta cura im französischen Senate (Sitzung vom 11. März 1865) geltend gemacht wurde: „Unsere Väter haben nie die Ansprüche der Kirche auf die allgemeine Regierung zugegeben; sie hatten ihre Gewohn- heiten, ihre Freiheiten, diese betrafen Gegenstände, die außer dem Be- reiche des Glaubens lagen; es waren Freiheiten nicht minder für die königliche Gewalt wie für die Kirche." Die Vaterschaft ist nur recht auszulegen und die Freiheit der Kirche neben der unbestrittenen Freiheit der königlichen Gewalt wohl zu verstehen. Das schwergeprüfte, durch das Martyrium hindurchgegangene katholische Frankreich von heute wird eben seine Väter eher in den Gesinnungsgenossen des hl. Irenäus von Lyon erkennen, der am Ende des 2. Jahrhunderts schon den festen An- schluß an Rom forderte, als in den Urhebern der Erklärung von 1682. Eine königliche Gewalt aber, die den Irrthum ihrer Freiheit eingestünde, besteht nicht mehr. Im Lichte dieses Irrglaubens freilich erscheint der Anspruch auf die Regierung der Universalkirche auch heute wieder als

3*

Anmaßung, wird die unumwundene Anerkennung des Primates des heiligen Stuhles zur „ultramontanen Doctrin"; die Parteinahme für die erstarkte Einheit, gesetzt auch sie werde vom gesammten Episcopat geübt, ist „Demüthigung des Episcopats", „Vernichtung der nationalen Autonomie", „Unterjochung der Völker"; die oberste kirchliche Lehrauctorität wird zum „Eingriffe in die Gewissen", und die den religiösen Orden gewährte Freiheit ein „Hebel für die unerträgliche kirchliche Centralisation"! Dergleichen Auslassungen könnten nur Jenen befremdlich sein, welche sich durch die Blüthe der Kirche in Täuschungen einwiegen ließen und etwa die tiefe Entzweiung übersähen, welche zwischen dem Streben nach einer unbeschränkten Freiheit der weltlichen Gewalt und der Sehnsucht nach einer vollen Wiedergeburt der heutigen Gesellschaft aus dem christlichen Geiste besteht.

36. Die Uebertragung des Gallicanismus ins Deutsche ist das febronianische oder josephinische System von den landesherrlichen Hoheitsrechten über die Kirche. Die Verwandtschaft mit dem oben geschilderten jus reformandi, jus cavendi et inspiciendi und jus advocatiae läßt sich mit Leichtigkeit erkennen. Febronius machte aus seiner Annäherung an die protestantische Theorie kein Hehl, er hoffte durch die Bestreitung des päpstlichen Jurisdictionsprimates die Protestanten für eine Rückkehr zur Kirche günstig zu stimmen, worin er sich freilich verrechnete, denn diese wurden durch seine Theorie und ihre praktischen Wirkungen viel eher in ihrer Sache bestärkt. Der Löwenantheil von der dem Papste abzunehmenden Beute war den Landesherrn zugedacht. Um zu erkennen, wie diesen, als den „Bischöfen der äußeren Disciplin", eine förmliche Hoheit über die kirchliche Disciplin schlechtweg eingeräumt war, ja, wie selbst die Grenzlinie der letztern bereits überschritten wurde, darf man nur die Vorrechte betrachten, welche die josephinischen Kirchenrechtslehrer dem Landesherrn einräumten. Nach Pehem z. B. [1] soll dieser das Recht haben, die „unwesentlichen Religionsgebräuche", sofern sie (nach dem maßgebenden Urtheil der Staatsbehörde) der öffentlichen Wohlfahrt nachtheilig sind, abzustellen; das Alter zur Ablegung der Klostergelübde festzusetzen; die Statuten der religiösen Orden zu reformiren; die Zahl dieser Institute nach Gutbefinden zu bestimmen; die kirchlichen Exemtionen zu beseitigen; die Kundmachung päpstlicher Ver-

---

[1] Praelectiones in jus ecclesiasticum universum. Vindobonae 1785. Tom. I. §. 765 sqq.

ordnungen, die des Placet entbehren, zu verbieten; Recurs von geistlichen Entscheidungen anzunehmen, und was die Krone von Allem ist,
den Bischöfen die Ausübung ihrer angeblich ursprünglichen d. h. von
der febronianischen Theorie behaupteten Jurisdictionsrechte anzubefehlen.
Was bleibt nach einer so ergiebigen Ausbeutung des Reformationsrechtes
für das Schutzrecht noch übrig? O sehr Erklecliches: es sind Concilien
zu berufen, versteht sich zur Durchführung der neuen Kirchenordnung;
die Feinde der Kirche, oder besser des Josephinismus, sind zur Ordnung
zu bringen; antikirchliche d. i. ultramontane Werke, die das alte System
vertheidigen, sind durch die Censur zu beseitigen; Religionsgespräche
dürfen nicht fehlen; das Kirchengut ist durch staatliche Administration
sicher zu stellen und nach Bedarf die kirchliche Eintheilung zweckmäßiger
zu organisiren; bei Allem aber sind die Mißbräuche gehörig zu berücksichtigen [1].

37. Die schneidendste Kritik [2] haben auch hier die Thatsachen geliefert. Eine Religion, welche auf der einen Seite staatlich privilegirt,
auf der andern als ein Werkzeug der politischen Gewalt öffentlich com-
promittirt wird, ist ihrem heiligen Berufe, zu welchem göttliches Ansehen
nöthig ist, nicht gewachsen. Es darf deßhalb nicht Wunder nehmen,
wenn unter dem Deckmantel des Josephinismus Elemente sich Geltung
zu verschaffen wußten, welche an die französischen Encyclopädisten erinnern. Ein berühmter katholischer Publicist [3] hat Züge und Wirkungen
dieser verderblichen Theorie also geschildert: Erster Grundsatz: „der ge-
fährlichste Feind des Staates ist die Kirche". Der Inbegriff der Vor-
sichtsmaßregeln gegen diesen Todfeind ist das jus cavendi. Zweiter
Grundsatz: „Kraft dessen ist vor Allem unausgesetzte, alle Selbstständigkeit des Gegners nach Kräften aufhebende, jede seiner Bewegungen um-
lauernde, jede Regung, zu welcher nicht Erlaubniß eingeholt wurde, von
vornherein verbietende Aufsicht heilige Pflicht". Diese heißt jus supre-
mae inspectionis. Dritter Grundsatz: „Die Verbindung der Bischöfe

---

[1] Dr. Beidtel. Das canonische Recht betrachtet aus dem Standpunkte des
Staatsrechts. Regensburg. Joseph Manz. 1849. S. 211 f.

[2] Den Widerruf von Febronius veröffentlichte Pius VI. im Geh. Consistorium
vom 25. Dez. 1778. Eine Verdammung josephinischer Grundsätze enthält auch die
Bulle Auctorem fidei gegen die Synode von Pistoja. Unter den wissenschaftlichen
Widerlegungen wird besonders gerühmt der Antifebronianus von P. Zaccaria.
1763. S. Tarquini. l. c. p. 101 sqq. Phillips, Lehrbuch des Kirchenrechtes. II,
1256 sq.

[3] Jarcke in: Ges. Schriften. Schöningh. Paderborn. 1854. IV, 103—106.

mit dem ausländischen gemeinsamen Oberhaupte der Kirche ist zu unter=
brechen und nach Thunlichkeit in Vergessenheit zu bringen". Vierter
Grundsatz: „Die Verbindung der Bischöfe mit dem niedern Klerus und
dem gläubigen Volke bleibt der eben geschilderten Polizeiaufsicht unter=
worfen. Jeder Hirtenbrief, jedes Fastenmandat, jede Ansprache des Bi=
schofs an seine Heerde unterliegt der Staatscensur". 5) „Die Staats=
gewalt übernimmt zum Behufe der Aufklärung und der Abrichtung für
den „Staatszweck" die oberste Leitung der Erziehung des gesammten
Klerus. Der religiöse Volksunterricht wird vom Klerus, aber nach den
vom Staate vorgeschriebenen Lehrbüchern und Methoden gehandhabt."
6) „Jede ungewöhnliche, das Volk erschütternde Thätigkeit der Geist=
lichkeit, durch Missionen u. dergl. wird, weil sie Aufsehen erregen und
an die alte Macht der Kirche erinnern könnte, hintangehalten. Das
Volk muß gewöhnt werden, den Priester nur als eine durch die Fäden
der Staatsbehörde in Bewegung gesetzte Gliederpuppe zu betrachten und
nach diesem Maßstabe die Kirche zu ehren und zu schätzen". 7) „Für
das Uebrige sorgt die Censur".

38. „Man verzeichne", bemerkt Jarcke über die Wirkungen der
beiden vorausgeschickten Systeme, „die Angriffe, welche alle katholischen
Regierungen Europa's der Reihe nach seit dem Beginne des vorigen
Jahrhunderts auf die Kirche unternahmen, in eine Spalte, und stelle auf
demselben Blatte ihnen gegenüber die Umwälzungen, welche eben diese
Länder — Spanien, Portugal, Frankreich, Venedig, Toscana, Neapel,
zuletzt Oesterreich — erlitten. Die Moral dieser Bilanz ergibt sich von selbst."
— „Allenthalben, wo das Christenthum in voller Freiheit wirkt, wo es
nicht zur politischen Religion entwürdigt, wo es nicht als Werkzeug in
der Hand ungläubiger Machthaber zu gemeinen Zwecken mißbraucht, wo
der Priester nicht bloß als Knecht und Instrument der Polizei geduldet
wird, sondern als Bote Gottes frei zum Volke sprechen darf, da allent=
halben bewährt sich heute noch wie vor 1800 Jahren das Christenthum
als eine Macht, welche ein Recht hat, Wunderglauben zu lehren, weil
sie Wunder thut. Aber wo der Unglaube und Macchiavellismus die
Kirche zur Gliederpuppe des Staates machen wollen, da haben nur
die beiden Endpunkte der Gesellschaft, Jene, die wirklich auf der Höhe
der gläubigen Erkenntniß stehen, und Jene, die, wie der Bauer, von dem
ganzen Anschlage noch Nichts merkten, die alte Treue des Glaubens be=
wahrt. Die mittlere Schichte der falsch und halb Gebildeten ist, mit
geringen Ausnahmen, in Masse abgefallen."

39. Was den Gallicanismus widerlegt, zerstört auch die josephinische Theorie. Beide wollen die Grundlage des Glaubens festhalten und doch das göttliche Recht des Primates, ja die göttliche Stiftung und Vollkommenheit der kirchlichen Gesellschaft selber beseitigen, als ob nicht beides klar auf dem katholischen Glauben beruhte, wie alle Glaubensquellen einmüthig bezeugen. Aber auch beide haben das traurige Schicksal erlebt, durch die Uebertreibung ihrer Sätze sich gegen die weltliche Gewalt und staatliche Ordnung, zu deren Glorie sie erfunden waren, zu kehren. Damit sind wir bei unserer besonderen Aufgabe angelangt, die dritte Stufe der Trennung der beiden Gewalten in der Theorie zu verfolgen. Sie läßt sich als die der Gleichgültigkeit des „Vernunftrechtes" gegen den Glauben schlechtweg bezeichnen. In mustergültiger Weise haben dieselbe die Grundsätze von 1789 mit dem entsprechenden Commentar der Thatsachen vor Augen gestellt. Zunächst wurde der Gallicanismus durch die bürgerliche Constitution des Klerus (12. Juli 1790) und den diesem angesonnenen bürgerlichen Eid auf dieselbe (27. Nov. 1790) auf die Spitze getrieben. Offen wurde jetzt die geistliche Gewalt, selbst in den als rein geistlich anerkannten Verrichtungen, der Ueberwachung und Ahndung durch weltliche Behörden unterworfen; die Kirchendiener sollten als öffentliche Beamte des Staates, wie sie, ihres Eigenthums beraubt, von diesem besoldet wurden, so auch von ihm in Pflicht genommen und dem Staatsgesetz ohne allen Vorbehalt unterstellt werden; ohne alle Rücksicht auf Concordat und canonisches Recht wurde die Diöcesaneintheilung umgestoßen, den religiösen Orden Eigenthum und Existenz entzogen. Der Monarch, Anfangs aus falscher Politik in diese Acte verwickelt, zog sich zu spät für seine Gewalt auf jene Linie zurück, die ihm sein Gewissen als Katholik wie als Staatsoberhaupt vorzeichnete. War denn der König nicht mehr frei, seinem Gewissen zu folgen und als Katholik zu handeln, nachdem die Gewissens- und Religionsfreiheit proclamirt war? Konnte der Convent die den Eid verweigernden Bischöfe und Priester verfolgen? Der Eid ist doch Gewissenssache? und das katholische Gewissen war frei?

40. Diese schneidende Inconsequenz, der Bruch mit den einfachsten und ganz natürlichen Forderungen der Gerechtigkeit heftete sich nicht zufällig an den vollendeten Bruch der neuen Staatsordnung mit Religion und Kirche. Das gallicanische Schisma in der bürgerlichen Constitution des Klerus sollte nur die Brücke sein zur Abschaffung der Religion und zu einer der heftigsten Verfolgungen. Die „Vernunft" mit Ausschluß des

Glaubens sollte fortan die oberste Gewalt leiten. Aber die Vernunft fordert nichts so sehr als Gerechtigkeit, und die Gerechtigkeit war proscribirt. So schrecklich rächte sich an dieser gefallenen „Vernunft" die Trennung vom Glauben. Die emancipirte „Vernunft" verkehrte sich zur offenen Unvernunft, zum Sinnendienst, zur ausgesprochenen Empörung gegen Gottes heilige Herrscherrechte über den Menschen. An die Stelle des Rechtes trat die entsetzlichste Willkürherrschaft, die mit allen öffentlichen Gütern ihr freoles Spiel trieb. Es wurde jetzt offenbar, daß die Staatsgewalt mit der Trennung von der Kirche ihre eigene Grundlage verlor. Um diese wieder zu gewinnen, hat der moderne Staat sich zur Wiederanknüpfung neuer Verhältnisse mit der Kirche entschlossen. Das Concordat Napoleons mit dem Papste bezeichnet diese denkwürdige Umkehr; die Organischen Artikel aber weisen auf die Halbheit, womit zugleich den Forderungen der Revolution, oder den Grundsätzen von 1789 genügt werden wollte. So ringt seitdem der Absolutismus des atheistischen Staats mit der Gerechtigkeit gegen die Kirche; Concordate mit und ohne organische Artikel oder landesherrliche Edicte wechseln mit Concordatsbrüchen. Die Thesen, die nun zu erörtern sind, werden uns genaueren Aufschluß über diesen eigenthümlichen Principienkampf der modernen Welt geben.

§ 3. Die Thesen 41—55, 77—80.

41. Die Thesen, die wir zunächst im Auge haben, lauten:

„41. Der Staatsgewalt, auch wenn sie sich in den Händen eines ungläubigen Herrschers befindet, gebührt eine indirecte negative Gewalt in geistlichen Dingen; daher gebührt ihr nicht allein das Recht des sogenannten Exequatur, sondern auch das der sogenannten Appellation vom Mißbrauch.

„42. Bei einem Conflicte zwischen den Gesetzen beider Gewalten hat das weltliche Recht den Vorzug.

„43. Die weltliche Gewalt hat die Befugniß, die feierlichen Conventionen (vulgo Concordate), welche rücksichtlich der Ausübung der auf die kirchliche Immunität bezüglichen Rechte mit dem Apostolischen Stuhle abgeschlossen sind, ohne dessen Einwilligung, ja auch gegen seine Einsprache aufzuheben, für null und nichtig zu erklären und unwirksam zu machen.

„44. Die Staatsbehörde kann sich in Sachen mischen, welche sich auf die Religion, die Sitten und die geistliche Leitung beziehen. Daher kann sie über die Unterweisungen urtheilen, welche die Hirten der Kirche als Richtschnur der Gewissen ihrem Amte gemäß ertheilen, ja sie kann sogar über die Verwaltung der Sacramente und die zu ihrem Empfange nöthige Disposition entscheiden."

Encyclica Quanta Cura. Andere ... wagen es .. die oberste
Gewalt der Kirche und dieses Apostolischen Stuhles, die sie von Christus dem
Herrn empfangen, dem Gutdünken der staatlichen Gewalt zu unterwerfen
und alle Rechte derselben Kirche und des heiligen Stuhles bezüglich dessen
zu bestreiten, was sich auf die äußere Ordnung bezieht; sie schämen sich
nämlich keineswegs, zu behaupten: „Die Gesetze der Kirche binden im
Gewissen nur, wenn sie von der Staatsgewalt veröffentlicht werden;
die Erlasse und Decrete der römischen Päpste, die sich auf Religion und
Kirche beziehen, bedürfen der Sanction und Genehmigung, oder wenigstens
der Beistimmung der Staatsgewalt." Die apostolischen Constitutionen gegen
die Geheimbünde „hätten keine Gültigkeit in jenen Ländern, wo dergleichen
Vereine von der Staatsregierung geduldet werden; die Excommunication,
welche das Concil von Trient und die römischen Päpste" gegen Usurpation
kirchlicher Rechte und Besitzthümer verhängt haben, „beruhen auf einer
Vermischung der geistlichen Ordnung mit der bürgerlichen und politischen";
„der Kirche stehe das Recht nicht zu, die Uebertreter ihrer Gesetze mit
zeitlichen Strafen im Zaume zu halten." „Die kirchliche Gewalt sei nicht
durch göttliches Recht geschieden und unabhängig von der staatlichen Ge=
walt, noch lasse sich eine solche Geschiedenheit und Unabhängigkeit festhalten,
ohne daß die Kirche sich wesentliche Rechte der Staatsgewalt widerrechtlich
anmaße."

42. Halten wir hier inne!

Ihre geschichtliche Erklärung erhalten die voranstehenden Grund=
sätze zunächst durch den allbekannten Conflict, der im Gefolge der revo=
lutionären Strömung des Jahres 1848 zwischen der piemontesischen Re=
gierung und dem heiligen Stuhle ausbrach. Sieben Jahre zuvor hatte
Papst Gregor XVI. im Hinblick auf die Zeitverhältnisse mehrere Abän=
derungen des Concordates von 1734 bewilligt; allein zu gleicher Zeit
mit der Erlassung der Verfassung von 1848 griff die Regierung zu Ein=
richtungen, welche das Concordat im Ganzen und in seiner Grundlage, nicht
bloß in einzelnen Einrichtungen, bedrohten. Es war ein Vorläufer,
als unter dem 25. April 1848 das k. Placet, mit Berufung auf Bene=
dict XIV. gegen alle päpstlichen Bullen und Breven in Anspruch genom=
men wurde. Benedict XIV. hatte indeß eine Kenntnißnahme kirchlicher
Erlasse nur in sehr engen Grenzen [1] bewilligt. Nicht lange zuvor
(10. Oct. 1847) war dagegen die Presse von der kirchlichen Aufsicht
gänzlich, von der staatlichen mehr und mehr bis zur vollen Zügellosigkeit
befreit worden. Andere Maßregeln zielten offen darauf, dem Staats=

---

[1] Seine Instruction vom 6. Januar 1742 gestattet bloße Einsichtsnahme und
schließt diese von allen den Glauben, die Sitten und die Bußdisciplin betreffenden
Erlassen aus. Acta Pii IX. II, p. 54 sq.

wesen seinen bis dahin bewahrten katholischen Charakter ganz zu benehmen und die Kirche und ihre Einrichtungen selbst des natürlichen Schutzes ihrer Freiheit zu berauben. Dahin gehörte es namentlich, wenn die durch das Concordat eigens verbürgten Real= und Personalimmunitäten zur Beseitigung vorgemerkt wurden [1], wie denn auch die Ausführung nicht lange auf sich warten ließ. Weiter aussehend war die neue Grenzbestimmung zwischen Staat und Kirche, welche der sardinische Unterhändler zu Rom, Marquis Pareto, als leitenden Gedanken der Regierung durchblicken ließ: alles, was er „zeitliche Angelegenheiten des Klerus" nannte, sollte der weltlichen Jurisdiction unterstellt werden, und allein die „rein geistlichen" sollten der Kirche verbleiben. So kehrte man zu den natürlichen Grenzen der beiden Gewalten zurück. Die kirchliche Jurisdiction, wurde erläutert, habe ja keine andere Bestimmung, als mittelst der rein geistlichen Mittel den Gläubigen zum Besitze der ewigen Seligkeit zu verhelfen; in ihren Bereich fallen der Unterricht der Religion und die Sacramente, ihre einzigen Waffen gegen die Widerspenstigen seien Gebet und Thränen und rein geistliche Censuren [2]. Die weltliche Gewalt aber, mit dem Berufe betraut, ihren Unterthanen einen gleichen Antheil an den zeitlichen Gütern sicher zu stellen, habe sich vor Nichts so sehr zu hüten, als durch zeitliche Mittel den Bürgern geistliche Güter zuwenden zu wollen, d. h. den Anordnungen der Kirche noch ferner den weltlichen Arm zu leihen. Die Kirche müsse weiter mit all ihren zeitlichen Bedürfnissen der staatlichen Territorialgewalt unterstellt werden; es wäre ja ungehörig, über ein und dieselbe Sache zweierlei Recht zuzulassen. Kurz, die Regierung nahm, eigenmächtig vom positiven Rechte abgehend, zur übertriebensten gallicanischen Theorie ihre Zuflucht, bestimmte mittelst dieser von sich aus das Verhältniß zur Kirche; sprach der letzteren alles ab, was sie zu einer vom Staate im Aeußeren unabhängigen Gesellschaft macht, insbesondere neben dem freien Eigenthum die Coactivgewalt. Auf diese Weise wurden die oben ausgehobenen kirchenfeindlichen Grundsätze im Leben gehandhabt. —

43. Wie ernst es mit dieser liberalen Grenzberichtigung gemeint war, sollten bald mehrere Thatsachen in's Licht stellen. Die im Parlamente repräsentirte „souveräne Nation" schaltete in ihren Beschlüssen über kirchliche Gegenstände, als stünde ihr, wie weiland der französischen

---

[1] Note des Marquis Pareto an den Cardinal Staatssekretär vom 16. Juni 1848.
[2] Acta Pii IX. II, 85 sqq.

Nationalversammlung oder Heinrich VIII., die höchste geistliche Gewalt zu Gebote. „Ohne irgend welche Rücksicht auf das Oberhaupt der Kirche, auf bestehende feierlich verbriefte Verträge und die Verfassung selber" warfen sich die Deputirten in ihrer Mehrheit „in Fragen zu Schiedsrichtern auf, die weitab von ihrer Zuständigkeit lagen"[1]. In diesem Geiste wurde selbst der Religionsunterricht mit dem Gesetze Buoncompagni vom 4. October 1848 in staatliche Regelung genommen; hob das Gesetz Siccardi vom 25. Februar 1850 eigenmächtig die Immunitäten auf, beschränkte es die kirchlichen Feste und stellte bereits Maßregeln gegen das kirchliche Eigenthum in Aussicht. Die Verheißungen der Verfassung, daß den Personen ihre Sicherheit und ihre Rechte geschützt werden sollten, hinderten nicht, daß am 25. August 1848 mit der Vertreibung von Ordensleuten beiderlei Geschlechts begonnen wurde. Ihr einziges Verbrechen war ihr Stand. Vergeblich ließ der Papst den 23. September 1848 gegen die Landesverweisung und Vermögensberaubung, die an Unschuldigen verübt wurde, Berufung auf das gemeine Recht und die Gleichheit vor dem Gesetze einlegen. Diese Gleichheit wurde von den Liberalen nur vorgewendet gegen die Kirche und ihre Rechte. Als ob diese mit einem Gesetze, das einzig von den Factoren der politischen Gewalt erlassen wurde, hätten beseitigt werden können! Der Souverän hatte sich zur Zeit, als noch strenge Monarchie herrschte, sieben Jahre vor Erlassung der Verfassung, der Kirche gegenüber gebunden und sich zu ihrem Schutze verpflichtet[2], wie konnte er nunmehr diese Rechte einer von ihm unabhängigen moralischen Person durch sein politisches Gesetz haben umstoßen wollen? Die politische Gleichheit, auf welche sich die Liberalen stützten, war ja mit den Rechten der Kirche nicht unverträglich, und wenn sie es je gewesen wäre, so ruhte ihre Wirksamkeit nach dieser Seite, wo vom Staate unabhängige Rechte ihr im Wege standen. Somit war es pure revolutionäre Gewaltthat, daß sich die Liberalen am Rechte der Kirche vergriffen. An die schon genannten reihten sich bald einige weitere Thatsachen an, welche hierüber deutlichen Aufschluß geben.

44. Als nämlich die Erzbischöfe von Sassari und Turin in Hirtenschreiben den Klerus unterrichteten, wie er sich Angesichts des Gesetzes Siccardi gegen die kirchlichen Immunitäten zu verhalten habe, wurden

---

[1] Worte einer päpstlichen Note vom 9. März 1850.
[2] Päpstliche Note vom 18. März 1850.

Beide mit Mißachtung ihrer persönlichen Würde und Rechte über diese kirchliche Amtshandlung vor das weltliche Gericht gezogen und Beide schließlich mit bürgerlichen Strafen belegt. „Es maßte sich also die weltliche Regierung ein Urtheil an über die Unterweisungen, welche die Hirten der Kirche ihrem Amte gemäß als Richtschnur der Gewissen erlassen hatten"[1]. Noch einen Schritt weiter ging die weltliche Gewalt, als der Erzbischof von Turin, seiner Pflicht getreu, dem Minister Santa Rosa die Sterbesacramente verweigern ließ, weil derselbe, durch Begünstigung der kirchenfeindlichen Acte dem Banne verfallen, sich nicht dazu verstand, seine Handlungsweise öffentlich zu widerrufen. Der seiner rechtmäßigen Obrigkeit wie billig Folge leistende Seelsorger, ein Servit, wurde mit seinen Ordensgenossen aus Turin vertrieben, der Erzbischof selber aber einer strengen Haft unterworfen und durch Erkenntniß des weltlichen Richters zur Verbannung verurtheilt, „als ob es der weltlichen Gewalt zustehen könnte, über die Verwaltung der heiligen Sacramente und der zu ihrem Empfange nöthigen Disposition zu urtheilen"[2]. Dieses, nach den eigenen Aufstellungen über die Grenzen von geistlicher und weltlicher Gewalt offenbare Unrecht war nur ein Ring an der Kette von revolutionären Eigenmächtigkeiten, die mit der gewaltsamen Trennung der Staatsgewalt von der Kirche begonnen hatten. Dieselben haben sich bis in die letzte Zeit herein fortgesetzt, in welcher Priester z. B. zu mehrmonatlicher Haft verurtheilt wurden, weil sie unwürdigen Personen die sacramentalische Absolution verweigerten! Auf diese und ähnliche Thatsachen nun bezieht sich der in der These 44 ausgehobene Satz, welcher nur in eine Formel faßt, was für die genannte Regierung bei diesen flagranten Einbrüchen in das geistliche Gebiet leitende Maxime war.

45. Wenn nun auch in diesem ganz eigenthümlichen Kriege gegen die geistliche Gewalt die nothwendig erfolgende Excommunication von den zunächst Betroffenen verachtet werden wollte, so konnten sie sich doch nicht über die nachtheilige Wirkung hinwegsetzen, welche die angedrohten Censuren auf die der Kirche getreu bleibenden Katholiken voraussichtlich machen mußten. Um also hier einen Schein von Recht zu gewinnen und allenfalls schwankende katholische Beamte zu berücken,

---

[1] Allocution In consistoriali v. 1. Nov. 1850. Acta ex quibus excerptus est Syllabus, p. 82.

[2] In consistorali. A. a. O.

nahmen die Liberalen zu der gallicanisch-jansenistischen Rüstkammer ihre Zuflucht. Sie ließen die Lehre verbreiten, daß man der weltlichen Gewalt nicht jede Art von Recht über das Geistliche absprechen könne; wo daher die Kirche diesem Rechte widerstrebe und so den Conflict mit den weltlichen Gesetzen verschulde, müsse das katholische Gewissen auf Seite der weltlichen Gewalt treten. Diesen Dienst leistete der k. Kirchenrechts-lehrer Nuytz zu Turin mittelst der in den Thesen 41 und 42 präcisirten Lehren. Nach der Erläuterung derselben wird der Regierung ein gött-liches Recht zugesprochen, den „unwesentlichen" Disciplinargesetzen der Kirche, durch welche sonst ein Conflict erzeugt würde, ihr Veto entgegen-zustellen, also namentlich alles zur geistlichen Strafgewalt, wie überhaupt zur geistlichen Regierung Gehörige unwirksam zu machen, sobald es der weltlichen Regierung lästig ist. Die kirchlichen Acte erscheinen im Lichte dieser Lehre einem (fingirten) göttlichen Rechte gegenüber als bloße Menschensatzungen; sie sind somit im Nachtheil, und so kann dann mit einigem Schein ein Vorzug für jenes behauptet werden. Auf denselben Rechtstitel wurde die eigenmächtige Abänderung oder Aufhebung des Concordates gestützt. Es ist das ganze Kunststück, wie leicht zu sehen, nur eine Art Einführung des staatlichen Hoheitsrechtes über die Kirche, das die Liberalen dem Territorialsystem entlehnt haben. Die angeführten Sätze der Encyclica Quanta cura stellen einige besondere Seiten des-selben dar. Nach dem Hauptsatz desselben, der am Ende erscheint, ist es ein Eingriff in die staatlichen Hoheitsrechte, wenn der geistlichen Ge-walt ein eigenes, göttliches Recht, das ihr unabhängig vom Staate zu-komme, beigelegt wird; in der Praxis wird deßhalb der Staatsgewalt die Bestimmung der Grenzen zwischen Staat und Kirche vindicirt; es sollen die kirchlichen Gesetze, sobald sie in die äußere Rechtssphäre treten, ferner, so weit sie wirklich gesetzliche Kraft ansprechen, von der Zustim-mung der weltlichen Gewalt diese Kraft empfangen. In gemischten An-gelegenheiten aber soll den kirchlichen Acten z. B. bezüglich der Geheim-bünde, oder der Vermögens- und Immunitätsverhältnisse keine ver-pflichtende Kraft zukommen, wenn weltliche Gesetze entgegenstehen. Der Kreis dieser gemischten Angelegenheiten aber wird, im Gegensatz zum canonischen Recht, maßlos erweitert und dieß in Verfolgung des obersten Grundsatzes, daß alles „Zeitliche" in der Kirche, — und dahin gehört Alles, was dieselbe zu einer wirklichen Gesellschaft macht —, von der weltlichen Gewalt geliehen sei.

46. Aehnliche Grundsätze, wie von den Liberalen in Jungitalien,

wenn auch unter anderen Verhältnissen, wurden im südlichen Deutsch=
land vorgekehrt. Den Anlaß boten die Streitigkeiten über die mit dem
heiligen Stuhle abgeschlossenen Conventionen. Auch hier wurde den
Regierungen, angeblich als Wirkung der staatlichen Hoheitsrechte, ein
unbeschränktes Verfügungsrecht über die mit dem heiligen Stuhle ge=
schlossenen Verträge beigelegt und ihre vertragsmäßige Gebundenheit
dem heiligen Stuhle gegenüber bestritten. So wurde im Großherzog=
thum Baden von den Vertheidigern des Concordatsbruchs vorgebracht,
„selbst wenn die Convention Jahre lang unter allseitiger Anerkennung
in Wirksamkeit gewesen wäre, hätte sie durch übereinstimmenden Beschluß
der Regierung und der Stände außer Kraft gesetzt werden können“;
„für das inländische Staatsrecht wäre damit ihre Nichtgeltung entschie=
den gewesen“. Beriefen sich die Katholiken, dieser Anwendung der pro=
testantischen Theorie von Staat und Kirche gegenüber, auf die vollkom=
mene Unabhängigkeit der katholischen Kirche vom Staate und den dadurch
verstärkten Vertragscharakter der Convention, so wurde behauptet, diese
Unabhängigkeit begründe eine „offenbare Unmöglichkeit“ für den Staat,
oder sei mit seiner Hoheit unverträglich [1]. „Als ob die Kirche nur eine
Corporation im Staate sei und folglich keiner anderen Rechte sich erfreue
als jener, die ihr von der bürgerlichen Gewalt bewilligt und zugestanden
sind. Wie weit aber dieses von der Wahrheit entfernt sei, wer sollte
das nicht einsehen? Die Kirche ist als eine wahre und vollkommene
Gesellschaft von ihrem göttlichen Stifter gegründet, so daß sie durch
keine Gebietsgrenzen eingeschränkt, auch keiner bürgerlichen Gewalt unter=
than ist und allenthalben ihre Rechte zum Heile der Menschen frei aus=
übt“ [2].

47. Welche Anwendung die Liberalen von ihrem territorialistischen
Princip auf die christliche Schule machen, ist des Ausführlichen in der
XI. Stimme aus Maria Laach: „Der moderne Staat und die christliche
Schule“ auseinander gesetzt. Eine andere Anwendung auf das corpora=
tive Leben der Kirche mit einer Recapitulation der eben entwickelten
Principien über die beiden Gewalten, am Schlusse, enthalten die The=
sen 49—55. Sie lauten:

---

[1] Beleuchtung der Denkschrift des Herrn Erzbischofs von Freiburg. Karlsruhe.
Braun. S. 9. 17.

[2] Allocution Stultis gravibusque. Vom 17. Dezember 1860. Recueil p.
424 sq.

„49. Die Staatsbehörde darf verhindern, daß die Bischöfe und die gläubigen Völker frei und gegenseitig mit dem Römischen Papste verkehren.

„50. Die weltliche Obrigkeit hat durch sich selbst das Recht, Bischöfe zu präsentiren und kann von ihnen verlangen, daß sie die Verwaltung ihrer Diöcese antreten, bevor sie die canonische Einsetzung und das apostolische Schreiben empfangen haben.

„51. Ja die weltliche Regierung hat das Recht, die Bischöfe ihres Hirtenamtes zu entsetzen und ist nicht gehalten, dem Römischen Papste in den Stücken zu gehorsamen, welche die Gründung von Bisthümern und Einsetzung der Bischöfe betreffen.

„52. Die Regierung kann kraft ihres Rechtes das von der Kirche für die Ablegung der Ordensgelübde für Frauen sowohl als Männer vorgeschriebene Alter abändern und allen religiösen Genossenschaften untersagen, Jemanden ohne ihre Erlaubniß zu den feierlichen Gelübben zuzulassen.

„53. Man muß die Gesetze abschaffen, welche sich auf den Schutz des Standes der religiösen Genossenschaften, seine Rechte und Pflichten beziehen; ja es kann eine Staatsregierung allen Denen Vorschub leisten, welche von dem erwählten Ordensstande abfallen und ihre feierlichen Gelübde brechen wollen; und gleichermaßen kann sie eben dieselben religiösen Genossenschaften gerade so wie die Collegiatkirchen und die einfachen Pfründen, auch wenn sie dem Patronatsrechte unterstehen, gänzlich aufheben und ihre Güter und Einkünfte der Verwaltung und Verfügung der Staatsgewalt unterstellen und von Rechtswegen zutheilen.

„54. Die Könige und die Fürsten sind nicht allein von der Jurisdiction der Kirche exempt, sondern stehen auch bei Entscheidung von Jurisdictionsfragen über der Kirche.

„55. Die Kirche ist vom Staate, der Staat von der Kirche zu trennen.“

Aus Quanta cura: Sie schämen sich keineswegs zu behaupten: „es sei im Einklange mit den Grundsätzen der heutigen Theologie und des öffentlichen Rechtes, wenn man das Eigenthum der Güter, welche im Besitze von Kirchen, von religiösen Genossenschaften und andern frommen Stiftungen sich befinden, der Staatsregierung zueignet und zuerkennt.“

Solche Menschen verfolgen mit wahrhaft bitterem Hasse die religiösen Genossenschaften, obwohl dieselben um Christenthum, Staatswesen und Wissenschaft die höchsten Verdienste sich erworben haben, und geben durch ihr sinnloses Gerede, eben diese Orden hätten keinen rechtmäßigen Grund zur Existenz, den Lügen der Ketzer Recht. Denn . . . „die Aufhebung der Orden verletzt den Stand des öffentlichen Bekenntnisses der evangelischen Räthe, verletzt eine in der Kirche als mit der Apostolischen Lehre übereinstimmend empfohlene Lebensweise, verletzt selbst die ausgezeichneten Ordensstifter, welche wir auf unsern Altären verehren und welche nur auf göttliche Eingebung hin diese Gesellschaft gegründet haben.“

Sodann ist es eine gottlose Ansicht, die sie aussprechen, man müsse den Bürgern und der Kirche die Erlaubniß entziehen, „Almosen um der christlichen Liebe willen öffentlich auszutheilen“, und das Gesetz beseitigen, „durch welches an bestimmten Tagen die knechtliche Arbeit um des Gottesdienstes willen verboten wird“, indem sie höchst betrüglich vorschützen,

die erwähnte Erlaubniß und Vorschrift stehe den Grundsätzen einer tüch=
tigen Nationalökonomie entgegen.

48. Die 49. These wird in der Quelle [1] als unmittelbarer Aus=
fluß des im Vorgehenden hinlänglich charakterisirten Grundsatzes hinge=
stellt, daß die Kirche nicht kraft göttlichen Rechtes eine vom Staate un=
abhängige Gesellschaft sei, sondern erst von diesem zu erfahren habe,
welche Rechte ihr zustehen. „Daher kommt der verkehrte Einfall der=
selben, die bürgerliche Gewalt könne sich in die Angelegenheiten ein=
mischen, die sich auf die Religion, die Sitten und die geistliche Regie=
rung beziehen und verhindern, daß die Bischöfe und die gläubigen Völ=
ker mit dem Römischen Papste, dem von Gott bestellten Oberhaupte der
Gesammtkirche, frei und gegenseitig verkehren. Auf diese Weise soll jene
nothwendige und innige Verbindung, welche nach dem Willen Christi
des Herrn selber zwischen den Gliedern Seines mystischen Leibes und
ihrem sichtbaren Haupte bestehen muß, aufgelöst werden.“ Um Beispiele
für diese Eingriffe in das Grundelement jeder wirklichen Gesellschaft zu
haben, darf man nur beliebig nach irgend welcher Himmelsgegend sich
wenden. „In allen Theilen der Welt“, sagte Gregor XVI. zu dem
Czar Nicolaus I. in der denkwürdigen Audienz vom 13. December 1845 [2],
„richten die Katholiken ihre Blicke auf den Papst als ihren Vater . . . .
Demnach ist der Papst, als das Haupt der katholischen Kirche, in den
religiösen Angelegenheiten für die Katholiken, sie mögen in was immer
für einem Theile der Erde leben, keine fremde Macht. Ueber sie alle
erstreckt sich kraft seines göttlichen Primates seine kirchliche Gewalt. Alle
sind seine Kinder, alle umfaßt die Kirche mit ihren Gesetzen.“ Da dieses
Pietätsverhältniß ganz auf dem Glauben beruht, so schließt seine Ver=
letzung zugleich einen Eingriff in die natürlichen Rechte des katholischen
Gewissens in sich, dessen Freiheit jede Staatsgewalt, was immer sie von
der göttlichen Stiftung des Primates halten möge, zu schützen kraft des
Naturgesetzes verpflichtet ist.

49. Verfügen wir uns vom kalten Norden in jene Regionen, in
denen die öffentliche Gewalt flüssig ist, oder in das Eldorado der Libe=
ralen, so befinden wir uns in dem Geburtslande der folgenden Thesen,
die 55. inbegriffen. Die Stelle von Nuytz vertritt bei einigen Paul

---

[1] Maxima quidem vom 9. Juni 1862. Recueil p. 456.
[2] Nach den jüngst über Rußlands Kirchenverhältnisse vom hl. Stuhle veröffent=
lichten Actenstücken.

Vigil, der jansenistische Bibliothekar von Lima [1]. In sclavischer Nach=
äffung der Jakobiner vertrieben die Liberalen in Neu=Granada und
Mexiko die Geistlichen, welche pflichtgetreu sich weigerten, ihren kirchen=
feindlichen Machtsprüchen Folge zu leisten. In gleicher Nachäffung ver=
bannten sie religiöse Orden, confiscirten deren Vermögen und beschlossen,
daß die Ordensgelübde keine verpflichtende Kraft haben. Die Regie=
rung der erstgenannten Republik verlangte noch insbesondere vom Erz=
bischofe von Santa Fe di Bogota, daß er die Verwaltung seiner Erz=
diöcese an einen ihr genehmen Priester abtrete; und als der Prälat sich
standhaft der Zumuthung widersetzte, wurde auch er vertrieben. Die=
selbe Regierung konnte es sich nicht versagen, Diöcesen zu umschreiben
und zu errichten und auch durch die Anwendung der in These 51 skiz=
zirten Maximen ihre Hoheit zu verwerthen [2]. Aehnlich wie sie auf
dem Wege des Gesetzes den religiösen Orden ihren Rechtsschutz entziehen
wollte, boten die Liberalen in Mexiko, als sie in einem der Bürgerkriege
an's Ruder gelangten, allen Religiosen, die Lust trügen, ihren Habit
auszuziehen, den sogenannten verfassungsmäßigen Schutz an [3]. Von
ihnen ist das Substrat zur These 52 genommen. Uebrigens ist hiefür
auch in Europa bekanntlich eine reiche Auswahl von Eingriffen in die
katholischen Gewissens=, Genossenschafts= und Vermögensrechte zur Illu=
stration der liberalen Grundsätze vorräthig. Insbesondere ist man in
Sardinien nicht zurückgeblieben. Der Gesetzesentwurf vom 28. Novem=
ber 1854 mit dem Vorschlag, alle Mönchsorden und geistlichen Genossen=
schaften beiderlei Geschlechtes, auch Collegiatkirchen und einfache Pfrün=
den, solche nicht ausgenommen, die dem Patronatrechte unterstehen, auf=
zuheben und ihr Vermögen der freien Verfügung der weltlichen Gewalt
zu überantworten [4], ist in den letzten Jahren zur Ausführung gelangt,
und zwar mit all jener Rücksicht auf persönliche Freiheit, auf wohl=
erworbene Rechte und neue Grundgesetze, die man von den Copisten der
Jakobiner zu erwarten berechtigt war.

50. Dem schon erwähnten Werke des Paul Vigil ist wie die cha=
rakterisirte 51., so auch die 54. These entlehnt. Ueber beide bemerkt

---

[1] In seinem vom hl. Stuhle censurirten Werke: Defensa de la audoridad
de los Gobiernos y de los Oispos. Lima 1848.
[2] Acta p. 116.
[3] Acta p. 158 f.
[4] Acta p. 130.

das Apostolische Rundschreiben [1]: „der weltlichen Regierung legt er
(Vigil) das Recht bei, die Bischöfe, die der Geist Gottes gesetzt hat,
die Kirche zu regieren, von der Ausübung ihres Hirtenamtes zu entsetzen; er sucht die Staatslenker zu bereden, daß sie dem Römischen
Papste in dem, was die Einsetzung der Bischöfe und der Bisthümer betrifft, den Gehorsam weigern. Die Könige und andere Fürsten, welche
durch die Taufe Glieder der Kirche geworden sind, entzieht er der Jurisdiction derselben Kirche, nicht anders als die heidnischen Monarchen,
als ob die christlichen Fürsten in geistlichen und kirchlichen Dingen nicht
Söhne und Untergebene der Kirche wären: ja indem er Himmlisches und
Irdisches, Heiliges und Unheiliges, das Oberste und Unterste ungeheuer-
licher Weise unter einander wirft, scheut er sich nicht zu lehren, die irdische Gewalt stehe bei Entscheidung von Jurisdictionsfragen über der
Kirche, die eine Säule und Grundfeste der Wahrheit ist". Zur Erläu-
terung des Letzteren dient die Frage Vigils: „Kann die Kirche einen
Fürsten excommuniciren?" die derselbe nach den Auszügen bei Pedro
Dual [2] also beantwortet: „Die Excommunication kann nur auf einen
Untergebenen fallen, aber der Fürst als solcher ist nicht Unterthan,
er ist die höchste, unabhängige politische Gewalt." Paul Vigil hatte kurz
zuvor ausdrücklich anerkannt, daß in der Kirche ein Unterschied zwischen
Vornehm und Gering, Fürst und Unterthan nicht bestehe, daß für alle
Glieder derselbe Glaube, dieselben Sacramente gelten; daß die Religion kein
verschiedenes Maß anwende. Es bleibt also nur die Wahl, entweder
einen Widerspruch mit sich selber bei Vigil anzunehmen, oder aber die
Lehre bei ihm vorauszusetzen, daß in Fragen der Jurisdiction dem
Staate eine Oberhoheit über die Kirche, folglich auch für den mit der
Staatsgewalt zur Einheit der Person verschmolzenen Fürsten Erhaben-
heit über Acte dieser Jurisdiction zukomme. Und das Letztere ist allerdings, wie wir später sehen werden, eine Voraussetzung von Paul Vigil.

51. Ueberblicken wir nunmehr die Reihe der von den Liberalen
gegen die Kirche gehandhabten Grundsätze, so können die vom Gallicanismus erborgten Lappen die wesentlich verschiedene Grundlage kaum
verhüllen. Es wird von den Liberalen für den Menschen eine unveräußerliche Freiheit angesprochen, die Offenbarung anzunehmen oder nicht,

---

[1] Multiplices vom 10. Juni 1851. Acta p. 88 sq.
[2] El Equilibrio entre las dos Potestades ó sea los derechos de la Iglesia
vindicados contra los ataques del Dr. Vigil. Barcelona 1852. I. p. 254.

und selbst dem natürlichen Gesetze gegenüber wird eine gleiche Freiheit behauptet. Der Staat soll sogar die Pflicht haben, eine solche Freiheit zu proclamiren [1]. Erst dieses Princip gibt eine zureichende Erklärung für den Einbruch der sardinischen und transatlantischen Revolution in das Recht der Kirche [2]. Es ist nichts anderes als der Grundsatz der atheistischen Staatslehre (These 39, 40) ins praktische Gebiet übertragen, was die Liberalen das Zurückgehen auf die natürlichen Grenzen, oder Trennung von Staat und Kirche heißen. Die These 55, in welcher der letztere Grundsatz ausgesprochen ist, läuft mit der 57. These [3] parallel; als eine Folgerung aus der atheistischen Socialdoctrin für Staat und Kirche, will sie für den Staat eben das, was die 57. These für die Gesetzgebung und das Naturrecht postulirt: vollkommene Unabhängigkeit von den Normen des Glaubens. Sie fordert gleichsam die Apostasie des christlichen Staates, als das Natürliche, absolut Berechtigte in der heutigen Weltordnung. Die 55. These hat also mit der 57. ihre ge= meinsame Basis in der Trennung der Sittlichkeit von der Religion und des Rechtes von beiden (These 56) oder in der materialistischen Welt= anschauung [4]. Daraus erhellt von selber ihr innerer Zusammenhang mit den Thesen 39 und 40. Nur die Kehrseite von dieser Stellung der weltlichen Gewalt zur Kirche bildet die Forderung der Liberalen, daß der Staat nicht die Auctorität der Kirche ihren Gliedern gegenüber schütze, sondern diesen die unbeschränkte Religionsfreiheit verbürge. Ins= sofern schließen sich hier von selber die Thesen 77—79 des Syllabus an, zu denen drei entsprechende Sätze aus Quanta cura gleichsam die Brücke bilden.

52. Diese letzteren lauten:

> Die beste Art von Staatswesen und der Fortschritt verlangen schlechtweg, daß die menschliche Gesellschaft eingerichtet und regiert werde ohne alle Rück= sichtsnahme auf die Religion, als ob diese nicht vorhanden wäre, oder wenigstens ohne irgend welchen Unterschied zwischen der wahren und den falschen Religionen zu machen.
> Der beste Zustand der Gesellschaft ist der, in welchem der Regierungsgewalt nur insoweit die Pflicht zuerkannt wird, mit gesetzlich bestimmten Strafen die Verletzer der katholischen Religion im Zaume zu halten, als es die öffentliche Sicherheit verlangt.

---

[1] Erklärung der Menschenrechte von 1791. Art. 11.
[2] Vergl. n. 39.
[3] S. IX. Stimme von P. Theodor Meyer. S. 83 ff.
[4] Meyer. A. a. O. S. 51 ff.

Die Freiheit des Gewissens und der Culte ist ein jedem Menschen eigenes Recht, welches durch das Gesetz ausgesprochen und festgestellt werden muß in jeder wohl constituirten Gesellschaft; und die Bürger besitzen das Recht auf die durch keine kirchliche oder staatliche Behörde zu beschränkende vollständige Freiheit, ihre Gedanken jeglicher Art, sei es durch das mündliche Wort oder durch den Druck oder auf andere Weise zur Oeffentlichkeit bringen und aussprechen zu können.

Ueber den Sinn gibt die seit der französischen Revolution wieder=holte Verdammung dieser Grundsätze den besten Aufschluß. Pius VI. beschränkt in seinem Breve Quod aliquantum [1] das verurtheilte Princip der Freiheit ausdrücklich auf die geistliche Ordnung, indem er es als eine Verläumdung erklärt, als wolle er sich in die politische Constitution einmischen. Er bemerkt [2]: es ist hier wohl zu unterscheiden zwischen Denjenigen, welche sich immer außer dem Schoße der Kirche befinden, als da sind die Ungläubigen und die Juden; und Jenen, die sich der Kirche durch den Empfang des Taufsacramentes unterworfen haben. „Die Ersten dürfen zum Bekenntniß des katholischen Glaubens nicht ge=zwungen werden"; für sie also besteht noch eine natürliche Freiheit. „Dagegen sind die Andern dazu anzuhalten." „Daraus erhellt offenbar, daß es mit dieser sogenannten Freiheit (und Gleichheit) auf den Sturz der katholischen Religion abgesehen ist."

53. Nicht minder belehrend ist die Verurtheilung von Lamennais durch Gregor XVI. Sie stellt die Sätze von Quanta cura zugleich in einem neuen Lichte dar. Kam die Revolution von 1789 mit ihrem geistigen Urheber Rousseau auf die unumschränkte Gewissensfreiheit durch das Streben, die politische Gesellschaft aller Fesseln zu entledigen, so hat dagegen Lamennais die Grundsätze von Rousseau zuerst für die Kirche geltend gemacht. In seiner Jugend hatte er sich zu tief in die Irrgänge dieses Socialpolitikers eingelassen [3]. Aus dieser trüben Quelle mag sich seinem Anfangs reinen Streben, die kirchliche Freiheit zu vertheidigen, etwas Unlauteres beigemischt haben. Während er, nach der Theorie des contrat social, im Staate nur eine Art Parteibildung, ein Werk, durch den freien Willen des Menschen zu Stande gebracht, sehen wollte, begann er dagegen in der Kirche eine Art schöpferische Unumschränkt=

---

[1] Recueil, p. 54—56.

[2] Sich berufend auf Tertullian adv. Gnost. cp. 2. n. 15. — Des hl. Aug. Briefe 93 an Vincentius und 185 an Bonifacius; S. Thomas II. IIdae q. 10. a. 8. und Benedict XIV. De Serv. Dei Beatific. III. cp. 17. n. 13.

[3] Etudes religieuses. Juniheft 1867.

heit zur Umwandlung des Geschlechts sich vorzustellen. Wollten sich die Gewalten der Erde ihrem Willen nicht beugen, wie thatsächlich vorlag, so sollte ihnen Böses mit Bösem vergolten und dieselben von den Völkern, unter Mitwirkung der geistlichen Gewalt, beseitigt werden. Wie Jarcke bemerkt [1], trat der hier verborgene revolutionäre Absolutismus bereits in einigen Spuren vor dem offenen Bruche mit der Kirche in seinem Werke: des progrès de la révolution et de la guerre contre l'église 1829 hervor. Er findet eine solche Spur in der Lehre: wenn die weltliche Gewalt das Gesetz Gottes verletze, so sei sie von Rechtswegen und in Kraft ihrer göttlichen Einsetzung ihres obrigkeitlichen Amtes verlustig. In einem solchen Falle hätten die Unterthanen das Recht, eine wahre und rechtmäßige Obrigkeit an ihre Stelle zu setzen, weil sie dem ihr von Gott ertheilten Auftrage nicht nachgekommen sei. Ein Irrthum, der an die crassere Lehre von Hus erinnert, daß eine obrigkeitliche Person, wenn sie sich im Stande der Sünde befindet, keinen Anspruch auf Gehorsam habe. Eine andere Spur leuchte in dem Rathe hervor, die Kirche solle im Kampfe der Liberalen mit der königlichen Gewalt, wie er sich unter der Restauration entwickelte, Neutralität beobachten, weil beide Theile im Unrecht seien. Von dieser gewiß falschen Gleichstellung der rechtmäßigen Obrigkeit mit einer politischen Partei im Staate, war allerdings der Schritt zu dem Rathschlage, für diese Partei gegen die Obrigkeit sich zu erklären, nicht wenig erleichtert.

54. Die Kirche verschloß diesen und ähnlichen Rathschlägen das Ohr und verdammte sie durch den Mund Gregors XVI. als zu Aufruhr und Empörung führend (in der Encyclika Mirari vom 15. August 1832). Sie erinnerte den hochfahrenden Geist an die Lehren des Evangeliums und der Väter: daß die Gewalt von Gott geordnet sei, und daß Gott sich widersetze, wer ihr widerstehe. So fand nun Lamennais, daß auch die geistliche Gewalt eine Verbündete der Tyrannei, ein Werk

---

[1] Auf zwei andere, der philosophischen Erkenntnißlehre und dem theologischen Gebiete angehörende Elemente, welche auf den Contact mit dem Skepticismus und Naturalismus jener Zeit weisen, deutet Rohrbacher hin. In erster Hinsicht übertrug Lamennais auf die natürliche Erkenntniß ein mißverstandenes Princip der übernatürlichen Ordnung; nicht in der individuellen, sondern in einer allgemein menschlichen Vernunft soll nach ihm das Kriterium der Gewißheit ruhen. — Was das Zweite betrifft, äußerte er um 1827 Ansichten über eine sog. primitive Kirche, oder die Religion im Stande der Natur, und über das Verhältniß von Natur und Gnade, welche der Würde und Stellung der übernatürlichen Ordnung zuwider liefen. Rohrbacher, Universalgeschichte. Bd. 28. S. 371 ff.

Satans sei, und daß die einzige Hoffnung für die Regeneration des
Geschlechts aus der Beseitigung beider Gewalten zu schöpfen sei. Die
Lehren der Zeitschrift „Avenir", die hiezu vorbereiten, lassen sich in folgende
Sätze zusammenfassen: in dem Kampfe der Revolution gegen die be=
stehende weltliche Gewalt, den Gott zuläßt, sei den Katholiken zwar
nicht erlaubt, die Revolution herbeizuführen, es sei denn, daß die Religion
feindlich behandelt werde; wohl aber sollen sie sich daran betheiligen,
wenn sie ausgebrochen sei, um sich einen Antheil am Siege zu sichern.
Man dürfe mit der Revolution als einem Wege zur Herrschaft der
Kirche sympathisiren. Obwohl hier Lamennais eine zweideutige Stellung
zur Revolution anrieth, so wurde diese doch noch mit ihren Grundsätzen von
1789 als an sich verwerflich von ihm bekämpft. Aber bald verschwand auch
dieser Gegensatz gegen das Princip. Dieses trat ein mit der Weigerung
Lamennais', dem schonenden Urtheile in der Encyclica Mirari 1832 [1] sich
zu fügen, eine Weigerung, die in den Paroles d'un croyant (1833)
thatsächlichen Ausdruck erlangte. In dieser und den von nun ab folgenden
Schriften von Lamennais [2] wird die Trennung von Staat und Kirche
mit all ihrem Zubehör, der unbeschränkten Gewissens= und Preßfreiheit,
ganz im Geiste der Revolution principiell vertheidigt. Eben diese
Grundsätze: die Trennung von Staat und Kirche, die Lehre von der
Gewissens=, Cult= und Preßfreiheit, hat Gregor XVI. verdammt, indem
er dieselben auf den religiösen Indifferentismus als ihre letzte Quelle
zurückführt.

55. Die entsprechenden Thesen lauten:

„77. In unserer Zeit ist es nicht mehr zuträglich, daß die katholische Religion
mit Ausschluß aller übrigen Culte als einzige Staatsreligion gelte.

„78. Daher ist es eine löbliche Anordnung, daß in gewissen katholischen Gegen=
den gesetzlich feststeht, daß es jedem Einwanderer daselbst erlaubt sei, seinen
eigenen Cult, welcher immer es sei, öffentlich auszuüben.

„79. Denn es ist falsch, daß die staatlich bewilligte Freiheit eines jeden Cultes,
sowie auch die Allen verliehene volle Befugniß, jede beliebige Meinung und
Ansicht öffentlich kundzugeben, dazu führe, die Sitten und Gesinnungen der
Völker leichter zu verderben und die Pest des Indifferentismus zu ver=
breiten."

Hievon hat die 77. These, welche der Allocution Nemo vestrum
vom 26. Juli 1855 entlehnt ist, ihre Veranlassung in einem Regierungs=

---

[1] Recueil. p. 154 sqq.
[2] Eine Zusammenstellung bei Jarcke. Ges. Schriften 1, 262 ff. Vergl. Rohr=
bacher, Universalgeschichte. Th. 28. S. 383 ff.

und Systemwechsel in Spanien, sowie in den damit gegebenen Ver=
letzungen des spanischen Concordates von 1851. (Erst 1859 stellte eine
neue Convention vom 25. August, publicirt den 24. Januar 1860, den
Frieden zwischen Staat und Kirche, freilich wie die neuesten Ereignisse
zeigen, nur auf kurze Zeit wieder her.) Im Widerspruche also mit
dem geltenden öffentlichen Rechte, wie nicht minder mit dem Geiste dieser
katholischen Nation, die auf ihre durch glorreiche Kämpfe mühsam er=
rungene Glaubenseinheit mit Recht stolz ist, hatten die Liberalen das
Princip der Trennung einzuschwärzen gesucht. Das Concordat stellt wie
üblich den Grundsatz voran: „mit Ausschluß jedes anderen Religions=
bekenntnisses wird einzig die katholische Religion wie bis dahin auch in
Zukunft die Religion der spanischen Nation sein"; dem entsprechend soll
sie „mit allen Rechten und Prärogativen, die sie nach göttlichem Rechte
und den canonischen Satzungen besitzt, erhalten" bleiben. Diese Be=
stimmungen tasteten die Liberalen an, indem sie ihre unbeschränkte Reli=
gionsfreiheit zur öffentlichen Geltung bringen wollten. Sie suchten nämlich
in ihrer Weise einseitig das religiöse Grundgesetz abzuändern durch den
Artikel: „der Staat verpflichtet sich die katholische Religion als einzige
Staatsreligion aufrecht zu halten, dessenungeachtet soll Niemand, weder
Spanier noch Fremder, wegen seiner Religionsmeinungen verfolgt wer=
den[1]!" Dieser Artikel wurde in den Cortes am 30. April 1855 ange=
nommen. Die damit principiell angebahnte Religionsfreiheit fand aber
in ganz Spanien den lebhaftesten Widerstand. Sie konnte sich auch
keineswegs Boden erringen, als Emissäre der anglicanischen Bibelgesell=
schaft ihr Glück auf der pyrenäischen Halbinsel versuchten, und ist in
der Convention vom 25. August 1859 grundsätzlich verlassen. Auf die zur
Vertheidigung vorgebrachten Gründe der Liberalen bezieht sich die These.
Dieselbe bestreitet den Grundsatz der katholischen Glaubenseinheit nicht
direct, als wäre er mit dem Naturrechte unvereinbar; sie sagt nur,
derselbe lasse sich heutzutage nicht mehr festhalten. Aehnliches wurde in
den Debatten über die Glaubenseinheit in Tyrol vorgebracht.

56. Als eine indirecte Rechtfertigung für die Verwerfung dieser
Marime kann man das moralische Elend unter jenen katholischen Natio=
nen ansehen, die nicht so glücklich waren, sich noch bei Zeiten der liberalen
Freiheit von der Religion zu erwehren. Unter ihnen befinden sich die
Republiken Neu=Granada und Mexiko, in denen die Thesen 78 und 79

---

[1] A. A. Z. 1855. Nr. 75.

ihre entsprechende Verwirklichung gefunden haben. Dort brachte, wie die Allocution Acerbissimum vom 27. September 1852 flagt, die Regierung einen Gesetzesentwurf ein, welcher „den in Neu=Granada sich niederlassenden Einwanderern unbeschränkte öffentliche Religionsübung gestattete." Die etwas später (1851) erlassene Verfassung dehnte troß der Einsprache Pius' IX. dieselbe schlechthin auf alle Einwohner aus, indem sie ihnen noch dazu die Unterrichts=, Meinungs= und Preßfreiheit bescheerte. Letzteres geschah auch 1856 durch die Liberalen in Mexico, wie die Allocution Nunquam fore sagt: „um so die Sitten und Gesinnungen leichter zu verderben und die verabscheuungswürdige, schreckliche Pest des Indifferentismus neben der Untergrabung unserer heiligen Religion zu verbreiten." In Wirklichkeit äußerte sich hier neben der Cultfreiheit die Barbarei auf breitester Grundlage; mit dem alten Erbe der Glaubenseinheit wurde selbst das Eigenthum und die menschliche Cultur durch offen antisociale Bestrebungen bedroht[1].

57. Vergleichen wir die Thesen 77 — 79 mit den vorangeschickten Sätzen, insbesondere dem dritten aus Quanta cura, so läßt sich ein Unterschied nicht verkennen. Die letzteren postuliren die Cultfreiheit als ein unveräußerliches, natürliches Recht, das unbedingten Anspruch habe auf Geltung; dagegen behaupten die Thesen nur die Einführung unter den heutigen Zeitverhältnissen als das allein Zuträgliche (77); „deßhalb" soll sie selbst in Staaten mit ausschließlich katholischer Bevölkerung lobenswerth sein (78); „denn" die Einwürfe aus den moralischen Nachtheilen seien nicht stichhaltig (79). Sieht man freilich genauer zu, so verschwindet der Unterschied. Denn wie die Veranlassung der These 77 zeigt (n. 55), will nicht gesagt werden: es gibt heutzutage staatliche Verhältnisse, unter denen die Aufrechthaltung der Glaubenseinheit nicht zulässig ist; sondern es wird ganz allgemein, auch für katholische Nationen, bei denen solche Verhältnisse nicht bestehen, das Verdict ausgesprochen. Es muß also ein principieller Grund vorausgesetzt werden, um die Allgemeinheit und Unbedingtheit, womit die Cultfreiheit empfohlen wird, zu erklären. Die Rücksichtnahme auf „unsere Zeit" will dann nur sagen, in unseren fortgeschrittenen Zeiten sei das Princip der Cultfreiheit bereits zu einer gewissen allgemeinen Anerkennung gelangt. Diese innere Gemeinsamkeit mit dem liberalen Grundsatz können wir auch aus den Gründen, welche gemeinhin für die These 77 angeführt

---

[1] S. einen Bericht der Times in der A. A. Z. 1856. Nr. 223.

werden[1], entnehmen: ihre Vertheidiger behandeln dieselbe als eine un=
abweisliche Forderung der heutigen Culturstufe; das heißt sie wollen,
daß man in der modernen Gesellschaft den Grundsatz der Menschen=
rechte (Art. 11) zugebe. Sofern die 78. These eine Folgerung aus der
77., die 79. eine Begründung derselben enthält, theilen auch sie die
Verwerfung. Das Weichen von der Glaubenseinheit ist an sich ein
Uebel, obwohl es ein nothwendiges Uebel werden kann. Daher ist auch
heute noch die Aufrechthaltung der Glaubenseinheit unter gewissen Ver=
hältnissen nicht allein zulässig, sondern von der Pflicht geboten, das
Gegentheil aber, das Weichen ohne nöthigende Gründe, tadelnswürdig.

Mit der Glaubenseinheit ist übrigens jede Art von Cultfreiheit
ausgeschlossen. Gesetzt also, die Freigebung der Religion in Neu=Gra=
nada hätte sich auf speciell genannte Bekenntnisse eingeschränkt, so könnte
sie immer noch dem Tadel unterworfen sein, dieser steigert sich freilich
dadurch, daß mit der völligen Gleichgiltigkeit nicht einmal die Grenzen
des Naturgesetzes eingehalten sind. Die These 77 mit andern Worten
zwingt keineswegs zu der Annahme, die Kirche habe nur die unbeschränkte
Cultfreiheit tadeln wollen; sie legt viel eher das Andere nahe[2], daß
das principielle Weichen von der Glaubenseinheit schlechtweg, wie immer
es geschehe, ob mit Bevorzugung einer Secte, oder aber mit völliger
Religionsfreiheit, verwerflich sei. Darüber kann ja kein Zweifel sein,
daß im Princip für die katholische Kirche jede, die beschränkte wie die
unbeschränkte Freiheit dem Glauben gegenüber unzulässig ist. Ob in
der Anwendung das Eine eher zuzulassen sei als das Andere, läßt sich
aus unsern Thesen gleichfalls nicht ermitteln. Es haben sogar schon
in der Reformationsperiode katholische Polemiker, wie der Cardinal

---

[1] Beispielshalber verweisen wir auf einen in jüngster Zeit erschienenen Aufsatz
von einem „liberalen Katholiken" in der Rivista universale di Genova, aus wel=
chem die Civiltà in ihrer 247. Lieferung Auszüge gibt. Wir finden da folgende
Sätze: „unläugbar ist die gegenwärtige Bildung in ihrem Wesen die Entwicklung
und zeitliche Verwirklichung der christlichen Grundsätze." „Das Fundamentalprincip
der modernen Bildung ist die Religionsfreiheit", ein Princip, das dem Evangelium
nicht zuwider sein soll, ebenso wenig dem recht verstandenen Wohl der Kirche; ob=
gleich der Verfasser zugibt, daß es bis jetzt unter allen von der Revolution des
J. 1789 eingeführten Principien den meisten Widerspruch von der Kirche erlitten
habe. — Dem thut keinen Eintrag, daß dieser Liberale die Religionsfreiheit in
vollem Sinne nur auf das innere Gebiet des Gewissens beschränkt und bezüglich
der Culte die Schranken des Naturgesetzes gewahrt wissen will.
[2] S. Alloc. Multis gravibusque v. 17. Dec. 1860. Recueil. p. 428 und
die Thesen 15—18 des Syll.

Hofius von Ermeland, der vollen Religionsfreiheit, wie die außer-
lutherischen Bekenntnisse sie heischten, vor der beschränkten den Vorzug
gegeben. Freilich hätten dieselben wohl nie in den liberalen Grundsatz,
welcher vollkommene Gleichgiltigkeit des Staates gegen die Religion
fordert, einwilligen können, weil diese gegen das Naturgesetz verstößt.

58. Die 80. These lautet:

> „Der Römische Papst kann und soll sich mit dem Fortschritt, mit dem Liberalis-
> mus und mit der modernen Bildung aussöhnen und verständigen."

„Schon längst," bemerkt der Papst zu der Zumuthung, die in dieser
These enthalten ist, „ist der klägliche Zwiespalt kein Geheimniß mehr,
durch welchen in unserer so unseligen Zeit die staatliche Gesellschaft in
Folge des Kampfes der Principien der Wahrheit und des Irrthums,
der Tugend und des Lasters, des Lichtes und der Finsterniß zerrissen
wird. Denn während die Einen den Forderungen der sogenannten modernen Bildung beipflichten, vertheidigen die Andern im Gegentheil die
Rechte der Gerechtigkeit und unserer hl. Religion. Die Ersteren verlangen, daß sich der Römische Papst mit dem Fortschritt und dem Liberalismus, wie sie sagen, und mit der modernen Bildung aussöhne und
vergleiche. Aber die Letztern bringen mit Recht darauf, daß die unveränderlichen und unerschütterlichen Principien der ewigen Gerechtigkeit
unverletzt aufrecht erhalten bleiben; sowie daß gesichert werde der heilsame Einfluß unserer hl. Religion ... Aber die Vertheidiger der modernen Bildung sind mit diesem Gegensatze nicht einverstanden, da sie
für wahre und aufrichtige Freunde der Religion gelten wollen"[1].

59. Ist hieran etwas dunkel? Die Liberalen, um welche es sich
hier handelt und welche ausgeschlossen werden mit der These, muthen
dem Papste nicht zu, die katholische Religion aufzugeben oder die Kirche
dem Staate zu unterwerfen; aber sie fordern kirchliche Anerkennung des
Liberalismus, wornach die Freiheit der Culte, die Trennung des Staates
im Princip berechtigt ist. Umgekehrt: jene Katholiken, auf deren
Seite sich der Papst stellt, schließen die praktische Duldung nicht-
katholischer Gesellschaften, die Verträge mit ihnen, die Verständigung
mit dem thatsächlich getrennten Staate nicht aus, wohl aber stellen sie
dem Liberalismus, welcher der Freigebung des Irrthums und der Trennung principielle Berechtigung einräumt, die katholische Lehre, daß ein

---

[1] Jam dudum. 18 März 1861.

solches Recht keineswegs bestehe, als unerschütterlich entgegen. Vergebens berufen sich die Gegner darauf, daß ihr Grundsatz, oder die Behauptung des principiellen Rechtes der Cultfreiheit der katholischen Religion nicht zuwider sei. Die Bekenner jenes Grundsatzes, rechneten sie sich auch unter die noch katholischen Liberalen, erweisen sich als Feinde der katholischen Religion. Der Liberalismus ist dieser entgegengesetzt; seinem Grundsatz, daß die Cultfreiheit ein berechtigtes Princip sei, liegt etwas Unkatholisches zu Grunde, der Indifferentismus nämlich, welcher mit der katholischen Religion zerfallen ist; nicht die bürgerliche, sondern die religiöse und dogmatische Toleranz. Diese liberalen Katholiken offenbaren auch ihren Zerfall durch sprechende Thatsachen. „Wir wollten ihnen Glauben schenken," sagt der Papst, „wenn nicht die traurigsten Thatsachen, welche sich tagtäglich vor Aller Augen ereignen, völlig vom Gegentheil überzeugten." Als solche Thatsachen werden nun aufgezählt: positive Begünstigung und Ausbreitung der Irrlehren; der Bruch der feierlichen Verträge mit dem hl. Stuhle; die Verfolgung der religiösen Orden; die Parteilichkeit zu Gunsten der Nichtkatholiken bei der Verleihung öffentlicher Aemter und ihre Bevorzugung im Schulwesen und in der Presse, neben offener Verfolgung pflichttreuer Katholiken, welche ihrer Kirche anhangen. All' das geschieht im Namen des „Fortschrittes" und der „modernen Bildung"; es ist also offenbar, daß diese Schlagwörter Principien verhüllen, welche der katholischen Religion feindselig sind. „Man nenne die Sache beim rechten Namen," fährt Pius IX. fort, „so wird sich zeigen, daß der hl. Stuhl sich allezeit treu bleibt. Die wahre Bildung hat an ihm immerdar ihren Hort und Pfleger gefunden. Von ihm ist, wie die Geschichte ausweist, in den Missionen alle wahre Bildung, Zucht und Gesittung unter die Völker ausgegangen. Mit einem Systeme, das unter dem Aushängeschild der Bildung eigens auf Schwächung, wenn nicht gar Vernichtung der Kirche ausgeht, kann sich der hl. Stuhl, der Römische Papst, nimmer vergleichen."

60. Der Gang der Widerlegung ist uns einerseits durch die Natur des Gegenstandes, andererseits durch die besondere Aufgabe dieser letzten Broschüre vorgezeichnet. Alle Socialdoctrinen, haben wir im geschichtlichen Ueberblicke erkannt, charakterisiren sich in erster Linie, seit Christi Erscheinung, durch die Lösung der Frage: wie stellt sich die öffentliche Gewalt zum göttlichen Gesetze? Darnach richten sich die concreteren Aufstellungen über das Verhältniß zur Kirche und ihrer Auctorität über die Mitglieder. So ist es auch mit der liberalen, oder der

Theorie, daß Staat und Kirche zu trennen seien. Das erste charakteristische Merkmal derselben ist ihre atheistische Grundlage, womit wir beginnen, bevor wir 2. u. 3. ihre Anwendung auf das Verhältniß des Staates zur Kirche und 4. ihren Grundsatz der Religionsfreiheit beleuchten. Im Gegensatz sodann zur **VI.** Broschüre [1], welche von der Kirche als göttlicher Stiftung ausging, um die liberalen Irrthümer der Gegenwart zu widerlegen, begeben wir uns auf den Boden unserer Gegner, um vom Begriffe des Staates aus die richtige Anschauung, wie über das Verhältniß der beiden Gewalten, so über Glaubenseinheit und Religionsfreiheit zu gewinnen.

---

[1] VI. St. a. M. L. S. 6.

Zweiter Theil.

Widerlegung der Thesen.

Erster Abschnitt.

Das liberale Staatsprincip in seiner Grundlage, oder die atheistische Gesellschaftslehre.

§ 4. Stammen auch mancherlei Rechte vom Staate, so ist dieser doch nicht der Ursprung des Rechtes überhaupt, der vielmehr in Gott zu suchen ist, von welchem auch unabhängig vom Staate verschiedene Rechte verliehen werden. Es ist also das Recht des Staates in keiner Weise unbegrenzt. (These 39.)

61. „Willst Du mit mir", beginnt Cicero seine Untersuchungen über den Staat, „den Ursprung des Rechtes bis zu seiner Wurzel verfolgen? dann werde ich Dir den Stammbaum desselben in der Natur aufzeigen; denn von ihr ausschließlich müssen wir uns in dieser Erörterung führen lassen"[1]. Was haben wir uns unter dieser „Natur" zu denken, auf welche mit den Philosophen die Rechtsgelehrten und Canonisten das Recht und den Staat einmüthig[2] zurückführen? Es ist un-

---

[1] De legibus I, 6.

[2] „Jeder Staat verdankt der Natur sein Bestehen." „Vom staatlichen Rechte ist einiges natürlich, anderes durch das Gesetz festgestellt. Natürlich aber ist, was allenthalben gilt, nicht weil es so beschlossen oder nicht beschlossen ist." Aristoteles Politik. I, 2. Ethic. Nicom. V, 7. — „Alle Völker", sagt Gajus in den Pandekten, „besitzen theils ein eigenthümliches" (jus civile), „theils ein allen Menschen gemeinsames Recht" (jus gentium). Das letztere, das natürliche Recht, wie wir sagen würden, ist nach ihm jenes, „welches die natürliche Vernunft unter allen Menschen festgesetzt hat". (L. 9. De just. et jure I, 1). — Gratian versteht unter der Natur die von der Offenbarung erleuchtete Vernunft, als Verkünderin der göttlichen Gesetze, welcher die Gewohnheit und das geschriebene Gesetz als Quellen der menschlichen Gesetze gegenüber gestellt werden. c. 1. D. 1.

sere sittliche Natur gemeint, bezogen auf das gesellige Wesen des Men=
schen, welcher in den Thieren der Instinct analog ist. Wie dieses feste,
der Auslegung und Fortbildung entzogene innere Lebensgesetz die Thiere
lehrt, ihre Wohnungen nach einer beständigen Form zu bauen, die ent=
sprechende Nahrung zu finden und ihre Art durch Fortpflanzung zu er=
halten, so wirkt im Menschen der höhern Stufe gemäß, auf welche ihn
seine Vernunft erhebt, eine innere sittliche Gesetzgebung, jenes „Gesetz,
das den Heiden in das Herz geschrieben ist"[1]. Es ist der vernünftige
Antrieb, den Schöpfer durch Erkenntniß und Liebe zu umfassen und wie
die eigenen persönlichen Fähigkeiten, so auch die geselligen Verhältnisse
nach dem Willen desselben oder nach der Ordnung einzurichten[2]. Ver=
gleichen wir nämlich den Menschen mit den Wesen unter ihm, so ist er
nicht selbstlos in das Leben des Universums hineingezogen, sondern er=
hebt sich zum Gedanken dieses Lebens, sowie seines göttlichen Urhebers.
Dieselbe Vernunft, welche ihm die Wesenheit der Dinge zeigt, macht
sein Begehren auch zum freien Willen. Mit der Spontaneität nämlich
gleichsam vermählt erzeugt sie die Wahlfreiheit und stellt dieser in der
erkannten Wahrheit eine Ordnung gegenüber, der sie sich unterwerfen soll;
und zwar deßhalb, weil es so der Wille des zugleich mit der Ordnung
ergriffenen Urhebers der Ordnung, des Schöpfers und Bewegers aller
Dinge ist. Die Vernunft, als vereinigt gedacht mit dem Begehren, auf
dem Gebiete des Willens, ist die sittliche Natur des Menschen. Sie
stellt den ganzen Menschen, den sinnlichen wie den geistigen; den auf
das Universum wie den auf Gott bezogenen; den Einzelmenschen wie
den zu Andern seines Geschlechtes in Wechselwirkung gesetzten unter die
Ordnung. Oder vielmehr, genauer ausgedrückt, sie zeigt dem Menschen
die göttliche Ordnung, in welcher er steht, mit dem heiligen Willen, dem sie
entfließt; sie promulgirt ihm das ewige Gesetz mit der göttlichen Sanction,
verkündet ihm seine Pflichten und übt als eine Stellvertreterin Gottes
eine innere Aufsicht, ein Richteramt in der Stimme des Gewissens aus.
Das Recht und den Staat auf die Natur gründen, heißt also, sie als
eine Forderung der sittlichen Natur in uns begreifen, und weil diese in
uns das ewige Gesetz enthält, sie auf den heiligen Willen Gottes zu=
rückführen oder als göttliches Gebot erfassen.

62. Sogleich bei dieser allgemeinen Grundlage können wir den

---

[1] Römer. 2, 14—15.
[2] S. Thom. Summa. I. IIdae qu. 94. a. 2.

Hauptirrthum der in der Einleitung zur Genüge charakterisirten atheisti=
schen Gesellschaftslehre erkennen. Sie schließt entweder direct und offen
mit den Materialisten jedes höhere sittliche Element von der Menschen=
natur aus, oder wo sie mit den Pantheisten dieses zuzugeben scheint,
beruht ihr Zugeständniß auf einer Täuschung. Fehlt aber die sittliche
Natur im Menschen, so ist sein Gesellschaftsleben von den Paarungen
und Heerdenbildungen der vernunftlosen Thiere, die nicht rechtsfähig
sind, nicht zu unterscheiden, eine Rechtsordnung ist auf diesem Stand=
punkte unbegreiflich. Wir sagen, auch die Pantheisten entfernen sich nicht
wesentlich von dieser Grundlage; denn ihre Alleinslehre faßt Gott als
ein unpersönliches Wesen, als eine blinde Naturkraft, der es nicht ver=
gönnt ist, in den einzelnen Menschen Personen oder Träger von Rechten
zuwege zu bringen. Denn Niemand gibt, was er selber nicht hat. Wie
soll ein unpersönliches Wesen Personen erzeugen? Die Menschen bleiben
als Einzelwesen selbstlose Wellen im Ocean des Alllebens. Wie soll da
Recht entstehen? Alles bleibt im Kreise der Naturgewalt. Nun hat man
freilich diese wüste Oede durch ein entgegengesetztes Extrem, durch die
Vergötterung der menschlichen Persönlichkeit, das „Princip der Subjec=
tivität" nämlich, zu beleben gesucht. (Dies ist auf den älteren Fichte hin
von Hegel oft geltend gemacht.) Allein man ist damit aus der Un=
fähigkeit, ein wirkliches Rechtssubject aufzuweisen, nicht herausgekommen,
und hat dazu dem neuen Gotte den Widerspruch aufgehalst, daß auf
der einen Seite die angeblich göttlichen Personen in ihm als dem All=Ich
verschwinden, auf der andern das All=Ich nur als Product jener Per=
sonen Wirklichkeit gewinnen kann. Zur Erfassung des wunderbaren Or=
ganismus der menschlichen Persönlichkeit und zum Verständniß ihrer sitt=
lichen Würde und Bestimmung fehlt hier selbst die allerdürftigste Basis,
die Anerkennung, daß der einzelne Mensch als solcher, wie er leibt und
lebt, ein für sich existirendes, von Gott unterschiedenes, geschaffenes
Wesen ist. — Dem materialistischen Abweg entgegengesetzt, aber schließ=
lich mit ihm gleichfalls zusammenlaufend ist die Richtung jener rationa=
listischen Rechtslehrer, welche über der idealen Seite vom Menschen die
Bedeutung der positiven Thatsachen übersehen und das Recht und den
Staat in ein unerreichbares Ideal verflüchtigen. Dieser Subjectivismus
rächt sich durch den Rückfall in die Anbetung der Gewalt und die ungebühr=
liche Betonung des Positiven. Die menschliche Natur umfaßt beide Sei=
ten: das Reich des Idealen oder der Ordnung und das Gebiet der po=
sitiven Thatsachen; sie ist auch nicht etwas bloß Menschliches, sondern

das Menschliche, das den göttlichen Weltplan an einer bestimmten Stelle des Universums kundgibt. Ordnung als das mitgetheilte Göttliche und das Reich der Freiheit als das spezifisch Menschliche liegen in der sittlichen Natur in einander.

63. Damit heben sich auch Mißverständnisse, die von einer dritten Seite her verlauten. Jenen gegenüber, welche die Zurückführung des Staates auf den Willen Gottes in der den Rationalisten entgegengesetzten Richtung übertreiben, sind die beiden Seiten am Rechte und Staate: das Reich der positiven Thatsachen und das Reich der in Gott gründenden Ordnung, wohl zu unterscheiden. Die ersteren gehören, da hier von der Offenbarung abzusehen ist, dem menschlichen Willen und der materiellen Seite am Menschen an, nach welcher er in das Universum verflochten ist; sie stehen unter der göttlichen Vorsehung. Wenn wir nun sagen: das Recht stammt von Gott, so wollen wir nicht bloß ausdrücken: das Recht ist eine von Gott gewirkte oder zugelassene Thatsache; damit wäre blutwenig gesagt, und auch die craffesten Materialisten könnten dieses zugeben. Wir charakterisiren vielmehr hiedurch die betreffenden moralischen Thatsachen als mit der göttlichen Ordnung so verknüpft, daß sie in sittlichen Wesen eine Verpflichtung erzeugen. Daß N. N. Eigenthümer einer gewissen Sache X. ist, hängt von festen Thatsachen des Erwerbs durch Besitzergreifung oder Vertrag oder Erbschaft ab; diese Thatsachen aber sind fähig, persönliches Eigenthum zu erzeugen, weil sie den von der moralischen Ordnung aufgestellten Bedingungen entsprechen. Ebenso im öffentlichen Rechte. Daß eine bestimmte Dynastie im Besitze der höchsten Gewalt ist, ist Fügung oder Zulassung der Vorsehung; daß sie im rechtmäßigen Besitze der Auctorität sich befindet, hängt von der Zusammenstimmung des Besitzes mit der moralischen Weltordnung ab. Was nun der letzteren an den Thatsachen gemäß, oder recht ist, kann als solches der Vernunft ohne Weiteres einleuchten, wie z. B. daß es dem Menschen verboten ist, dem Nächsten Unrecht zu thun; daß er der rechtmäßigen Obrigkeit Gehorsam, Gott Ehrfurcht schuldig ist u. f. w. Um aber in einem gegebenen Falle zu erkennen, z. B. daß einem Conscriptionspflichtigen das Auswandern verboten ist, dazu bedarf es der Erklärung einer rechtmäßigen Obrigkeit. Gesetzt, es fiele einem Privatvereine ein, wie es vor einiger Zeit in Bologna von einem Arbeiterclub geschehen ist, den Bürgern einer Stadt Geschäftseinstellung an einem bestimmten Tage vorzuschreiben, so wäre das Haupterforderniß, die Verknüpfung mit der moralischen Ordnung, nicht vorhanden, weil die Gewalt, einem gewissen

Kreise von Handlungen diese Eigenschaft zu verleihen, der rechtmäßigen Obrigkeit vorbehalten ist. Dasselbe gälte, wenn die Obrigkeit den ihr von der Ordnung vorgeschriebenen Kreis überschritte und z. B. einen religiösen Act verböte, der sie nichts angeht. Wie nun die in ihren Grenzen sich haltende Erklärung der Obrigkeit, so können auch innerhalb gewisser Kreise Thathandlungen von Privaten menschliche Rechte erzeugen, aber auch sie sind hiebei an Bedingungen gebunden, welche aus der Regel der göttlichen Ordnung folgen. In dieser also, behaupten wir, wurzelt mit dem Rechte überhaupt auch die staatliche Ordnung, erhaben über menschliches Belieben.

64. Vom höchsten Gesichtspunkte aus betrachtet ist uns das Recht nichts Anderes als die Stelle, welche den vernünftigen Erdbewohnern gegen einander verglichen in der Weltordnung von Gott angewiesen ist; oder es ist eine göttliche Gleichung, nicht für materielle, sondern für moralische Werthe, eine göttliche Werthschätzung, welcher der ganze Mensch unterstellt ist. Das Recht als Norm, wie es unter uns besteht, ist das vom Menschen gefundene Recht. Die Gerechtigkeit als Kunst des Gesetzgebers und Richters weiß in diesem Sinne mit moralischen Werthen gut zu rechnen; als Tugend aber, das Facit im Leben gut zu verwerthen [1]. In diesem Sinne sagt der heil. Augustin, der menschliche Gesetzgeber müsse, um gute Gesetze zu geben, bei Gott in die Schule gehen [2]. Wir sagen also mit dem Hauptsatz unserer These nicht bloß: alles Recht ist eine unter der Vorsehung stehende Thatsache; aber ebenso wenig, daß die Verknüpfung der Thatsachen, durch welche sie Recht werden, geoffenbart sein müsse, oder daß es nur positiv göttliche Rechte gebe, denn wir bleiben im Kreise der natürlichen Ordnung. Wir bestreiten nicht, daß es bei der Staatsgewalt stehe, Rechte zu erzeugen; wir sagen nur, nicht alle Rechte kommen vom Staate, noch viel weniger, das Recht schlechtweg, als ob es kein Recht gebe, als jenes, das die Staatsgewalt dafür erklärt. Ja wir behaupten, selbst das Recht der Staatsgewalt, also das, was sie befähigt, Recht zu erzeugen, kommt von Gott, denn das Recht schlechtweg stammt von Gott; oder Recht ist eine menschliche Thatsache zuletzt einzig durch ihren Zusammenhang mit der göttlichen Ordnung. Nicht der menschliche Wille macht das Recht, sondern wo das

---

[1] Vergl. S. Thomas II. IIdae q. 57. a. 1. 2. P. Suarez. De Deo Legislatore I, 2.

[2] De vera relig. cp. 31.

5

Recht vom menschlichen Willen stammt, muß es der mit der Ordnung
verknüpfte Wille sein.

65. Dieser Hauptsatz unserer These mit der Anwendung auf die
staatliche Rechtsordnung ist anderwärts hinlänglich erörtert und bewiesen [1].
Das Recht und seine Ordnung im Staate sind Glieder der sittlichen
Weltordnung, diese aber ist nichts anderes, als das ewige Gesetz, oder
ein Ausfluß des heiligen Willens Gottes. Somit entspringt, wie das
Recht überhaupt, so das des Staates aus Gott. Es ist nur eine an=
dere Form dieses Beweises, wenn gesagt wird: Recht und seine Ord=
nung im Staate ist das Erzeugniß der sittlichen Natur im Menschen,
sofern sie bezogen ist auf dessen geselliges Wesen; denn die sittliche Na=
tur ist eben die Mittheilung der sittlichen Weltordnung an den Menschen.

66. Knüpfen wir aber mit dem gewöhnlichen Beweisgange [2] an das
Letztere an, so besitzt jeder Mensch mit dem Kreis von Rechten, in wel=
chem er als sittliches Wesen nach dem Willen Gottes steht, das Recht
auf eine Veranstaltung, welche ihn schützt gegen den natürlichen Feind
des Rechtes, gegen die Eigenmacht seiner Geschlechtsgenossen. An diese
höchste gesellschaftliche Hülfe, welche den staatlichen Organismus als ein
Postulat der sittlichen Natur erscheinen läßt, lehnen sich von Innen, aus
der Natur des Rechtes heraus, alle einzelnen Aufgaben des Staates an,
die sich, von rohen Anfängen ausgehend, immer deutlicher im Bewußt=
sein der Völker entfaltet haben. Das Recht ist ja nichts Starres, sondern
der lebendige Mensch, gestellt unter die sittliche Ordnung. Der Staat
aber ist das sich vollkommen schützende Recht. Von selber bietet sich zur
Vergleichung mit dem Staate die Familie dar. Auch sie ist gleich dem
Staate ein Gebilde der Natur; auch sie umfaßt in ihrem Streben den
ganzen Menschen; auch sie erzeugt neben den Rechten der Einzelnen in
der Gewalt des Familienhauptes ein Recht des Ganzen und fordert als
dessen Träger eine moralische Person, welche gleichsam concurrirt mit
den physischen Personen, und deren Recht auf Gott zurückgeht. All das
haben Staat und Familie gemeinsam. Worin unterscheiden sie sich?
Die Familie ist nicht im Stande, ihr Streben nach Schutz zu vollenden,
ohne selbst wieder in eine ähnliche Vereinigung einzutreten, wie es zu=
vor die Familienglieder ihr gegenüber gethan haben. Also sie genügt

---

[1] S. die IX. St. a. M. L. Die Grundsätze des Rechts und der Sittlichkeit
von Theod. Meyer. Bes. III, 3. IV, 1—5. V, 3.

[2] S. Held, a. a. O. Oben n. 7.

sich noch nicht selber zu jener echt menschlichen Glückseligkeit, welche uns die Natur auf dieser Erde angewiesen hat. Die erste Familie, soferne sie sich genügte, trug bereits den Staat in ihrem Schoße, der später als Halle über Familien und Geschlechtern sich wölben, und mit der Bildung einer neuen moralischen Person das Recht nach dieser Seite zum Abschluß bringen sollte. Denn das ist das Eigenthümliche dieser Gesellschaft, daß in ihr eine höchste irdische Gewalt für die zeitliche Wohlfahrt des Menschen ist, die keine andere über sich erkennt[1].

67. Wir folgern nunmehr: ist das Recht des Staates von Gott, so ist es eben nur so umfangreich, als Gott es haben wollte; Gott hat es aber innerlich und äußerlich begrenzt, daraus folgt, daß es in keiner Weise unbegrenzt ist. Hier haben wir abermals sowohl Jene zu Gegnern, welche dem Staate allen höheren Ursprung bestreiten, indem sie sein Recht auf die physische Gewalt stützen und aller moralischen Schranken entledigen; als Jene, welche einen solchen göttlichen Ursprung der Staatsgewalt behaupten, wie er sich nicht beweisen läßt. Die Letzteren nämlich machen den Staat zu einer Theokratie und übertragen auf ihn eine göttliche Vollmacht, welche nur innerhalb der übernatürlichen Ordnung behauptet werden kann. Beide treffen in der Regel darin zusammen, daß sie der höchsten Gewalt im Staate Unumschränktheit beilegen. Insoferne untergraben beide die eigentliche Quelle der Staatshoheit, ihr Recht. Diese ruht nämlich, wie alle menschliche Hoheit, in der Ebenbildlichkeit des Geschöpfes mit Gott. Der Mensch ist der Stellvertreter Gottes in der sichtbaren Schöpfung; er ist ihr Herrscher und hat das natürliche Recht, sich Alles unter ihm dienstbar zu machen. Seine irdische Wohlfahrt ist die des Königs, sie beruht auf dem Siege über alle Feinde seiner Natur in den Elementen, wie im Pflanzenreiche und unter den Thieren, sowie in der unbeschränkten Verfügung über die Mittel seiner Erhaltung, Vervollkommnung und Ergötzung. Aber vereinzelt ist er unfähig, sein Herrscherrecht zu verwirklichen; so vereinigt er sich nach einer festen Ordnung mit Seinesgleichen, um zu diesem Ziele zu gelangen. Diese Ordnung ist ihm von Gott, mittelst seiner sittlichen Natur vorgeschrieben. Wird der Mensch zum Ziele kommen, wenn er das göttliche Grundgesetz seiner Natur nach einer oder der andern Seite umstößt?

---

[1] Vergl. mit der Definition bei Aristoteles, Politik III, 9. Suarez l. c. I cp. 14. n. 7. S. August. De civ. Dei XIX. cp. 24. Taparelli, a. a. O. I S. 219 v. Moy a. a. O. II, 13. — Ferdin. Walter. Naturrecht und Politik §§ 43, 49.

Setzt sich die Staatsgewalt, dieses Ebenbild der göttlichen Vorsehung für die irdische Wohlfahrt, an Gottes Stelle, indem sie entweder geradezu die Oberherrschaft Gottes läugnet, oder sich Rechte herausnimmt, welche sich Gott vorbehalten, so macht sie die Empörung zum Princip der socialen Ordnung. Es geht an ihr dann in Erfüllung, was dem Einzelnen widerfährt, der sich von Gott emancipirt, um seinen Gelüsten sich zu ergeben oder dem Hochmuthe zu fröhnen. Wie dieser ein Sclave seiner Leidenschaften wird, so setzt sich in dem von Gott offen oder verdeckt abfallenden Staate die Empörung nach Unten fort als Revolution. Die Obrigkeit zerstört durch ihre Trennung von Gott selber die Basis ihrer Gewalt, welche im Pflichtbewußtsein der Unterthanen ruht, das durch keine irdische Macht erzeugt werden kann, sondern ein sittlicher Vernunftzwang ist.

68. Ueber die revolutionäre Staatslehre und ihre Wirkung diesfalls auch nur ein Wort zu verlieren, wird Jedermann als überflüssig erkennen. Dagegen wird es gerathen sein, auf den Hauptstützpunkt jener Form des Absolutismus, der sich theologisch aus der heiligen Schrift zu begründen sucht, einzugehen. Derselbe beruft sich hiebei vornehmlich auf bereits angezogene Stellen, namentlich im Römerbrief [1]. Daß aber hier die Offenbarung nur der Stimme der Natur beipflichtet, erhellt schon daraus, daß der Apostel seine Lehre über den Ursprung der Gewalt mit Rücksicht auf die heidnische Obrigkeit entwickelt, bezüglich deren eine übernatürliche Berufung anzunehmen widersinnig wäre; aber auch daraus, daß die genannte Lehre mehr oder weniger deutlich auch bei den Heiden sich findet; wie hätten sonst ihre Gesetzgeber für nöthig gefunden, ihre Gesetze auf die Gottheit zurückzuführen? [2] Oder wie läßt sich anders die allgemeine Ansicht der Heiden erklären, daß die Atheisten Feinde des öffentlichen Wohles seien? Die heilige Schrift bestätigt also nur eine natürliche Wahrheit, wenn sie sagt: „es gibt keine Gewalt als von Gott". Hören wir indeß eine nähere Erklärung der Stelle von einem den apostolischen Zeiten nahe stehenden Lehrer, um dieselbe vor einem den Gewaltmißbrauch rechtfertigenden Mißverständnisse zu bewahren.

69. Die antinomistischen Gnostiker bezogen die genannte Stelle des Römerbriefes auf unsichtbare Reiche, indem sie dem Bösen die Urheberschaft wie des Sittengesetzes, so auch der Staatsordnung zuwälzten.

---

[1] Röm. 13, 1.
[2] Vergl. P. Suarez, l. c. III cp. 3 n. 3 sqq.

Dagegen führte der heil. Irenäus über die Stelle Luc. 4, 6 aus, der
Teufel habe gelogen, als er dem Herrn gesagt: alle Reiche der Welt
will ich Dir geben. Denn die weltliche Herrschaft stamme nicht von ihm,
sondern von Gott, und zwar sei dieselbe nach dem Sündenfalle von der
gütigen Vorsehung zum Schutze des Geschlechtes eingeführt worden. „Weil
die Menschen nach dem Falle also verwilderten, daß sie selbst in den
Blutsverwandten einen Feind sahen, und in Unruhe, in Mord und Hab-
sucht, ohne Scheu ihr Leben hinbrachten, setzte ihnen Gott die menschliche
Furcht als Schranke — denn die Furcht Gottes kannten sie nicht mehr —,
auf daß sie, menschlicher Gewalt unterworfen und durch ihr Gesetz gebunden, wenigstens Etwas von der Gerechtigkeit besäßen und sich gegenseitig zügelten. Und deßhalb werden auch die Obrigkeiten, durch die
Gesetze mit der Gerechtigkeit umkleidet, über Nichts, was sie gerecht und
rechtmäßig thun, zur Rechenschaft oder Strafe gezogen werden.“ „Was
sie aber immer“, fährt nun der heilige Lehrer fort, „zur Untergrabung
des Rechtes, wider die Gerechtigkeit und die Religion, im Widerspruche
mit dem Gesetze, nach Art der Gewaltherrschaft vollstrecken, in dem werden sie auch ihr Verderben finden, indem ein gerechtes Gericht Gottes
über sie hereinbrechen und ihnen Nichts nachsehen wird.“ Es bedarf
kaum eines Zusatzes, um unsere Auslegung zu rechtfertigen: die staatliche Ordnung gehört dem Bereiche der Natur an; wie ihr Zustande-
kommen ein Werk der Vorsehung, so ist der Zweck wie die Grenze der
Gewalt von Gottes heiligem Willen bestimmt. — „Zum Nutzen also für
die Heiden ist die weltliche Herrschaft von Gott gesetzt (nicht aber vom
Teufel, denn der hat niemals völlig Ruhe und will nicht einmal die
Heiden in Frieden lassen); damit die Furcht vor der menschlichen Auctorität sie abhalte, sich gegenseitig aufzufressen wie die Fische[1], und die
vielfache Rechtswidrigkeit der Heiden in die Schranken gewiesen werde.
Und demgemäß gibt es „„Diener Gottes““, die Steuern eintreiben, indem sie eben dazu den Auftrag empfangen haben. Die Gewalten, welche
bestehen, sind von Gott geordnet; es lügt also der Teufel, wenn er sagt:
mir sind sie übergeben, ich verleihe sie, wem ich will. Auf wessen
Geheiß nämlich die Menschen zur Welt geboren werden,

---

[1] Man wird hier unwillkürlich an das Naturrecht der Absolutisten erinnert,
nach denen wirklich die Größeren die Kleineren bewältigen, wie die stärkeren Fische
die schwächeren verschlingen. Offenbar betrachtet der hl. Irenäus Satan als den
Erfinder dieses Rechtes des Stärkeren, während er die Rechtsordnung als einen von
Gott entgegengestellten Hemmschuh behandelt.

auf deſſen Geheiß werden auch die Könige beſtellt, ange=
meſſen denen, welche zur treffenden Zeit von ihnen beherrſcht werden"[1].

70. Der heil. Irenäus hat übrigens mit dem Voranſtehenden eine
Frage berührt, die von andern Vätern der Kirche, insbeſondere vom
heil. Auguſtin, weiter ausgeführt und Urſache mancher Mißverſtändniſſe
geworden iſt. In welchem Sinne iſt die Sünde bei der Entſtehung der
ſtaatlichen Ordnung betheiligt? oder inwiefern iſt die Dienſtbarkeit in
dieſer eine „gerechte" Strafe für den Sünder?[2] Schon die Wiedertäufer
des 16. Jahrhunderts ſahen in dem Chriſtenthum die Abſchaffung des
Staates oder die Wiederherſtellung der urſprünglichen natürlichen Frei=
heit. Näher liegt uns der Fall von Lamennais nach ſeinem Bruche mit
der Kirche. Nach ihm[3] iſt jede Herrſchaft des Menſchen über Seines=
gleichen ein Unrecht, eine Uſurpation, weil alle Menſchen von Gott gleich
erſchaffen ſind und Gott ihr Herrſcher iſt. Wer alſo über Menſchen
herrſcht, maßt ſich ein Vorrecht Gottes an, ähnlich wie Lucifer gethan.
Der Teufel hätte alſo doch nicht gelogen, als er dem Herrn die Reiche
dieſer Welt anbot, ſintemalen er ſie geſtiftet, alſo Oberhoheitsrechte über
ſie beſitzt. Folgerichtig muß das Chriſtenthum, verſtehe wohl das echte,
das mit dem Papſtthum nichts gemein hat, die obrigkeitliche Gewalt im
Staate abſchaffen und ſich mit der Theokratie begnügen. — Daß Gott
als Schöpfer der oberſte Herr der Menſchen iſt, beweist nur, daß keine
Gewalt über dieſe ohne ſeine Anordnung beſtehen kann, nicht aber, daß
die Gewalt über Menſchen ein Unrecht iſt. Wir wären auch wahrlich
übel daran, wenn uns Gott mit unſeren Hoheitsrechten beim Worte
nähme: wie wollten die Kinder Menſchen werden ohne Dienſtbarkeit?
wie Völker ſich bilden ohne politiſche Ordnung? wie die ſocialen Güter
erhalten und genoſſen werden ohne den Schutz der Geſetze? Daß aber
der heil. Auguſtin mit ſeiner Anſicht über die Entſtehung des Staates
weit abweicht von den neuen wie von den alten Antinomiſten, unterliegt
keinem Zweifel. Es geht ſchon daraus zur Genüge hervor, daß er mit
dem Apoſtel und dem heil. Irenäus auch von den geiſtlichen Menſchen,
oder den Bürgern der Stadt Gottes, um des Gewiſſens willen den Ge=
horſam gegen die weltliche Gewalt fordert und in ihnen, als ſich von

---

[1] Adv. haer. V. cp. 24 n. 2.

[2] Conditio quippe servitutis jure intelligitur imposita peccatori. De civitate Dei. l. XIX. cp. 15.

[3] In den Paroles d'un croyant und den Affaires de Rome, die alsbald
nach der Kataſtrophe verfaßt wurden.

selbst verstehend, voraussetzt. Die Stadt Gottes, sagt er, „trägt kein Bedenken, den Gesetzen des irdischen Reiches, wodurch das geordnet wird, was zur Erhaltung des zeitlichen Lebens gehört, zu gehorchen"[1]. Sodann lehrt der heil. Augustin ausdrücklich, daß in Kraft des ewigen Gesetzes, welches die Erhaltung der natürlichen Ordnung gebietet, die Störung aber verbietet, der Staat entstanden sei[2]. Dieser hat also auch nach dem heiligen Lehrer seinen Grund in der ewigen Weltordnung, oder es ist nach ihm der heilige Wille Gottes, daß Obrigkeit und Dienstbarkeit sei in der Welt, weßhalb der Apostel auch zum Gehorsam die Unter=gebenen mahne[3]. Aber hätte der Mensch nicht gesündigt, dann hätte ihn Gott unter der Herrschaft der Liebe geführt, nicht durch die Rechts=ordnung; und wenn er nun im Erlöser ein geistliches Reich aufrichtet, so vertilgt dieses zwar die Sünde, aber nicht alle Wirkungen der Sünde, namentlich nicht den Stand des Menschen unter der zeitlichen Gewalt im Staate. So hängt Alles wohl zusammen.

71. Ist das Recht des Staates wie alles Recht von Gott, so kann es nicht unbeschränkt sein, so kann es überhaupt keine unbeschränkte Ge=walt hier auf Erden geben. Eine schlechthin unbeschränkte könnte die Gewalt nur dann sein, wenn ihre Freiheit unbegrenzt wäre wie die Macht, die ihr zu Gebote stünde. Daß das Letztere bei keiner irdischen Gewalt stattfindet, bedarf keines Beweises; wie steht es nun mit der Freiheit? Ist die Gewalt des Staates über jedes ihr gegenüber stehende Recht erhaben und insofern in einem gewissen Sinne unbegrenzt? Wenn alles Recht vom Staate käme, hätte dieses allerdings einen Sinn, so=ferne der Staat über ihm bliebe, es wieder nach Belieben nehmen könnte. Ist dieses aber nicht der Fall, so steht es fest, daß das Recht des Staates in keinem Sinne unbegrenzt ist. Es ist aber wirklich nicht der Fall; denn das Recht des Staates stammt von Gott, ist also so umfang=reich als Gott es haben wollte; Gott aber hat es innerlich und äußerlich begrenzt. Das erstere folgt schon aus der Natur des Rechtes. Mit ihm wird die Ordnung begründet im moralischen Uni=versum, Jedem seine Stellung und sein Maß zubeschieden, der physischen wie der moralischen Person. Nun nehme man die nächste beste Ord=nung, sei es die höchste unter den sichtbaren Wesen im Weltenraume, oder

---

[1] A. a. O. cp. 17. Vergl. cap. 26, wo an die Pflicht, die weltliche Obrig=keit durch zeitliche Mittel und Gebet zu unterstützen erinnert wird.
[2] De civ. Dei. XIX, cp. 15.
[3] Ibid.

die allergewöhnlichste im häuslichen Kreise, z. B. an einem Bücher-
gestell: was immer geordnet ist, behauptet eine gewisse Selbständigkeit
gegeneinander wie gegen die Einheit, unter welche es geordnet ist. Das
Gesetz der Gravitation hält die Weltkörper zusammen, aber würde es
ohne Widerstand zu finden wirken, so entstünde nicht diese wunderbare
Harmonie, sondern eine unterschiedslose chaotische, der Ordnung wider-
strebende Masse. Wollte die öffentliche Person, die wir Staat nennen,
alle Rechtskreise in den ihrigen auflösen, so wäre sie nicht ein ordnendes,
sondern die Ordnung zerstörendes Princip, nicht die Quelle des Rechtes,
was sie auch nach den Absolutisten sein soll, sondern ein unfähiges
Spiel unbegrenzter Willkür. Wie also im Concert der Weltkräfte Körper
gegen Körper sich stemmt, daß die Einheit Ordnung sei, so gehört in
der moralischen Welt zur Ordnung ein Streben und Gegenstreben der
moralischen Kräfte, oder der Rechte. Ein absolutes Recht ohne Grenze
ist kein Recht mehr. Wo aber Nichts ist, kann auch Nichts werden;
ist der Staat alles Recht, so hört das Recht einfach auf, weil die Ordnung verschwindet. Das Recht des Staates kann also nicht innerlich
unbegrenzt sein. Es widerstreitet aber auch dem Wesen Gottes, der ein
Gott der Ordnung ist. Er hat dem Rechte des Staates seine Grenzen
gewiesen durch andere Rechte neben dem öffentlichen und durch das ewige
Gesetz, das als die tragende Einheit über allem Rechte ist. Durch das
letztere ist jedem moralischen Wesen, auch dem Staate, sein Maß gesetzt,
seine Bestimmung oder sein Dienst vorgezeichnet, mit dem Rechte ein Kreis
von Pflichten angewiesen. Wäre das Recht des Staates nicht innerlich
begrenzt, so gäbe es ihm, wie Gott gegenüber, nur Pflichten, nun aber
gibt es gegen den Staat auch Rechte, oder die Staatsgewalt hat gegen
die Unterthanen Pflichten, also ist sie moralisch begrenzt.

72. Man denke sich nur einen Augenblick in die Folgen der absolutistischen Lehre; ist das Recht der Staatsgewalt unbegrenzt, so hat
selbst die sittliche Schranke keine Geltung mehr für sie. Was sie erlaubt,
wird recht und gut, was sie verbietet, unrecht, unsittlich. Was heute
recht ist, kann beim Wechsel der Gewalt morgen unrecht werden; alle,
die mit den besten Rechtstiteln erworbenen, wie die natürlichen Rechte
werden unsicher. Heute wird den religiösen Orden das Vermögen con-
fiscirt durch das Gesetz; morgen werden den Beamten ihre Pensions-
ansprüche genommen; übermorgen kommen die Reichen daran. Wer
kann sich beklagen? Das Gesetz will es so und die Macht des Gesetzes
ist unbeschränkt. Heute zerstört es das Eigenthum, morgen proscribirt es

das Leben. Die Thatsachen der Geschichte beleuchten diese schreckliche
Logik der Revolution. Nun fordert aber die göttliche Weltordnung den
Staat als eine Anstalt zur Sicherung des Rechtes, oder der Staat ist
von Gott; die Unbegrenztheit seiner Gewalt widerspricht dieser Forde=
rung, folglich ist nach Gottes Anordnung das Recht des Staates nicht
unbegrenzt. Noch grellere Lichter fallen aus der Verwüstung von Religion
und Sittlichkeit auf diese unheimliche Lehre der Absolutisten. Nehmen
wir sie in der gemäßigtsten Form, wie z. B. Dr. Stahl sie in der Lehre
aufstellt [1], daß die äußere Rechtsordnung den Forderungen des Gewissens
gegenüber in allen Fällen Gehorsam beanspruchen könne. Es kann also
der Fall eintreten, daß der Unterthan keine Wahl hat zwischen den zwei
Möglichkeiten: entweder einer rechtmäßigen Anordnung seiner Obrigkeit
den Gehorsam zu verweigern, oder aber gegen seine sittliche Ueberzeugung
zu handeln. Beides ist sündhaft, eine nothwendige Sünde widerstreitet
der Heiligkeit Gottes, folglich ist die im angegebenen Sinne unbegrenzte
Gewalt der äußeren Rechtsordnung gegen die sittliche Weltordnung. Man
kann nicht sagen: der Staat ist von Gott, wenn man ihm eine solche
moralische Unbedingtheit beilegt. Oder man muß mit den Fatalisten die
sittliche Weltordnung läugnen, um auch nur auf irgend welchem Punkte
Absolutist sein zu können. — Man könnte hiegegen einwenden, aber kennt
denn das Christenthum nicht auch den genannten Conflict zwischen dem
Gebot einer rechtmäßigen Obrigkeit und der widerstrebenden Forderung
des Gewissens? Wir antworten für alle Fälle mit Nein! Denn es
kennt kein rechtmäßiges Gebot wider eine evident rechtmäßige Forde=
rung des Gewissens; es kann also hier wohl die Wahl nur sein zwischen
zeitlichen Opfern und Gewissenlosigkeit, nicht aber zwischen Unbotmäßig=
keit und Gewissenlosigkeit. Das Christenthum macht Ernst mit der Lehre:
die Gewalt stammt von Gott, es fügt bei, sie ist geordnet von Gott.
Innere und äußere Gesetzgebung ruhen auf dem Einen Grunde des ewigen
Gesetzes.

---

[1] „Das Recht ist positiv seinem Inhalte nach ... Es ist positiv seiner Geltung
nach. Der letzte Grund seines bindenden Ansehens ist Gottes Weltordnung, aber
der Sitz desselben ist doch die menschlich festgesetzte Ordnung, das bestehende Recht.
Gemäß dieser Selbstständigkeit kann das Recht geradezu in Widerstreit
treten gegen Gottes Weltordnung, der es dienen soll; die menschliche Ge=
meinschaft, berufen, den Gedanken des Rechts nach Freiheit die bestimmte Gestalt
zu geben, kann sie in ihr Gegentheil verkehren, das Ungerechte und Unvernünftige
anordnen, und auch in dieser gottwidrigen Beschaffenheit behält das
Recht sein bindendes Ansehen." Stahl, Rechtsphilos. II, S. 221.

73. Fassen wir das Recht der Staatsgewalt im weitesten Sinne als Befugniß, alles das anzuordnen, was der Staatszweck, das Wohl Aller fordert, also über die Kräfte der Staatsangehörigen zu verfügen, soweit zur Erreichung des Staatszweckes nöthig ist. Darin liegt aller- dings ein Ueberwiegen des öffentlichen Rechtes über die privaten Rechte, und es ergibt sich daraus die Wirkung für die Staatsangehörigen, daß sie, soweit ihre Rechte mit dem der öffentlichen Gewalt in Collision ge- rathen, insoweit und insolange auf deren Gebrauch zu verzichten ver- pflichtet sind. Die Vaterlandsvertheidigung kann so das Recht selbst auf den Schutz des Lebens zum Stillstande bringen. Allein als Regel bleibt hie- bei vorausgesetzt der Schutz dieser Rechte und diese Regel bleibt aufrecht bezüglich alles dessen, was mit der öffentlichen Forderung nicht in Collision kommt. Wenn z. B. der Staat in gewissen Fällen aus Gründen der öffentlichen Wohlfahrt appropriiren kann, so kann er doch den Betref- fenden ohne Ungerechtigkeit die Entschädigung für das abzutretende Gut nicht verweigern [1]. Er ist also im Gebrauche seines eigenthümlichen Hoheitsrechtes an feste Grenzen gebunden, und im Allgemeinen dient dasselbe seiner Pflicht, die Rechte Aller zu schützen. Er ist auch darin begrenzt, daß er nicht beliebig das zeitliche Wohl fingiren oder ohne eine gewisse (distributive) Gerechtigkeit über die Kräfte der Staatsangehörigen verfügen kann. Was anderes leitet ihn aber bei der Bestimmung der öffentlichen Wohlfahrt und ihrer Mittel, als die Rücksicht auf die mensch- liche Natur, wie sie im Concreten existirt, und was ist diese Natur? ist sie nicht eine von Gott selber der Freiheit der Staatsgewalt gezogene Grenze?

74. Betrachten wir nunmehr auch die äußeren Grenzen des staatlichen Rechtes, so böte sich sofort auf den ersten Blick das Recht der Kirche dar. Die Absolutisten können den Einwurf, der vom positiven göttlichen Rechte gegen die Unbegrenztheit der Staatsgewalt genommen ist, so lange nicht ignoriren, als die Kirche bezüglich der Wahrheit der göttlichen Thatsachen ihrer Stiftung im Besitze ist, so lange sie also diese Grundfacten nicht als unwahr erwiesen haben, und das ist ihnen bis jetzt noch nicht gelungen. Bleiben wir jedoch auf dem Boden der Natur.

75. Als Quellen des Rechtes werden von den Rechtslehrern aufge- führt: der Besitzstand, der Vertrag (unter dem wir das Recht der häus-

---

[1] Taparelli, Naturrecht §§ 740. 742.

lichen Gesellschaft einbegreifen), die Gewohnheit, der Gerichtsgebrauch, das Gesetz und die Rechtswissenschaft. Bei näherer Betrachtung ergibt sich, daß nur die drei letzten mit der obersten Gewalt im Staate zusammenfallen; von der Gewohnheit wird es bestritten; daß aber Besitzstand und Vertrag der Natur der Sache nach dem Staate vorangehen und auch ohne ihn Rechtsquellen sein können, wird man im Ernste nicht antasten können. Den Besitzstand schützt, wie Jarcke bemerkt[1], das Gesetz, „weil er ein Recht ist; aber er ist nicht ein Recht, weil das Gesetz ihn schützt; und wenn es ihn verletzte, oder durch Duldung seine Verletzung beförderte, so wäre es ein ungerechtes Gesetz, welches zwar dem Rechte seinen Schutz entziehen, aber das Recht selbst nicht ändern oder aufheben könnte.“ Gleiches gilt von Verträgen im Allgemeinen, bezüglich deren die natürliche Freiheit unter der Staatshoheit fortbesteht, wie sie vor derselben uneingeschränkt unter der einzigen Herrschaft des Naturgesetzes, gewiß mit rechtskräftigen Wirkungen, bestanden hat. Setzt ja der Staat selber in seinen Anfängen die Familienpacte oder völkerrechtlichen Verträge voraus, wie sollte er also zu aller Rechtsbildung vonnöthen sein?[2] Die Frage über die Tragweite des Naturrechtes können wir, als von der IX. Broschüre hinlänglich beleuchtet[3], füglich übergehen.

76. Damit glauben wir unsere Aufgabe gelöst. Stammen nicht alle Rechte vom Staate, ist das Recht des Staates äußerlich begrenzt; stammt es selber von Gott, dessen heiliger Wille seine oberste Regel ist, bleibt es also auch innerlich begrenzt: so ist bewiesen, daß es in keiner Weise unbegrenzt ist. Nunmehr aber ist noch zur Aufhellung der Wahrheit eine Verwirrung aufzuklären, welche von den Liberalen in diese Frage hereingetragen wird. Obwohl nämlich auch sie die Natur des Staates unbeschränkt setzen, und zwar die Folgerichtigen unter ihnen viel unumwundener als ihre Gegner, die monarchischen Absolutisten,

---

[1] Jarcke. Ges. Schriften. III, S. 79 f.

[2] „Es gibt — ganz abgesehen vom Natur- und Sittengesetz — keinen Vertrag, außer unter der Herrschaft eines Rechtsgesetzes, welches die Gleichheit der Contrahenten feststellt und ihre Freiheit schützt.“ „Alle Verträge müssen daher stehen entweder 1) unter dem Völkerrechte oder 2) unter dem öffentlichen Rechte des Staates.“ Held, a. a. O. III, 284. Unter welches Rechtsgesetz aber fallen die völkerrechtlichen Verträge? Ob man die Natur als sittliche oder als Trieb der Selbsterhaltung anrufe, wir kommen auf ein Recht vor dem Staate, wie ja auch dieser durch die Giltigkeit des naturrechtlichen Gebotes: man muß der Obrigkeit gehorchen, seinen Halt empfängt.

[3] S. 147 ff.

wollen sie sich doch dadurch als Gegner des Absolutismus legitimiren, daß sie den Träger der Staatsgewalt durch die Volksrepräsentanten beschränken, oder die Gewalt geradezu vom Volkswillen ausgehen lassen. Allein unsere Frage betrifft im Grunde nicht die Verfassung, sondern die Natur des Staates, d. h. seine Bestimmung und den daraus abfließenden Umfang seiner Gewalt. Beides ist sehr wohl zu unterscheiden. Im Ausgangspunkte sind allerdings Absolutismus und Liberalismus reine Gegensätze. Während nämlich jener alle Rechte des Volkes in die höchste Gewalt auflöst und diese schrankenlos macht, sucht der Liberalismus die höchste Gewalt in das Volk zurückzuführen und dieses unbeschränkt zu machen. Was ist hiebei für das Recht gewonnen? Kommt das Volk zur Herrschaft, d. h. gelangt die liberale Partei an's Ruder, so treibt sie's gewöhnlich ebenso schlimm, wenn nicht schlimmer, als die gestürzte Regierung, die Gewalt an sich wird nicht in ihre von Gott gezogenen Grenzen zurückgeführt, sondern eher das Unrecht nach dieser Seite gesteigert.

77. Es ist deßhalb nur eine besondere Anwendung der 39. These, wenn die Encyclica Quanta cura den Satz verdammt: „der Wille des Volkes, der sich durch die sogenannte öffentliche Meinung oder auf andere Weise kundgibt, bildet das oberste von allem göttlichen und menschlichen Rechte unabhängige Gesetz." Hier wird nicht die demokratische Verfassungsform für verwerflich erklärt, bei welcher allerdings der Volkswille die Quelle des Gesetzes ist, weil die Souveränetät im Volke ruht; sondern es wird geächtet die Lehre, daß der Volkswille, unabhängig von göttlichem und menschlichem Rechte, geleitet nicht von den unveränderlichen Grundsätzen der Gerechtigkeit und Religion, sondern von jenem despotischen Fluidum, das man öffentliche Meinung nennt, Quelle von Recht und Gesetz sei. Denn die oberste Gewalt ist begrenzt, mag sie im Volke ruhen oder in einem Fürsten, oder in einem aus beiden zusammengesetzten Organe, innerlich durch das ewige Gesetz, die Menschennatur und ihre eigene Natur, äußerlich durch die Rechte, welche sie schützt und die neben ihr entsprungen sind.

78. Der seiner Schranken entledigte Volkswille, der nach der Herrschaft strebt, ist die Revolution, besitzt er aber die Herrschaft, so ist es, wie ihn schon Aristoteles zeichnet, der schlimmste aller Despoten. Dieser Weltweise hat vor mehr als zwei Jahrtausenden durch seine Zeichnung dessen, was er Demokratie nennt, bewiesen, daß der Fortschritt mit seiner Lehre vom unbeschränkten Volkswillen eben gerade keinen Fortschritt, sondern einen Rückfall auf die Bahn gebracht hat. Schon zu

jener Zeit war es dieser Volkspartei eigen, sich das Privilegium der
Freiheit beizulegen. Die Freiheit setzten aber ihre Mitglieder darein,
daß keiner mehr beherrscht werde als er selber herrsche; es war also
genauer besehen die allgemeine Gleichheit, was Jene auf die Fahne
schrieben. Nicht die proportionirte Gleichheit, wie Aristoteles beisetzt,
sondern das Kopfzahlprincip [1], das eben gegenwärtig in den Vereinigten
Staaten bei den Radikalen (den Gegnern der Conservativen oder Demokra-
ten), durch die Verleihung des allgemeinen Stimmrechts an die Neger seine
Wunder von Civilisation wirkt. Das zweite Merkmal an ihrer Freiheit ist die Verwechslung derselben mit der Ungebundenheit vor dem Gesetze oder der Licenz. Das ist, sagt Aristoteles, der Begriff, den der Sclave
von der Freiheit hat. Im Grunde verwechselt also diese falsche Demokratie den Staat mit der häuslichen Gesellschaft, sieht im Staatsoberhaupt eine Art Sclavenzüchter, in den Unterthanen eine Art Heerde,
welche von Zeit zu Zeit, wie dieß z. B. in den afrikanischen Sclaven-
staaten wirklich der Fall ist, durch ihren unumschränkten Herrn über-
fallen, ausgeplündert oder geradezu um Leben und Freiheit gebracht
wird. Auch das Ideal, nach welchem sie für sich selber streben, ist nichts
anders, als eine solche unumschränkte Verfügung über die Freiheit, das
Eigenthum und Leben der Staatsbürger. Ihr Wille soll für Recht
gelten, es soll keine Schranke mehr bestehen, weder durch Religion noch
durch Sittengesetz, noch durch Privatrechte. Was das Gesetz, oder der
Wille der Mehrheit spricht, das soll recht und gut sein. Was ist dieser
Herrscherwille anderes als ein weites Sultanat, sei es nun in den
Händen eines Clubs, oder eines Einzelnen, oder eines Convents? Auch
darin hat Aristoteles bereits den Nerv getroffen, daß er sagt, das Be-
wegende sei die Gier der Nichtbesitzenden (Proletarier) nach dem Gute
der Vermöglichen. Eine gewisse Schranke bieten noch Grundgesetze,
Verfassungen, so lange sie geachtet werden; sei aber auch noch diese
Schranke gefallen, dann entstehe die schlechteste aller Regierungsformen,
die kaum noch Anspruch machen könne auf den Namen einer Staatsordnung; das „Volk" werde zum „vielköpfigen Despoten", der, zum
despotischen Gebrauche seiner Gewalt aufgelegt, nur seine Schmeichler,
die schlimmsten der Höflinge, in Ehren halte [2]. Um zur Illustration der
These 39 zu dienen, fehlt einzig die Erinnerung der 40. These, daß heute

---

[1] Politik VI, 2.
[2] A. a. O. IV, 4.

nicht ohne den Fall aus der Höhe der christlichen Gerechtigkeit in diesen Abgrund der Rechtslosigkeit gelangt wird, weßhalb wir auch hiefür andere Namen haben als die Alten und von der Verfassungsform ganz absehen können.

79. Gehen wir indessen von Aristoteles aus, so handelt es sich bei der monarchisch-despotischen Degeneration des Staatslebens um einen Abfall von der Gerechtigkeit, welche zwar Alle gleichstellt vor dem Gesetze, aber nach dem Maße ihrer Verdienste und ihres Gewichtes würdigt. Betrachten wir aber diese Gerechtigkeit mit der Leuchte der Offenbarung in der Hand nach ihrem objectiven Grunde als die göttliche Weltordnung, subjectiv als die constante Bereitwilligkeit, nach ihrer Vorschrift die Obrigkeit, wie die Unterthanen zu behandeln, dann kann zwar auch hier der Abfall von ihr, auf der ersten Stufe die Form der Despotie oder der Anarchie annehmen, je nachdem die Obrigkeit oder die Unterthanen verweigern, was sie nach der Gerechtigkeit schulden. Allein viel tiefer geht der principielle Abfall von der Gerechtigkeit, wie er sich im Absolutismus Gestalt gibt. Ihm gilt die oberste Gewalt nicht als eine von Gott gesetzte Ordnung zum Schutze des Rechtes, sondern als eine Art Stellvertreterin Gottes mit selbsteigenem Rechte, die Unterthanenrechte aber werden als Ausfluß der Willkür behandelt. Sein Gegenstück ist jene Lehre von der Volkssouveränetät, wonach alles Recht, der Staat selber, von dem freien Willen des Menschen gesetzt, etwas menschlich Positives ist. Wie man aber sieht, laufen die beiden Irrwege in dem Einen zusammen, daß sie den menschlichen Willen anstatt der göttlichen Weltordnung zur Quelle des Rechtes machen, folgerichtig also den Menschen, wenn auch nicht in seiner Vereinzelung, so doch in seiner Vergesellschaftung zu einer Art Gottheit, mit unbeschränkter Willkür, erheben. Als die Typen dieses principiellen Abfalls von der Gerechtigkeit im christlichen Sinne werden gewöhnlich Hobbes und Rousseau aufgeführt; jener legt den Fürsten, dieser dem Volke unbeschränkte Gewalt bei. Jener sagt: der Herrscher steht unter keinem Gesetze, er kann alles, was er will, zum Recht oder Unrecht machen, eine Religion einführen, welche er will, über Leben und Eigenthum seiner Unterthanen verfügen; Gott selber kann nicht in seine Unumschränktheit eingreifen. Der Andere lehrt der Sache nach ganz dasselbe von dem Souverän, den er den allgemeinen Volkswillen nennt [1]. Die Späteren, worunter die deutschen

---

[1] Ueber Letzteren vergleiche die V. Laacher Stimme. S. 22 ff. Bezüglich des Ersteren sein Werk De cive; über beide und ihre Nachtreter: Haller, Restau-

Philosophen und die Urheber unserer Thesen, laufen in demselben Ge=
leise. Das Entwickelte zeigt, daß sie damit den Staat selber zerstören.

§. 5. Wie die Religion überhaupt wesentlich ist für die
menschliche Wohlfahrt, so ist insbesondere die katholische
Lehre, weit entfernt eine Feindin der menschlichen Gesell=
schaft zu sein, vielmehr ihre größte Wohlthäterin.

80. „Bis in die neuere Zeit war das Menschengeschlecht in
Anerkennung der Wahrheit einig, daß Gottesfurcht und Religion die
Grundlage aller menschlichen Verhältnisse sein müsse. Uneinig waren
die Menschen vielfach über Gott, sein Wesen, die Art seiner Ver=
ehrung; aber einig war man troß der größten religiösen Verirrun=
gen in der Grundfrage, daß ohne Gott nichts, auch kein Staat
bestehen könne"[1]. In der That, es hieße Eulen nach Athen tragen, ver=
suchten wir diese Thatsache zu belegen. Wollen wir heute mit Prichard[2]
die Welt umsegeln und die Stellung der zahllosen Völkerschaften,
welche über den Erdboden hingesäet sind, zur Religion erforschen, oder
uns bei den Weisen, den Gesetzgebern früherer Zeiten Raths er=
holen, überall tritt uns die Religion als Grundlage des Gesetzes oder
als Vorhalle der staatlichen Ordnung, wie Cicero mit Plato so schön
sagt, entgegen[3]. Um sie aber innerlich zu begründen, läßt sich im All=
gemeinen ein doppelter Weg einschlagen. Faßt man den nächsten Zweck
des Staates ins Auge, so ist derselbe auf seine eigene Selbsterhaltung
als eine Ordnung des Rechtes unter den Menschen gerichtet. Wenn
ihm nun auch hiezu die materiellen Mittel zur Aufrechthaltung der Ge=
setze zuerst dienen, so kann er doch moralischer Mittel nicht entbehren

---

ration der Staatswissenschaften, franz. Ausg. I, 37 ff. F. Walter. Naturrecht und
Politik § 537 ff.

[1] Wilhelm Emmanuel Frhr. v. Ketteler, Bischof von Mainz. Stellung und
Pflicht der Katholiken im Kampfe der Gegenwart. S. 6.

[2] Naturgeschichte des Menschengeschlechts. Nach der 3. engl. Auflage von Ru=
dolf Wagner, deutsch bearbeitet. — Vergl. Lükens Traditionen des Menschenge=
schlechtes.

[3] De legibus II, 7: Utiles esse autem opiniones has, quis neget, cum
intelligat, quam multa firmentur jurejurando; quantae salutis sint foederum
religiones; quam multos divini suplicii metus a scelere revocarit; quamque
sancta sit societas civium inter ipsos, diis immortalibus interpositis tum ju=
dicibus, tum testibus? Habes legis prooemium: sic enim hoc appellat
Plato. — Cf. Aristot. Polit. VII, 1.

und darunter nimmt die Religion die oberste Stelle ein. Sein Recht, wie das Recht überhaupt, ruht auf der göttlichen Weltordnung; deßhalb ist seine stärkste Stütze das Auge, das fest auf Gott gerichtet ist, dem mit andern Worten die Gerechtigkeit eine religiöse Angelegenheit, ein Bestandtheil religiöser Ueberzeugung ist. Daher erst wo die Religion die allgemeine Lebensluft geworden ist, auch die Gesetze und öffentlichen Einrichtungen jene Sicherheit und Beständigkeit erlangen, welche ihnen zur vollen Erreichung des Staatszweckes nöthig ist; daher bei den alten vorchristlichen Völkern diese innige Verschmelzung des Oeffentlichen mit dem Heiligen, die überall entgegentritt, und der allgemeine Abscheu vor den Sophisten, die, den Philosophen des 18. Jahrhunderts vergleichbar, mit der Erschütterung des Volksglaubens den Staat selber in seinen Grundlagen bedrohten [1].

81. Was sich so allgemein und constant im Leben der Völker ausprägt, muß wie Alles, was mit dem Heiligthum der Menschennatur zusammenhängt, uns zum Voraus mit einer gewissen Ehrfurcht erfüllen, und wir werden darum diesen Beweis der Nothwendigkeit der Religion für die menschliche Wohlfahrt nicht gering schätzen, obwohl er von den Atheisten gegen die Religion mißbraucht wird [2]. Aber tiefer geht der Beweis, wenn er aus der sittlichen Menschennatur selber geführt wird. Ohne Religion keine Sittlichkeit, ohne Sittlichkeit kein Recht; also auch ohne Religion kein wahres Pflichtbewußtsein, ohne Pflichtbewußtsein kein Halt für die Gesetze. In der That, wie sollen diese zu wirklichem An= sehen kommen, wenn sich ihnen der Mensch nicht im Gewissen unter= wirft, und wie soll er sich im Gewissen unterwerfen, wenn er nicht im Gesetzgeber den Stellvertreter Gottes erkennt? Nun gibt es aber kein Staatswohl ohne Geltung der Gesetze, also auch nicht ohne Religion. Ist die Religion eine nothwendige Function für den Menschen, um sein geistiges Leben, wie Essen und Trinken, um das individuelle physische, die Ehe um das Leben des Geschlechtes zu erhalten, so gibt es keine Wohlfahrt für uns ohne Religion, auch keine irdische, und da der letzte Zweck des Staates, zu dem auch seine eigene Selbsterhaltung nur als Mittel sich verhält, das irdische Wohl seiner Bürger ist, so steht die Religion in nothwendiger Berührung zu seinem Zweck, ist irgendwie eine

---

[1] Greiner. Uebersichtliche Darstellung der alten Staatentheorien. Leipzig, 1863. S. 12. 15. Dr. Held, a. a. O. II, 497.
[2] S. Beilage n. 4.

der Aufgaben, welche ihm der sittliche Weltplan aufgetragen hat. Frei=
lich kann dieses noch keinen Rechtstitel bewirken, direct für die Religion
zu sorgen; denn wie wir bei anderm Anlasse hervorgehoben, es ist ein
falscher Grundsatz: das was dem Staatswohl förderlich oder nothwendig
ist, gehört zu den Staatsachen [1]. Die Religion ist in der Menschen=
natur begründet, mögen wir sie nach ihrer höchsten Seite als den Inbe=
griff unserer Pflichten gegen Gott, oder nach ihrer uns zugewandten
Seite als eine Art Güterlehre betrachten, welche durch Aufschlüsse über
das höchste Gut des Menschen zum seligen Leben anleitet. Es versteht
sich darum von selber, daß die menschliche Wohlfahrt jeder Art zur
Religion in einem bestimmten positiven Verhältnisse steht, also auch die
staatliche Wohlfahrt. Gesetzt darum auch, der Staat hätte es vorzugs=
weise mit dem materiellen Wohle zu thun, so dürfte doch dieses nicht
im Gegensatz zur Religion der Zielpunkt seines Strebens sein.

82. Unter Wohl verstehen wir im Allgemeinen das Nutzen eines
Wesens in dem Gute, das ihm von der Natur zu seiner Erhaltung und
Vervollkommnung geordnet ist. Das nächste Beispiel aus dem Leben
bietet die Stillung des Appetites durch eine der Gesundheit des Leibes
entsprechende Speise. Die Wahrheit für den forschenden Geist, das
sittlich Gute für den Willen erzeugen im Acte der Aneignung durch die
Erkenntniß oder die Tugendübung ein geistiges Wohl. Während wir
uns nun das irdische Wohl, das nächste Object menschlichen Strebens,
mit den Besseren unter den Alten, als einen harmonisch geordneten In=
begriff von Weisheit, Tugend und materieller Glückseligkeit denken, be=
haupten wir andererseits, dieses Object genügt der Menschennatur noch
nicht zur vollen Befriedigung ihres Wesens; es bildet erst das relativ
höchste Gut. Das absolut höchste Gut ist die Vereinigung mit Gott in
einem anderen, ewigwährenden Leben. — Von dem Wohl des Einzelnen
ferner ist das Wohl einer Gesellschaft als solcher zu unterscheiden. Die
Gesellschaft kann zwar betrachtet werden als eine Summe von Gliedern,
ihr Wohl also als die Summe dessen, was sich in ihren Gliedern findet.
So kann man sagen, der beste Staat ist jener, welcher die besten, glück=
lichsten Bürger hat. Allein betrachtet man die Gesellschaft als solche,
so ist sie, im Unterschiede von ihren Gliedern, ein eigenes Wesen mit
eigenem Interesse und einer eigenen Wohlfahrt, die nicht immer im
directen Verhältniß zur Wohlfahrt der Bürger steht. Ein Staat mit

---

[1] XI. Stimme. S. 92.
Encyclica XII.

6

gefüllter Kaffe und siegreichen Heeren kann die Steuerkräfte seiner Bürger über Gebühr in Anspruch genommen, ihr Leben zu wenig geschont
haben; die äußere Machtstellung kann vielleicht auf Kosten höherer Güter,
des Rechts und der Sittlichkeit errungen sein. Wo werden wir nun
hier das Staatswohl suchen müssen? In welchem Gute muß die Gesellschaft ruhen, um ihr Wohl zu erreichen? Ihre Natur macht sie zur
Dienerin des Wohles ihrer Glieder, andererseits bedarf sie gewisser
Kräfte auf Kosten dieser Glieder, um ihre Bestimmung zu erfüllen. Hat
sie also die rechten Mittel gefunden, welche mit der größten Schonung
der Glieder die wirksamste Erreichung ihrer Bestimmung sichern, so ist
gesellschaftliche Wohlfahrt vorhanden. Daraus geht hervor, daß wenn
Religion zum Glücke der Bürger gehört, das Staatswohl eine staatliche
Fürsorge für die Religion erheischt; denn das Mittel muß im Verhältnisse stehen zum Zweck; die Staatshülfe ist Mittel für die Einzelnwohl-
fahrt, muß also zur Religion Mittel sein, wenn diese zur Einzelnwohl-
fahrt gehört. Diese Forderung wird sich verstärken, wenn sich heraus-
stellt, daß der staatliche Schutz der Religion nicht allein die Opfer der
Glieder nicht erhöht, sondern vielmehr in mehrfacher Weise erleichtert.

83. Die Gegner dieser Lehre sind wie zu den Zeiten des römischen
Verfalles viel zahlreicher, als es auf den ersten Augenblick scheinen möchte;
und daraus erklärt sich vornehmlich die Feindschaft gegen die katholische
Lehre, welche nur auf jener Grundwahrheit weiterbaut. Im Allge-
meinen läßt sich von der Gegenwart sagen, was der hl. Augustin,
Varro beipflichtend, über seine Zeit bemerkte: es besteht kein anderer
Beweggrund zum Philosophiren, als die Glückseligkeit, was diese verleiht, ist das höchste Gut. Was also einer philosophischen Schule ihre
Eigenthümlichkeit gibt, ist die Lehre vom höchsten Gute und vom höchsten
Uebel[1]. Hätte z. B. Kant den Begriff des höchsten Gutes richtiger
erfaßt, so wäre er in seinem an sich begründeten Streben, gegen die
Sensualisten die Sittlichkeit sicher zu stellen, davor bewahrt geblieben,
einen trostlosen Stoicismus zu erneuern und schließlich den Rückfall
seiner Schüler in den praktischen Materialismus vorzubereiten. Ebenso
wäre die Hegel'sche Schule nicht so tief gefallen, daß sie aller Religion
den Abschied gab und im Staate der Revolution das Heil suchte, wenn

---

[1] Quandoquidem nulla est homini causa philosophandi, nisi ut beatus
sit: quod autem beatum facit, ipse finis est boni. Neque enim (Varro) existi-
mat ullam philosophiae sectam esse dicendam, quae non eo distet a ceteris, quod diversos habeat fines bonorum. De civitate Dei. XIX. cp. 1.

fie die Forderungen der sittlichen Natur in uns, sofern sie sich auf das höchste Gut beziehen, mehr zu würdigen verstanden hätte. Und so müssen wir auch hier bei den directen Gegnern der These, dem italienischen Anhange der englisch-epicuräischen Schule, den Hauptgrund all ihrer socialen Verirrungen suchen.

84. Wie die Civiltà[1] diese sensualistischen Nationalöconomen schildert, fußt ihre Gesellschaftslehre auf der absoluten sittlichen Unabhängigkeit des Individuums, dem sie den Dio popolo zur Seite stellt. Sie scheiden sich als Liberale und Socialisten darin, daß die Ersteren, des Besitzes sich erfreuend, dem Individuum ein unbeschränktes Recht beilegen, dem Gesetze der Lust zu folgen, während die Andern, aus naheliegenden Beweggründen, für das Individuum eine staatliche Nachhülfe begehren, damit es der Lust leben könne. Beide also sind darin einig, daß nicht die Einigung mit Gott, sondern der irdische, sinnlichgeistige Genuß das den Menschen geordnete höchste Gut sei. Folgerichtig ist hier der Einzelne alles für sich und alle Andern sind ihm Mittel für Befriedigung seines Egoismus. Der Beweggrund, der den Menschen zur Gesellschaft treibt, ist von den Mitgliedern seines Geschlechtes, mit denen er zusammenlebt, durch Ausbeutung ihrer Fähigkeiten und Schonung seiner selbst das höchstmögliche Maß von Genuß zu gewinnen. Daraus entspringt allerdings ein Socialkrieg Aller gegen Alle, aber die Klugheit, welche diese Art von Menschenthieren vor andern Bewohnern der Erde auszeichnet, läßt sie einen Vergleich schließen, des Inhalts: daß sie gegenseitig Opfer bringen, doch so wenig als möglich, um so viel als möglich zu erreichen. Um diesen Vertrag aufrecht zu halten, ist eine starke Socialgewalt nöthig; durch Recht oder Moral ist sie wenig genirt, vorausgesetzt, daß der oberste Zweck, der Genuß der Mitglieder, gefördert werde. Wohl aber fordert dieser einen Staat so

---

[1] In einer Reihe von staatswirthschaftlichen Artikeln, besonders in den: „Le due economie" überschriebenen. Civiltà. III, II. p. 616 sqq. 260 sqq. III, III. p. 613 sqq. III, IV, 398 etc. Im Wesentlichen geht die philisterhafte Glückseligkeitslehre, die Radowitz in Oder so treffend gezeichnet hat, auf dasselbe Ziel hinaus; „könnte er," sagt Jarcke, „den Himmel würde er aus dem Bewußtsein der Menschen reißen, den Gottesglauben im Keime ersticken und den Gedanken vollends unbedenklich als Hochverrath verfolgen, daß auch die Träger der irdischen Gewalt von einem Richter des Leibes und der Seele Recht nehmen werden ... Nicht bloß die communistische Revolution, auch der Regierungsabsolutismus hat, wenn er ehrlich seine Gedanken sagen will, für das bitter verhöhnte „„Jenseits"" in seiner blosseitigen Maschinerie zur Beglückung der Menschheit keinen Platz." Ges. Schr. IV, 322 f.

reich als möglich, um das höchste Ideal aller Commis voyageurs durch
die Blüthe der Künste in den Theatern, der Wissenschaften in den Ge=
werbe= und Handelsschulen, durch raschen Verkehr mittelst der Eisen=
bahnen, des Dampfes und electrischer Drähte, durch Entfesselung kurz=
weg aller Kräfte über die glücklichen Völker herein zu führen. Geld
also wird der Nerv der Politik und diese wird wie bei den Encyclopädisten
als die Kunst gepriesen, den Groschen aus dem Beutel der Privaten
in den Staatssäckel zu locken. Die materielle Aussaugung wird das
Geheimniß der Staatslehre, und die nächste Wirkung der neuen Weis=
heit ist, daß der Mensch nicht mehr als eine sittliche Person, sondern als
ein nutzbares Object für die materielle Staatswohlfahrt in Anschlag
kommt. Seine Arbeit z. B. ist nicht mehr das Thun eines sittlich=freien
Wesens mit der höchsten Bestimmung, Personen die menschliche Existenz
und Glückseligkeit zu sichern, sondern ein Waareneinsatz in dem allge=
meinen Spiel um das materielle Wohl, bei welchem die vom Glück Be=
günstigten die Treffer ziehen.

85. Auf Grund des obersten Satzes, daß schon hier auf Erden das
höchste Gut des Menschen erreicht werde, und zwar mittelst des mate=
riellen Reichthums im Genusse, ergäbe sich sonach folgende Güterord=
nung und Moral: der Mensch ist um des Genusses willen geboren;
dem Genusse, als der höchstmöglichen Summe von glückseligen Augen=
blicken oder der höchsten Glückseligkeit, dient der Ueberfluß von materiellen
Gütern oder der Reichthum; zum Reichthum führt die menschliche Arbeit;
um diese so einzurichten, daß bei möglichst geringer Anstrengung der
höchstmögliche Ertrag erzielt werde, ist die Arbeit als eine allgemeine
Menschenpflicht zu organisiren. Das Socialwohl besteht in einem Zu=
stand, der so glücklich eingerichtet ist, daß der Einzelne, indem er nur
auf sein Wohl bedacht ist, zugleich auf die vollkommenste Weise das
Wohl Aller wirkt, die mit ihm in Gesellschaftsbeziehung stehen. Für
die Verwirklichung eines so eminent glücklichen Zustandes sorgt eine un=
beschränkte Socialgewalt. Im Opfer für ihre Vorschriften oder das Wohl
des Vaterlandes besteht die höchste Tugend. Das Vaterland vertritt die
Stelle der Gottheit, also hat auch die atheistische Güterlehre ihre Religion.

86. Hiegegen berufen wir uns hier statt aller Beweise [1] auf die

---

[1] Vergl. übrigens die IX. St. Grundsätze des Rechts und der Sittlichkeit,
S. 68 ff. und S. 114 ff. zur Lehre der christlichen Philosophie über das höchste
Gut des Menschen.

Stimme unserer Natur, die in jedem unverdorbenen Gemüthe Gott als das Endziel des menschlichen Strebens, die Tugend als den Weg zur wahren Glückseligkeit, die Religion als die Stütze der Tugend anerkennt. Wir stellen, hierauf gestützt, die menschliche Güterordnung, die von den Atheisten kopfüber verkehrt wird, also auf die Füße: der Mensch ist geboren, um durch die Vollendung seines geistigen Lebens in Gott wahrhaft und dauernd in einem ewigen Leben glückselig zu werden. Dem Ziele muß aber der Weg entsprechen; dies ist ein Leben in Weisheit und Tugend auf dem Grunde der Furcht Gottes. Um aber als Mensch zu leben, der ein leibliches und geselliges Wesen ist, wird Arbeit und gesellschaftliche Hülfe zur Erzeugung eines friedlichen und behaglichen Zustandes erfordert. Der Genuß muß die Pflicht erleichtern; er ist von der Natur geordnet, nicht das Höchste, was die Religion ist in der Reihe der Mittel zum seligen Leben, sondern das Letzte, aber immerhin ein menschliches Mittel. Daraus erhellt dann auch der Werth des Reichthumes, sowie des materiellen Wohles überhaupt, nach dem der Mensch naturgemäß strebt.

87. Wir bestreiten also den Gegnern nicht, daß das materielle Wohl eine Quelle menschlichen Glückes ist, daß es menschlich und pflichtmäßig werden kann, es zum besonderen Gegenstande menschlichen Strebens zu machen, daß die staatliche Fürsorge wegen ihrer Richtung auf die zeitliche Wohlfahrt es sogar zum hauptsächlichen Objecte haben kann; aber höchstes Gut kann es so wenig werden, daß es aus seiner natürlichen Stellung zu dieser Höhe hinauf gerückt, alsogleich die Quelle der Zerrüttung und zahlloser Uebel wird. Die Materialisten können die Verfassung unserer Natur nicht umstoßen, hier hat aller Absolutismus seine Grenzen. Den Genuß zum Höchsten machen, heißt die Leidenschaften gegen die Herrschaft der Vernunft, das Princip der Ordnung in uns, in's Feld führen und so zur Zerrüttung des inneren Friedens schreiten. Diese Verkehrung offenbart sich sofort in der empörenden Stellung, welche, im Widerspruch mit dem sittlichen Gefühle, mit dem Zeugnisse aller Besseren, dem Reichthume hier nothwendig eingeräumt wird. Schon die Heiden haben das Streben nach Reichthümern, um Mittel der Lust im Ueberflusse zu besitzen, als etwas Unnatürliches und zu zahllosen anderen Widernatürlichkeiten Führendes gekannt und gegeißelt [1]. Die Gegenwart bietet sodann so viele erschreckende und allseitig beleuchtete Wir-

---

[1] Arist. Pol. I, 9. 10.

kungen des Evangeliums vom Genusse, voran das Proletariat, das aus dieser giftigen Atmosphäre seinen unheildrohenden Charakter gewinnt[1], daß wir nicht länger hiebei verweilen. Nur das sei noch hervorgehoben, daß diese Lehre aus dem menschlichen Dasein ein unentwirrbares Räthsel, ein finsteres Verhängniß macht: die Menschen werden zu einem Gute getrieben, das nur wenige Glückliche erreichen. Das Loos der übergroßen Mehrzahl bleibt Elend, Hoffnungslosigkeit und stumme Resignation!

88. Nunmehr wird es uns leicht sein, die Stellung der katholischen Lehre zum gesellschaftlichen Wohle zu prüfen. Die katholische Lehre, nach der Seite betrachtet, welche sie der menschlichen Gesellschaft zuwendet, gibt sich selber als einen Inbegriff von Wahrheiten, welche, als göttlich geoffenbart und durch göttlichen Beistand in ihrer Integrität erhalten, unbedingte Unterwerfung von Seite des Menschen erheischen. Und zwar wird diese Unterwerfung jenem obersten geistigen Princip in uns zugemuthet, auf welchem alle menschliche Herrschaft zuletzt beruht: der menschlichen Vernunft nämlich. Durch diesen Anspruch, lautet eine Reihe von Anklagen, ist sie unverträglich mit dem obersten Gute im öffentlichen Leben, mit der Freiheit nämlich, oder mit der ungehemmten Selbstleitung des Menschen durch die von ihm ausschließlich ausgehenden Gesetze. Der Staat ist, wie die Naturalisten wollen, vernünftig betrachtet, nichts anderes, als eine Anstalt zur Sicherung dieser menschlichen Unabhängigkeit durch Gesetze und Einrichtungen; die katholische Lehre aber begradirt ihn zu einer Hülfsanstalt für die Vorschriften des Glaubens, welche die Autonomie des Menschen nicht anerkennen. Oder sie ist unabtrennbar von der „hierarchischen Idee", wornach der Staat neben der Kirche entweder überflüssig, oder aber ein selbstloses Mittel für die Herrschaft der Kirche wird[2]. Die zweite Reihe der Anklagen von dieser Seite vereinigt sich gegen das, was die Materialisten den „Ascetismus" der katho-

---

[1] Den ausführlichen Beweis, daß das Proletariat, die Zerklüftung der Classen u. s. f., dem Verluste des Glaubens und dem Anspruche auf Gleichheit des Genusses entsprungen ist, siehe bei L. Stein. Der Socialismus ꝛc. des heutigen Frankreich. S. 36 ff.

[2] Wir nehmen hiemit die mildeste Form dieser Anklage, die am schroffsten von den Männern des Convents gegen die katholische Religion als eine Feindin der unveräußerlichen Rechte der Vernunft geschleudert und in dieser Schärfe hauptsächlich von der Hegel'schen Schule auf deutschem Boden wiederholt worden ist. Hievon sehen wir nach dem oben n. 10 ff. und in der Beil. Bemerkten ab. Noch in derselben Reihe liegt eine kritische Bemerkung von Dr. Stahl zu dem einfach katholischen Grundgedanken

lischen Lehre heißen [1], dieser soll die Staatsbürger geradezu unfähig machen, in gebührender Weise zur Entfaltung der modernen Staatsherrlichkeit beizutragen.

89. Wir sind nicht der Meinung, daß man die Gegensätze hier bemänteln und so die Schwierigkeiten sich erleichtern solle. Wir geben vielmehr vollständig zu, daß die katholische Lehre gesellschaftlich genommen im Widerspruch steht mit der absoluten Staatsfreiheit, wie sie von den halben und ganzen Philosophen für ihr eigenthümliches Experiment, heiße es nun moderner oder modern-christlicher Staat, in Anspruch genommen wird. Denn diese absolute Selbstleitung der menschlichen Vernunft verkennt die göttliche Grundlage alles Rechtes und der staatlichen Ordnung, gibt dem Menschen eine unbeschränkte, mit seiner Geschöpflichkeit unvereinbare Freiheit. Mit Beidem stimmt die katholische Lehre nicht zusammen. Liegt also auf Seite des absoluten Staates Vernunft und Staatsräson, so ist die katholische Lehre eine Feindin des Staates, mit ihr ist eine „vernünftige" Staatsverfassung unausführbar. Und in gleicher Weise geben wir zu, daß, wenn Staatsklugheit Ausbeutung der Staatsbürger, Herabdrückung des Menschen zum Steuerobject für eine ganz unerhörte Staatsherrlichkeit ist, oder wenn der Staat als Gottheit Ernst macht mit der völligen Selbstaufopferung seiner Bürger: dann ist die katholische Lehre eine Todfeindin dieser Gesellschaft. Denn sie kennt nur Einen Gott im Himmel oben, und auf Erden bloß menschlich beschränkte Anstalten, nicht zur Ausbeutung, sondern zur Hülfe und zum Schutze; nicht zur Willkürherrschaft, sondern zum Dienste der Menschen bestimmt. Ja wir gehen so weit, die absolute Unverträglichkeit der katholischen Lehre mit dieser Art Wirthschaft ihr zum höchsten Verdienste anzurechnen und der Kürze halber eben auf sie den Erweis unserer These zu stützen.

---

des hl. Augustinus, daß die höchste (nicht einzige) Aufgabe des christlichen Staates der bürgerliche Schutz der katholischen Lehre oder der Glaubensvorschriften sei (vergl. oben n. 15): „das praktische Ziel in Augustinus' Staatslehre ist die Aufrechthaltung der kirchlichen Vorschriften und die Abhaltung und Bestrafung der Irrlehrer durch die äußere Macht der Obrigkeit. . . Im Grunde genommen kann danach für die Christenheit allein die Kirche übrig bleiben, und diese bedient sich des Staates, um ihre Vorschriften äußerlich — daher zwangsweise — zu verwirklichen. Darin liegt denn der Ursprung der hierarchischen Idee, nach welcher die Kirche sich selbst als ein Staat, als ein theokratisches Weltreich aufrichtet und den Glauben wie ein bürgerliches Gesetz handhabt." A. a. O. I, 53. 55.

[1] Die Civiltà a. a. O.

90. Begeben wir uns, bevor wir den Gegnern gerecht zu werden
suchen, mit dem heil. Augustinus auf die Warte der Geschichte, um un=
bekümmert um das Gezänke der Gegenwart und ihre verschiedenen An=
schauungen eine objective Würdigung der Frage zu ermöglichen, welche
sociale Bedeutung die übernatürliche Gewißheit der katholischen
Lehre in sich birgt. Daß wir damit ein Gebiet betreten, das der flach=
rationalistischen Geschichtsbetrachtung verschlossen bleibt, wird uns der
Leser hoffentlich nicht verübeln. Unter den Zeitgenossen des heiligen
Lehrers, welche dem Joche des Glaubens die natürliche Geistesfreiheit vor=
zogen, gehörten keineswegs Alle zur Heerde Epicurs. Die Besseren unter
den Heiden anerkannten vielmehr, daß zum höchsten Gute des Menschen
vor allem ein Leben der Tugend gehöre, dem das materielle Wohl unter=
geordnet werden müsse; eine sittlich geordnete Geselligkeit, die sich reli=
giös erweitern müsse zu einer über dieses Leben hinaus reichenden Ge=
meinschaft mit den seligen Geistern. Wir haben also hier eine natürliche
Anerkennung, daß Sittlichkeit, Recht und Religion, mit ihrem Abschluß
im jenseitigen Leben, wesentlich zur menschlichen Glückseligkeit gehören.
Diese Heiden schlossen das Jenseits und die Rücksicht auf die „Götter"
keineswegs aus, sondern sahen hierin die Krone und Vollendung alles
menschlichen Strebens; und zwar sowohl des Einzelnen, wie des Ganzen
im Staate. Allein Religion und Jenseits bildeten, wie überhaupt auf
der Stufe der vorchristlichen Welt, nur eine Art Anhängsel zum diesseiti=
gen Leben, ohne einen rechten Einfluß darauf zu nehmen. Von den
Versuchen Julians und der Neuplatonifer nämlich, auf welche das Chri=
stenthum hierin umstimmend gewirkt hatte, sehen wir ab. Es setzten fer=
ner die Heiden voraus, daß wie die materielle und sociale Glückseligkeit,
so auch die Tugend ganz und gar durch die Kräfte unserer Natur zu er=
reichen sei. Sie lehrten also genauer besehen die vollkommene Selbst=
genügsamkeit der Vernunft und des freien Willens zur privaten wie zur
socialen Wohlfahrt. Dieses jedoch mit dem schon angegebenen Unter=
schiede von den Modernen, daß sie ein besseres Verständniß für die sitt=
liche Natur hatten. An diese Selbstgenügsamkeit der Natur und an die
Beschränkung auf das Dieseits knüpft der heil. Augustin in seiner Ci=
vitas Dei an, um den doppelten Gegensatz der christlichen zur heidnischen
Glückseligkeitslehre ins rechte Licht zu setzen.

91. Besteht das höchste Gut in dem Inbegriffe irdischer Güter, so
gibt es keines; muß der Mensch durch die Kräfte der Natur es erreichen,
so gelangt er niemals in seinen Besitz. Das Gefühl dessen lag dem

Ringen der besseren Heiden zu Grunde. Durch das Streben nach der
Gemeinschaft mit den seligen Geistern suchten sie einen Ersatz für die
übernatürliche Gemeinschaft mit Gott; aber dabei stellten sich ähnlich wie
heutzutage bei den Spiritualistengesellschaften dämonische Täuschungen ein.
Der Unglaube führte diese aufgeklärten Theurgen zu den gröbsten und
widernatürlichsten Gestalten des Aberglaubens. Es bedarf, sagt der heil.
Augustinus hierüber, einer „großen Barmherzigkeit Gottes, daß man nicht
im Wahne, gute Geister zu Freunden zu haben, an bösen Dämonen falsche Freunde erhalte"[1]. Die wahre Befriedigung bietet allein Gottes
selige Gemeinschaft im Jenseits dem menschlichen Herzen, und erst das
Streben nach diesem Zustande, wozu aber die Natur nicht ausreicht,
gibt dem Menschen die wahre irdische Wohlfahrt. Gott ist also dem
Menschen schon zur Tugend, zum Rechte, zur irdischen Glückseligkeit nothwendig. Es gibt kein wahres Recht, kein wahres Socialleben ohne Gerechtigkeit gegen Gott, ohne Religion, wie wir sagen
würden, die wahre Religion aber schließt auf allen Stufen der menschlichen Geschichte eine göttliche Führung in sich. Hier erschließt sich für
die christliche Aera die hohe Bedeutung der katholischen Lehre[2]. Doch
folgen wir der Meditation des heil. Augustinus Schritt für Schritt!

92. Gott bietet sich uns als ein wirkliches, als das unendliche Gut,
das ausreicht zu einer die ganze Natur umfassenden Beseligung; und
er kündigt sich uns als solches an in dem sanften Zuge der Natur zur
Tugend und Gottesgemeinschaft. Hieran knüpft Gott an, wenn Er
Selber Sich uns nähert mit dem Heilswege, den Er Allen erschließt,
die ihn aufrichtigen Herzens suchen. Freilich das ist nothwendig, daß
Gott Selber den Menschen bei der Hand nehme und in seine Heimath
führe. Der Mensch dagegen muß willig sich führen lassen, sonst gelangt
er nicht zu seinem Ziele. Das Mittel nun, gleichsam die Brücke vom
Reiche der Natur in das Land des Uebernatürlichen ist die mit dem
Glauben eintretende Gewißheit der Erkenntniß von der göttlichen Lehre,
an welche sich die Entschiedenheit des Willens, der göttlichen Leitung zu
folgen, anschließt. Denn die menschliche Glückseligkeit als die eines Ver-
nunftwesens (pax animae rationalis) verlangt außer der Unterordnung
der Sinnlichkeit unter die Vernunft und einem gewissen Maß zeitlicher

---

[1] De civ. Dei. XIX. cp. 9.
[2] l. c. XIX. cp. 23: nur wenn Gottes Herrschaft im Staate anerkannt ist,
ist Recht und Gerechtigkeit u. s. w.

Güter die Uebereinstimmung des Handelns mit der Erkenntniß. Die Vernunft ferner, um dieses Herrscherrecht zu behaupten, muß der Wahrheit
gewiß sein, der Wille aber ihr freie Folge leisten; zum ersten ist nothwendig, daß Gott Selber, die untrügliche Wahrheit, den Menschen in die
Schule nehme, zum zweiten, daß Er ihm Seine Gnade gebe [1]. Wie
kommt die Gewißheit von der Göttlichkeit der Schule zu Stande, auf
welche der Gehorsam folgt? Durch die der katholischen Lehre eigenthümlichen Beweise, welche jeden Zweifel verschwinden lassen [2].

Halten wir hier einen Augenblick an!

93. Die katholische Lehre ist in der Heilsökonomie das Mittel, in
den vernünftigen Wesen jenen göttlichen Grund übernatürlicher Gewißheit zu ermöglichen, auf welchem sich das zum Leben führende Handeln
nach dem Glauben erhebt. Mit ihm schließt sich das natürliche Streben
des Menschen nach Recht und Tugend, Wahrheit und Glückseligkeit.
Hierüber herrscht zwischen den Lehrern aller Zeiten Uebereinstimmung.
Die göttliche Absicht, den Menschen in die Schule der göttlichen Weisheit über die höchsten Wahrheiten einzuführen, ließ sich ohne eine lebendige, unter göttlicher Führung stehende Lehrauctorität unter uns Menschen nicht erreichen. Die heiligen Schriften für sich sind ein todter
Buchstabe, der sich irrthümlicher Auslegung durch den Lesenden nicht erwehren kann; ebenso wenig kann er über seinen göttlichen Ursprung siche-
ren Aufschluß geben. Die göttliche Wahrheit sollte deßhalb nicht bloß
in ihrer Quelle, sondern auch in der Ueberleitung zu den heilsbegierigen
Menschen durch eine eigene, göttlich vorgesehene Auctorität als göttlich beglaubigt werden. Die also gesicherte göttliche Offenbarung — das
ist die katholische Lehre. Sie ist nicht allein alle Wahrheit, welche Gott
geoffenbart hat mit Einschluß jener, die er in unsere Natur niedergelegt

---

[1] Die schöne Stelle, welche diesen auf unsere Natur gebauten Zusammenhang
beschreibt, lautet wörtlich: „Quia homini rationalis anima inest, totum hoc
quod habet commune cum bestiis, subdit paci animae rationalis, ut mente
aliquid contempletur et secundum hoc aliquid agat, ut sit ei ordinata cognitionis actionisque consensio. Ad hoc enim velle debet nec dolore moles-
tari, nec desiderio perturbari, nec morte dissolvi, ut aliquid utile cognoscat
et secundum eam cognitionem vitam moresque componat. Sed ne ipso studio
cognitionis propter humanae mentis infirmitatem in pestem alicujus erroris
incurrat, opus habet magisterio divino, cui certus obtemperet, et adjutorio,
ut liber obtemperet.“ l. c. XIX, cp. 14. — Vergl. De vera relig. cp. 3 n.
3. — cp. 10 n. 19 etc.

[2] l. c. cp. 18.

hat, sondern auch, nach dem unvergleichlichen Bilde des heil. Jrenäus, die gesunde Mutterbrust, um die Milch der reinen Lehre allen Denen, die sich an Gottes Führung zum Leben wenden, zu reichen [1].

94. Diese katholische Lehre nun vereinigt, wenn wir den Gedanken weiter verfolgen, ihre Bekenner zu einer geistlichen Gesellschaft unter der Hierarchie Gottes mit einer übernatürlichen Glückseligkeit; mit jenem Frieden, der, wie der Apostel sagt, allen Verstand übersteigt. Es ist allerdings noch keine vollendete Glückseligkeit, diese wird erhofft, aber schon diese Hoffnung, ruhend auf der Gewißheit, die göttliche Wahrheit zu besitzen, übersteigt jedes irdische Glück. Der Mensch, unter dieses Licht gestellt, „wandelt, so lange er in diesem sterblichen Leibe ferne von Gott pilgert, noch nicht im Schauen, sondern im Glauben, und bezieht deßhalb alles Wohl des Leibes wie der Seele je für sich wie in ihrer Verbindung auf jenes Wohl, welches den Sterblichen in der Vereinigung mit dem ewigen Gotte beschieden ist.“ Ist aber der Mensch für sich durch die katholische Wahrheit zum höchsten irdischen Glücke gelangt, so erkennt er die Pflicht, dasselbe auch rings um sich zu verbreiten und so den geistlichen Frieden den Menschen zu bringen. Hierin ist Gott, wie früher durch die Führung der Patriarchen und die Gesetzesanstalt, so durch die Gründung des in Christus vollendeten Gottesstaates der letzten Aera zuvorgekommen; es ist die göttliche Hülfe für die Wiederherstellung dessen, was von Anfang an mit dem Geschlechte beabsichtigt war. Nicht alle Menschen schließen sich diesem Zuge an; Viele begnügen sich mit der irdischen Wohlfahrt (pax terrena); mit ihnen leben die Bürger der Stadt Gottes, die die übernatürliche Glückseligkeit (pax coelestis) suchen, hienieden vermischt, wie im Staate, so in der Kirche. Die definitive Scheidung der beiden großen Gesellschaften, in welche das Geschlecht, unter der Herrschaft der Liebe Gottes die eine, die andere unter der der Selbstsucht, auseinander gehen, findet nach diesem Leben Statt. Wie von den Kindern dieser Welt sich Viele in der Kirche finden, so verbleiben alle Glieder von dieser im Staate, gehorchen seinen

---

[1] In Ecclesia enim, inquit (Apostolus), posuit Deus apostolos, prophetas, Doctores (I. Cor. 12, 28) ad universam reliquam operationem spiritus, cujus non sunt participes omnes, qui non currunt ad Ecclesiam, sed semetipsos fraudant a vita per sententiam malam et operationem pessimam. Ubi enim Ecclesia, ibi et Spiritus Dei, et ubi Spiritus Dei, illic Ecclesia et omnis gratia; Spiritus autem veritas. Quapropter qui non participant eum, neque a mamillis matris nutriuntur in vitam. Adv. haeres. III, 24. n. 1.

Gesetzen, fördern die zeitliche Wohlfahrt und suchen den Staat dem Reiche Gottes dienstbar zu machen [1].

95. Welche Wirkung hat nun die katholische Lehre für das mensch=liche Zusammenleben, insbesondere für das öffentliche? Ist es wahr, daß dasselbe, als beengend für die menschliche Freiheit, die irdische Wohl=fahrt störe? Hier müssen wir unterscheiden. Gehörte es zum Wesen dieser irdischen Wohlfahrt, daß die Menschen unbekümmert um Gott und Religion dahinleben; oder bestände die menschliche Autonomie in einer absoluten Unabhängigkeit vom Schöpfer, dann müßten wir allerdings die Frage bejahen. Denn für eine solche Auffassung von der mensch=lichen Freiheit ist die katholische Lehre Anstoß und Widerspruch. Ist aber auch die zeitliche Wohlfahrt nicht denkbar für Menschen ohne Sitt=lichkeit und Religion; ist ferner der Mensch hierin an eine göttliche Ord=nung gewiesen, durch deren Erkenntniß, Anerkennung und Befolgung al=lein Sittlichkeit und Recht, oder wahre gesetzliche Freiheit unter Men=schen möglich ist: dann gestaltet sich die Sache ganz anders; dann ist nicht die katholische Lehre, sondern jene Vergötterung der menschlichen Vernunft und Freiheit die Feindin des menschlichen und des gesellschaft=lichen Wohles. Nun die hier den Ausschlag gebende Wahrheit haben wir oben ganz allgemein für jeden Staat und jede menschliche Gesell=schaft bereits nachgewiesen, somit erscheint auch die katholische Lehre, wenn anders sie eine Stütze für Religion und Sittlichkeit ist, als eine Wohl=thäterin, nicht als eine Feindin der Gesellschaft. Und dieses nicht allein für die katholische, sondern auch für die von der Kirche getrennte Ge=sellschaft.

96. Der ersteren gibt die katholische Lehre das geistige Licht, und von diesem empfangen, um nur Einiges zu erwähnen, die Gesetze und öffentlichen Einrichtungen eine viel wirksamere Controle und Correctur, wird dem Willen mit der Sicherheit und Festigkeit der Grundsätze eine viel größere Freiheit und Beweglichkeit verliehen, als die freieste Ver=fassung zu leisten vermöchte. Daher die eigenthümliche Erscheinung, daß

---

[1] l. c. cp. 14. 25. Vergl. XIV, 28: Fecerunt ergo Civitates duas amo-res duo, terrenam scilicet amor sui usque ad contemtum Dei, coelestem vero amor Dei usque ad contemtum sui. Dazu XV. cp. 1: genus humanum in duo genera distribuimus ... quas etiam mystice appellamus Civitates duas etc. Die eine ruht in himmlischem, die andere in irdischem Frieden. XIV. cp. 1. Den Ansatz zur Einen Stadt bilden die guten, den zur andern die abge-fallenen Engel. XII, 27. — Ueber ihre Mischung s. außer der Erklärung über Joh. 18, 36 — De catechizandis rudibus cp. 19 u. 31.

in den katholischen Staaten des Mittelalters eine bürgerliche Freiheit, Beweglichkeit und Freisinnigkeit herrschte, wovon die späteren Zeiten kaum mehr eine Vorstellung haben. Die Ausbrüche der Rohheit, welche, aus den vorchristlichen Zeiten stammend, noch nicht von der Zucht des Glaubens gebändigt war, bilden gegen diesen Satz keinen Beweis. Der Absolutismus in jeder Gestalt ist dort am gründlichsten unmöglich, wo die christlichen Völker mit Treue und Ehrfurcht der katholischen Wahrheit ergeben sind. Ein tieferliegender Grund ist, daß mit dem lebendigen Glauben an Gott der Sinn für Recht und Ordnung aus unversieglichen Quellen seine fortwährende Nahrung empfängt; denn in der göttlichen Ordnung kennt man keine unbeschränkte irdische Gewalt, keine geistliche und keine weltliche. Daher sind für den Absolutismus die gewaltigsten Schranken im allgemeinen Volksbewußtsein, in der von sittlichen Mächten geregelten öffentlichen Meinung und Willensmacht aufgerichtet. Sodann, wie viele Strafen werden dem Staate, in welchem die katholische Lehre herrscht, erspart durch das Bußgericht; wie viele Sorgen erleichtert durch die katholische Liebe; wie viele Beamten und Steuerlasten fallen weg durch die ungehemmte Wirksamkeit der Seelsorge! Wie blühend standen die Finanzen von Piemont und Neapel, bevor der Neid der Liberalen das Glück dieser Völker untergrub; wie elend und trostlos ist nach wenigen Jahrzehnten liberaler Freiheit die Lage in jeder Richtung geworden! Deßhalb erscheint denn auch die „hierarchische“ Idee, oder daß der Glaube und seine Einrichtungen durch das Staatsgesetz geschützt werden, nur als eine erhöhte Bürgschaft für die öffentliche Wohlfahrt, als ein Schutz, den der Staat sich selber in seiner sittlichen Grundlage gewährt. Also alle Einwürfe, die gegen die katholische Lehre vom Standpunkt des Gesellschaftswohls erhoben werden, fallen in sich selber zusammen. Nach einer andern, individuellen Seite kommen sie später zur Sprache.

97. Allein wenn für katholische Staaten die unberechenbaren Vortheile der katholischen Lehre zugegeben werden, läßt sich ein Gleiches für getrennte behaupten? Wir sehen nun von der ewigen Wohlfahrt ab, welche mit der Freigebung der Wahrheit in einem solchen nicht katholischen Staate Allen erleichtert wird; ebenso von den besonderen sittlichen Gütern, welche für die katholischen Unterthanen und damit wenigstens mittelbar für die Gesammtheit aus der katholischen Lehre abfließen. Wir behaupten, für den Staat als solchen hat dieselbe Vortheile. Die Geschichte der letzten Jahrhunderte stellt es vor Augen, daß mit der Trennung von der

Kirche eine abschüssige Bahn betreten wird, in welcher nicht allein die
Grundwahrheiten der Offenbarung, sondern zuletzt auch jene bedroht sind,
mit denen das Leben des Rechtes und der öffentlichen Ordnung auf's
Innigste verwachsen ist. Ist denn nicht eben jene Freiheit, welche gegen
die katholische Wahrheit in unbeschränkter Weise angesprochen wird, auch
ein Anspruch, in Theorien über den Staat, die Familie, das Eigenthum,
das Sittengesetz sich gegenseitig zu überbieten und zuletzt Alles, was noch
Einheit und Festigkeit zu haben schien, in einen allgemeinen Fluß zu
bringen?[1] Wer will nun einem solchen Auflösungsprocesse gegenüber das
Wohlthätige der katholischen Lehre bestreiten? wer will läugnen, daß ihre
majestätische Ruhe und Sicherheit schon manchen Forscher auch außer ihr
über die großen Räthsel unseres Wesens besonnener auf seinen Wegen
gemacht und in den für Recht und Ordnung wichtigsten Grundfragen
orientirt hat? Mag der menschliche Zweifel wohin immer drängen, die
katholische Lehre wird allezeit mit unerbittlicher Strenge an den Grund=
wahrheiten des socialen Lebens festhalten: daß die rechtmäßige Obrigkeit
von dem gerechten und heiligen Gotte ihre Gewalt hat; daß man ihr
in Allem, was nicht evident gegen Gottes Gebot ist, um des Gewissens
willen gehorchen muß; daß der Vertrag unverletzlich, der Eid heilig ist;
daß die Grenzmarke von Mein und Dein nicht ohne schweren Frevel
verrückt werden kann, den Gottes Gerechtigkeit unerbittlich ahndet, wenn
ein menschlicher Richter fehlt; daß die Ehe unauflöslich ist und die El=
tern Gottes Stelle vertreten; daß die Menschen als Brüder und Glie=
der Einer Familie, berufen zur selben Seligkeit, sich achten und lieben
müssen; daß die Gottesverehrung den Menschen adelt und Frömmigkeit
die beste Hüterin der Menschenwürde ist. Und diese Wahrheiten trägt
die katholische Lehre nicht in todten Formeln vor, nein, sie wiederholt sie
in tausend wechselnden, lebendigen, für alle Stände begreiflichen, das
sittliche Leben fortzeugenden Gestalten und bekräftigt sie durch die Bei=
spiele aus dem Leben der Heiligen. Sie macht so die höchsten sittlichen

---

[1] Hierüber lassen sich bei den Gegnern der katholischen Lehre die besten Zeug=
nisse entnehmen. Ohne weit zu gehen erinnern wir nur daran, wie gerade die
Hegel'sche Staatsphilosophie darauf pochte, als die allein vernünftige Ansicht von
Recht und Staat endlich einen Ruhepunkt diesem Alles zernagenden Theoretisiren
gegenüber gefunden zu haben (z. B. Rechtsphilos. S. 13 ff.). Allein seltsam
genug, gesteht gerade diese Philosophie ein, daß ihre Art zu theoretisiren die höchste
sociale Auflösung voraussetzt, ja sie vollendet (a. a. O. S. 20 f.). In der That ist
sie auch nicht die Abwehr, sondern der Gipfel der Sophistik.

Schätze zu einem lebendigen Gemeingut. Wenn der Reichthum einzelner Classen dem ganzen Staate zu Statten kommt, sollte eine solche sittliche Befestigung und Bereicherung auf die Nächstbetheiligten beschränkt bleiben und nicht vielmehr die gesellschaftliche Atmosphäre durchdringen?

98. Allein sind diese Vortheile für die Belebung des Rechtssinnes und der Gesetzlichkeit nicht zu theuer erkauft durch Glaubenssätze und Vorschriften, die in anderer Richtung der allgemeinen Wohlfahrt Schaden bringen? Der schon erwähnte Jeremias Bentham sieht im Fastengebot, in der Vorschrift über den Cölibat, im Bußleben, in der Anleitung zur klösterlichen Einsamkeit und vollends im Glauben an eine ewige Strafe ebensoviele Angriffe auf die menschliche Natur[1]. Bentham besäße bei seinem anerkennenswerthen Scharfsinn größere Auctorität in dieser Frage, wenn seine sittlichen Begriffe mehr entwickelt wären. Aber was soll man von diesen halten, wenn er ein gewisses, bei allen Völkern, die tiefstgesunkenen etwa ausgenommen, verachtetes öffentliches Gewerbe als eine Wohlthat für das menschliche Geschlecht verherrlicht? Liegt also sein höchstes Gut im Schlamme, wo auch die Verehrer der Vernunftgöttin es gesucht haben, so wäre noch zu untersuchen, ob, was ihm als höchste Feindseligkeit gegen die Menschennatur erscheint, nicht umgekehrt zu den Heilmitteln derselben zu rechnen sei? Für Christen ist das oberste Gesetz die Wahrheit; diese entscheidet auch in erster Linie bezüglich der vorgebrachten katholischen Institute. Alle, vom ersten bis zum letzten sind im Evangelium begründet, was hier eines Nachweises nicht bedarf, und da sie zugleich Hülfsmittel jener menschlichen Glückseligkeit sind, welche an der Herrschaft über die Leidenschaft ihr Hauptstück hat, so sind sie auch gesichert gegen den Vorwurf der Menschenfeindlichkeit. Eine Störung können sie nur für die fleischliche Sicherheit der Genußmenschen enthalten; da es aber zur Zeit noch nicht erwiesen ist, daß der Genuß das höchste Gut des Menschen, oder der Glaube an ihn der Weg zur zeitlichen Wohlfahrt sei, können wir den ganzen Einwurf des Weiteren auf sich beruhen lassen.

99. Verwandt hiemit ist, was Scialoja[2] gegen die katholische Lehre vorbringt. Durch ihren „Ascetismus“, d. h. durch ihre Richtung auf das Jenseits und die damit zusammenhängenden Antriebe zur Abtödtung

---

[1] In seinem Werke: Essai sur l'esprit. Nach Auszügen der Civiltà III, IV. p. 415.

[2] In seiner Economia sociale cp. I. S. IV. § VII. n. 417. Vergl. Civiltà I, VIII, p. 27 sq.

und zum Almosen vermindere sie die Productionskraft, indem sie die
Arbeit beeinträchtige. Dieses aber geschehe in doppelter Richtung: ein-
mal werden viele Kräfte brach gelegt; man denke an das beschauliche
Leben in den Klöstern! Sodann aber werden offenbar Viele durch die
Ascese vom Luxus abgehalten, der doch das Leben der Industrie bildet.
Man erwäge, daß oft selbst fürstliche Personen dem Lebensgenuß durch
bußfertige Grillen sich entlocken ließen und so, abgesehen von dem „ver-
führerischen Beispiel" für ihre Untergebenen, sich am legitimen Flor der
Industrie versündigt haben. Wie ist da zu helfen? Sollte eine Revision
der Beatificationsprocesse zum Ziele führen?

100. Indessen Scherz bei Seite in einer Sache, die wahrlich zu
ernstem Nachdenken herausfordert. Nehmen wir also einmal an, der Industrie entgehen einige Vortheile durch die Befolgung der katholischen
Lehre, leidet darunter die ganze Gesellschaft? Darf das Privatwohl einer
Classe zum herrschenden Gesichtspunkte für das öffentliche Wohl gemacht
werden? Jedermann sieht ein, daß durch eine solche Verkehrung der öffentlichen Wohlfahrt ein unberechenbarer Schaden zugefügt würde. Schon
die Störung der Berufswahl im Namen des öffentlichen Wohles (oder
vielmehr zum Vortheil einer Classe) enthielte einen so großen öffentlichen
Schaden, der das Recht Aller bedrohte, daß damit der industrielle Aus-
fall keinen Vergleich aushielte. Doch wie tief muß das Gefühl für sittliche Werthe gefallen sein, wenn an heroischen Tugendacten hochstehender
Personen keine andere Seite mehr herausgefunden wird, als der Verlust,
den Hofschneider, Hofbäcker und andere Lieferanten momentan erlitten
haben! Hätten doch wenigstens solche für das materielle Wohl so em-
pfindliche Seelen eine gleiche Wage für die Deficits, die enormen Schul-
denvermehrungen und die zahllosen anderen Opfer, welche die neue
volkswirthschaftliche Glückseligkeitslehre Einzelnen, Gemeinden, Städten,
Corporationen und ganzen Staaten zumuthet! Vor Kurzem lasen wir in
einem öffentlichen Blatte, daß in Folge der politischen Veränderungen
in Venedig und der damit zusammenhängenden nationalökonomischen Be-
glückungsmaßregeln, als: Einziehung von milden Stiftungen und geistlichem
Vermögen u. s. w. nicht weniger als 60,000 Personen an den Bettelstab gebracht wurden, und das in einer einzigen Stadt, binnen der kurzen Frist weniger Monate! Das ganze Reich Italien hat binnen nicht
ganz 10 Jahren über 3 Milliarden Liren Deficit bei steigender Anspan-
nung aller Steuerkräfte gehabt. Obwohl die ersten Größen der neuen
Wirthschaftslehre nach den reinsten Theorieen operirten, hat der National-

reichthum durch Handelsverträge u. s. w. in vier Jahren um eine Milliarde und 97 Millionen Liren abgenommen, indem sich der Ueberschuß der Einfuhr über die Ausfuhr von 37 Millionen im Jahre 1859 auf 460 Millionen im Jahre 1864 erhöhte. Alles sieht einer vollkommenen Verarmung in dem unter der Hut der katholischen Religion vormals so blühenden Italien, ohne irgend welchen Hoffnungsstrahl, entgegen! Noch einmal also, jene zweifelhaften Volksbeglücker, welche sich an Fürsten und Reichen ärgern, die, von katholischen Grundsätzen geleitet, ihr Vermögen an Arme oder zu milden Stiftungen verschenkten, mögen zuvor wenigstens so viel nachweisen, daß von dem Raube dieser Stiftungen Etwas den Armen zukomme, oder der ärmsten unter den armen Personen, dem Staate, seine erdrückende Schuldenlast erleichtert werde.

101. Der Gesellschaft, welche die Armuth als eine Art Verbrechen aus ihrer Mitte stößt; welche den Armen das natürlichste aller Rechte mit Malchus verweigert und doch zugleich Klöster und Cölibat ächtet, ist die katholische Lehre mit ihrer Menschenfreundlichkeit und ihrer Verpflichtung zur Nächstenliebe allerdings lästig; allein das ist eben nicht jene Gesellschaft, um deren Wohl es sich eigentlich handelt. Der menschlichen Gesellschaft, die Arm und Reich, Wohlthäter und Egoisten umfaßt, ist die katholische Lehre nicht feind. Im Gegentheil! Was mit dem besten Willen nicht zu Stande gebracht werden kann, weder von der staatlichen Polizei oder Rechtspflege, noch von der Bemühung einsichtsvoller Geschäftsleute, das kann eben der „Ascetismus" der katholischen Lehre ins Geleise bringen, wo ihm der Zutritt offen gehalten wird. Denn diese Lehre trifft den Hauptsitz des Uebels und zwar durch eine beständige, ruhige, systematische Polemik, indem sie mit der ganzen Wucht ihrer Beweise für die Wahrheit des höheren, himmlischen Lebensziels einsteht. Sie heilt die krebsartig einfressende Unzufriedenheit und den Classenneid durch das Beispiel des Erlösers, der 30 Jahre im Schoße einer Handwerkerfamilie lebte; die beständige Einschärfung der Wahrheit, daß die Berufstreue und pflichtmäßige Erfüllung der Standespflichten der Weg zur Seligkeit sei, dieses und die Ermuthigungen durch den Lohn im Jenseits, durch die göttliche Gnadenhülfe für Alle, welche guten Willens sind, wie viel trägt es nicht zur geduldigen Ertragung der Noth und eben damit, wohl oder übel, zur Erhöhung der „Productionskraft" bei. Kommt dann vollends ein heroisches Beispiel freiwilliger Armuth aus dem Leben, gewiß! es wirkt viel vortheilhafter für die Besitzenden, als das seltene Beispiel eines Emporkömmlings, der den Sporn

zur Nachfolge durch die hochmüthige Verachtung vergiftet, womit er auf seine früheren Standesgenossen herabsieht.

102. Endlich können wir uns geradezu auf die Natur der Sache selber oder der materiellen Wohlfahrt, die allerdings ein wesentliches Bestandtheil des Staatswohles ist, berufen, um unsere These zu erhärten. Wir sehen davon ab, daß die bedeutendsten volkswirthschaftlichen Auctoritäten (in Deutschland z. B. Dr. Roscher und Dr. Schäffle, in Belgien Périn u. s. w.) nachweisen, wie die Zeiten des religiösen Verfalls auch die des ökonomischen sind. Wir sagen: die menschliche Wohlfahrt hat in jeder Gestalt, auch als materielle, zum ersten und wesentlichen Bestandtheil die sittliche Ordnung, die beste Freundin von dieser aber ist die katholische Lehre; sie stärkt die sittliche Kraft in der Arbeit, lehrt Opfer und Entsagung, heiligt und mäßigt den Genuß, leitet zur Ordnungsliebe, zur Erfüllung der Familienpflichten an, begünstigt das häusliche Leben — ich frage, sind das nicht reelle Leistungen für das materielle Wohl?

103. Die beste Probe jedoch für die wohlthätigen Wirkungen der katholischen Lehre scheint uns immer jene zu bleiben, welche der hl. Augustin, folgend dem Worte des Herrn: lebet nach meiner Lehre, so werdet ihr finden, daß sie wahr ist, seinen Gegnern vorschlägt. Sie möchten, räth er, einmal die öffentliche Ordnung nach den Vorschriften dieser Lehre einrichten, ob sich nicht Jedermann wohl dabei befände! Also das Heer so ordnen, wie nach der christlichen Lehre die Soldaten sein sollen; solche Könige, solche Provinzialgouverneure; solche Herren, solche Diener; solche Ehemänner, solche Ehegattinnen; solche Eltern, solche Kinder; solche Richter und Kassenbeamten endlich, wie sie die Lehre Christi haben will: und „wenn sie das nicht zu Stande bringen, so mögen sie wenigstens eingestehen, es wäre sehr gut um das Staatswohl bestellt, wenn die christliche Lehre Gehorsam fände".

104. Aehnliches läßt sich auch Jenen entgegenhalten, welche aus den „verrotteten Zuständen in manchen katholischen Ländern" einen Schluß auf die nachtheiligen Wirkungen der katholischen Lehre machen zu dürfen wähnen. Wir lassen uns hier nicht auf statistische Vergleiche ein; sie würden zu weit führen; wir geben zu, daß in der Gegenwart gewisse katholische Nationen das Bild der politischen Zersetzung bieten. Trägt ihr katholischer Charakter hieran die Schuld? Wir fragen: wann beginnt in jenen Ländern der ökonomische und politische Verfall? Ist es nicht eben in jenen Zeiten, wo durch Einschwärzung schlechter Grundsätze die Wirksamkeit der katholischen Lehre zu erlahmen beginnt?

und ist es nicht Thatsache, daß eine macchiavellistische Politik von außen=
her das Verderben gerade dieser Staaten beharrlich zu bewirken suchte?
Könnten gewisse romanische Völker z. B. nicht heute noch ihrer Blüthe
sich erfreuen, wenn sie vor den Geheimbünden bewahrt geblieben wären,
die nicht aus der katholischen Lehre entsprungen sind? Uebrigens kann
katholischer Seits mit Ruhe dem weiteren Verlaufe der Zersetzung ent=
gegengesehen werden. Schließlich wird eben doch nur die katholische
Lehre sich als die regenerirende Kraft bewähren. In ihr lebt ein unsterb=
liches Princip, und wenn katholische Nationen auch noch so tief sinken, sie
gleichen immer noch jenem Kranken, bei dem der Arzt nicht alle Hoff=
nung aufgibt, weil er eine tüchtige Constitution wahrnimmt. — Endlich
ist es das Geheimniß der katholischen Lehre, Alles, was zum sittlichen Halt
in der Gesellschaft, zur Kräftigung der Einheit beiträgt, wie das eheliche
Band, den Gehorsam gegen die Gesetze, die Treue und Redlichkeit im
Verkehr, durch die stärksten Beweggründe zu sichern, und zugleich daneben
das Schwache gegen das Starke durch die Pflege der Gerechtigkeit und
der Liebe in Schutz zu nehmen. Da aber hievon in allen Verhältnissen
und auf jeder Entwicklungsstufe die wahre sociale Wohlfahrt des Men=
schen, die ihm als Menschen geziemt, abhängt, so wird die katholische Lehre
allezeit die höchste Wohlthäterin der Gesellschaft bleiben.

105. Die Verdienste des Christenthums um die Weiterbildung der
Menschheit im Großen, sowie insbesondere um die Vervollkommnung
der staatlichen Gesellschaft sind von allen Kennern der Geschichte zuge=
standen [1]. Wir müssen aber hiebei einem nahe liegenden Mißverständ=
nisse begegnen. Das, was man heute mit einem vagen Namen Christen=
thum nennt, hat Nichts von alldem gewirkt, was ihm beigelegt wird,
denn es ist das Produkt einer verschwommenen Zeit und mindestens
unfähig, etwas Lebendiges hervorzubringen. Wohl aber kostet es nicht
viel Aufwand, um zu zeigen, daß das im Kampfe mit Irrlehre und
Spaltung sich behauptende Christenthum, und dieses ist eben die katho=
lische Lehre, die Wunder alle geschaffen hat, die jenem zugeschrieben werden.
Von den ersten Kämpfen mit den Judaisten und den aus dem Heiden=
thum aufsteigenden antinomistischen Gnostikern an bis zu den Mor=
monen herab gibt es hievon Beweise, soviel man deren begehrt, daß
gerade die wichtigsten socialen Wahrheiten durch die Kirche gegen irgend
welche Irrlehre gerettet werden mußten. Handelt es sich um die strenge

---

[1] Vergl. Dr. Ehrlich, a. a. O. S. 256 ff. Und oben n. 20.

Verpflichtung des Sittengesetzes? man sehe, wie Freiheit und Gesetz schon zur Zeit der Apostel und von da durch die Manichäer, Albigenser, Wiedertäufer u. s. w. bis auf unsere Zeiten herab, unter dem constanten Widerspruch der Kirche gegeneinander verkehrt worden sind. Ist es die Heiligkeit der Ehe? Die Schwärmer der eben genannten Sorte, wie die beharrliche Sorgfalt der kirchlichen Gesetzgebung klären darüber auf. Oder das geheiligte Ansehen der Obrigkeit? Man vergleiche, was das Concil von Konstanz gegen Wiclefiten und Hussiten festgesetzt hat, mit dem Breve Gregors XVI. gegen Lamennais. Kurz bis zum Grund-pfeiler aller Sittlichkeit, dem Glauben an die ewige Vergeltung, ist Alles durch Irrlehrer in Frage gestellt worden, was dem Socialgebäude Festigkeit, Würde und christlichen Adel verleiht. An ihnen lag es nicht, wenn die Menschheit gehindert wurde, in die Nacht der Barbarei zurück-zusinken. Dieses bleibt alle Zeit das unermeßliche Verdienst der katho-lischen Lehre, auch für unsere Zeit, die nur durch sie sich gegen den Verfall der Cultur retten wird [1].

---

[1] Eine reiche Ausbeute hierüber bieten die in jüngster Zeit von Janssen ver-öffentlichten Briefe des großen Geschichtsforschers Böhmer und dessen Leben. („Joh. Friedr. Böhmer's Leben, Briefe und kleinere Schriften. I—III Bände. Freiburg. Herder, 1868".) Ein Werk voll der herrlichsten und ureigensten Gedan-ken, die, was das merkwürdigste ist, außerhalb der Kirche entstanden, oft blitzartig die Nacht der Vorurtheile über sie erhellen. „Nicht vom Staate", sagt Böhmer an einer Stelle, „ist die Kirche ausgegangen, vielmehr hat der Staat sie gleich An-fangs verfolgt. Die durch diese Entstehung begründete Unabhängigkeit hat die Kirche, gedrängt von den Heiden, mit dem Blute ihrer Martyrer erstritten und be-siegelt. In dieser Selbständigkeit hat sie jene Kraft gewonnen und bewahrt, mit der sie die Germanen erfüllt, die Romanen erneut, die Slaven bekehrt, womit sie die europäischen Völker unter sich verbunden und zu jener Höhe in Sittigung, in Wissenschaft und in Kunst über alle anderen Erdbewohner emporgehoben hat." — „Will man nun wirklich", so charakterisirt Dr. Held a. a. O. II, 700 den Feind, der heute Alles bedroht, „durch Umwälzung des christlichen Sittengesetzes die große Culturidee unserer Welt so verkehren, daß wir, auf den Standpunkt der alten Welt zurückgebracht, Revolution und Demoralisation wieder von jenem Standpunkte aus be-trachten müßten? Wenn ja, so würde der Untergang der alten Welt in unsern Völkern bald eine neue, an Fürchterlichkeiten aller Art sehr vermehrte Auflage er-fahren, ohne daß jedoch zur Entschuldigung unseres Verfalls jene Gründe vorhan-den wären, welche den Verfall der alten Welt mehr beklagens- als verachtenswerth erscheinen lassen." — Man kann den Ernst der Lage, worin sich die heutige Welt befindet, kaum besser zeichnen; allein um die rechte praktische Folgerung zu ziehen, müssen wir uns an die geschichtliche Wahrheit erinnern, daß die christliche Cultur-idee bis jetzt nur durch die katholische Lehre den Kampf mit ihren Todfeinden sieg-reich bestanden hat.

106. Und nunmehr ist es Zeit, bevor wir weiter gehen, von der Höhe der katholischen Lehre aus auf die durchlaufene Bahn zurückzublicken; Recht, Staat, Religion und Kirche in ihrer wunderbaren organischen Gliederung durch die katholische Weltansicht zu beleuchten. Diese ist soweit entfernt davon, unsere vernünftige und sittliche Natur zu degradiren, daß sie allein dieselbe wahrhaft zu Ehren bringt und mit dem höchsten Herrscherrechte, unter der Leitung des unendlich vollkommenen Gottes schmückt. Durch sie liegt aufgeschlagen vor uns das Buch unserer Geschichte, enthüllend die tiefsten Geheimnisse unserer Gott eben-bildlichen Natur. Diese Natur zunächst ist die verborgene Triebkraft, welche den Menschen vom Lager auftreibt, um in Gemeinschaft mit Seinesgleichen sich seine Ordnung zu bauen. Was sie sucht, ist ein äußerer Zustand, entsprechend ihrem Lebensgesetze, eine sittliche Ordnung in Familie und Staat, denn nur die Ordnung genügt dem Menschen. Aber im Staate erschöpft sich dieser sittliche Geselligkeitstrieb keineswegs, und wenn es auch gelänge, alle Völker zu einer großen Menschheits-familie zu vereinigen. Das letzte Räthsel löst erst die Herrschaft Gottes über den Menschen, äußerlich verkörpert in der religiösen, das ganze Geschlecht umfassenden Gesellschaft unter dem Einen Gesetze, das in Allen gleichermaßen lebt, dem Gesetze der Liebe Gottes als des höchsten Gutes. Aber ob auch unsere Natur zu diesem Ziele dränge, es wäre ohne das gütige Hereingreifen Gottes nicht einmal recht verstanden von uns. Das ist das tiefste Geheimniß, daß Gott uns zu unserer höchsten Glückseligkeit Selber führen will, und dieses Geheimniß vollkommen erschlossen in der Mitte der Zeiten, wird uns bewahrt von der katholischen Lehre. Der lebendige Gott hat zu uns gesprochen, ruft sie laut, inmitten unseres Geschlechtes; kommt und höret, was er uns sagt. Und dieses von Gott geleitete Kommen, Hören und Schauen geschieht in einer Ordnung, welche von allen bisher gekannten verschieden, eben jene religiöse Gesellschaft wird, welche alle menschliche Gesellschaftsbildung krönen und die nächste Vorbereitung zum ewigen Besitze im Schauen Gottes sein soll. Jetzt erfahren wir auch, wenn wir, der Einladung folgend, der göttlichen Rede lauschen, daß nicht die menschliche Gesellschaft, sondern die göttliche das Erste, der Urstand war; daß unser Geschlecht unter der göttlichen Einwirkung zum Vernunftgebrauch erwachte und die höhere Erkenntniß und die volle Tugend für immer an diese göttliche Führung gebunden blieb. Nicht das Ringen mit der äußern Natur; nicht der Kampf um die Freiheit gegen die Eigenmacht

ist der Lebenspuls unserer Geschichte; sondern die Entzweiung zwischen dem Lichtreich, zu dem der geistliche Mensch, gestützt von der Kirche, emporstrebt, und den finsteren Mächten, die den Erdensohn im Diesseits zu bannen suchen; und wie dort der sociale Mensch im Staate mit emporgehoben wird, so hängt sich auch das Gewicht, das zur Tiefe zieht, an dieses Institut. Die Trennung des Staates von der Kirche hat hier ihre letzte Erklärung.

Zweiter Abschnitt.

Das liberale Staatsprincip und die beiden Gewalten.

§. 6. Zu den natürlichen Grenzen von Staat und Kirche.

Durch die Trennung der Staatsgewalt von der Kirche werden die geistlichen Rechte von dieser über die katholischen Unterthanen ebenso wenig aufgehoben, als das Recht der Unterthanen auf staatlichen Schutz derselben. Daher erwirbt der getrennte Staat keine Rechte über das katholische Gewissen; es behaupten in diesem nach wie vor bei der Collision mit den politischen Pflichten die kirchlichen das Uebergewicht; und wo immer der getrennte Staat zur Kirche in directe Beziehung tritt, muß er sie als eine heterogene, unabhängige Gesellschaft behandeln.

107. Hiemit stellen wir dem liberalen Kirchenrecht auf dem Boden, auf den es sich begeben hat, zwei Grundsätze und drei Folgerungen entgegen. Beachten wir zur Erläuterung der ersteren, was mit der Trennung vor sich geht, um die Wirkungen derselben nach den Vorschriften der Vernunft oder des natürlichen Rechtes zu ermessen. Die Staatsgewalt hört auf, in der Kirche eine göttliche Anstalt, zu deren gesetzlichem Schutze sie verpflichtet ist, anzuerkennen. Wie sie für sich selber sich die Freiheit herausnimmt, in ihren Acten nur mehr das Staatswohl nach reinnatürlichem Maßstab zum einzigen Gesichtspunkte zu machen, so gibt sie auch den Unterthanen die Stellung zur Kirche

principiell frei; sie gewährt ihnen, ohne Ansehung dieser ihrer Stellung zur Kirche, gleiche bürgerliche Rechte und gestattet (soferne die Trennung im liberalen Sinne sich vollendet) jede öffentliche Religionsübung, welche nicht gegen die allgemeinen Grundsätze der natürlichen Religion und des Sittengesetzes verstößt. Innerhalb dieses allgemeinen Rahmens können besondere wohlerworbene Rechte von Religionsgesellschaften erhalten, neue Rechte verliehen werden. Durch die Trennung ist hierin der Freiheit der Staatsgewalt nichts vergeben. Es kann also der Rechtsstaat, wie man heutzutage gewöhnlich den getrennten Staat bezeichnet, gegen die katholische Religion als solche gleichgiltig sich verhalten, er kann ebenso ihr ein besonderes Wohlwollen zuwenden, oder dieses zwischen ihr und anderen Bekenntnissen theilen. Nicht aber kann er gegen die Religion schlechtweg gleichgiltig sein, noch irreligiöse und unsittliche Bestrebungen, die gegen das Naturgesetz verstoßen, unterstützen.

108. Wenden wir dieses nun auf den besonderen Fall an, von welchem unsere These ausgeht. In einem Volke, welches bis zu einem gegebenen Zeitpunkte einen christlichen Staat mit katholischer oder in der Kirche stehender Obrigkeit bildete, hat sich dieser durch Trennung von der Kirche auf den natürlichen Standpunkt zurückgezogen, ohne daß die Unterthanen aufgehört hätten, wir nehmen an, noch in beträchtlicher Anzahl, zur katholischen Kirche zu gehören. Wir behaupten nun, wie immer es mit der Rechtsbeständigkeit jener Trennung aussehe; ferner wie weit sie auch getrieben werde: es gibt der Kirche gegenüber feste vom Naturrecht gezogene Grenzen, welche von der Staatsgewalt in keinem Falle überschritten werden dürfen. Vor der Trennung hat die Kirche ein politisches Dasein besessen in jenem Staate; es ist mit bestimmten Zugaben ihr Eigenthum geworden. Nach unserem Standpunkt untersuchen wir nicht, ob der Staat einseitig diese Rechte aufheben konnte; die Trennung thut dieses; wir wollen das Aeußerste annehmen: sie nehme oder wolle nehmen alle durch die staatliche Anerkennung erworbenen Rechte. Hat dann die Kirche überhaupt kein Recht mehr? Dies läugnen wir. Wie weit auch der Staat gehe mit der Trennung, es bleiben durch die Natur gezogene Grenzen. Es will nicht bestritten werden, daß nicht auch sie thatsächlich schon oft überschritten worden sind; ja daß sie sogar gewöhnlich überschritten werden, ließe sich mit Leichtigkeit aus der vitiösen Natur der Trennung nachweisen. Diese ist an sich ein Princip der Unordnung. Sehen wir aber hier davon ab, so bestätigt das Gesagte schon der gewöhnliche Verlauf der religiö=

sen Umwälzungen. Das nächstliegende Beispiel bieten die oben ange=
zeigten Thatsachen aus der Geschichte der jungitalischen Revolution.
Ebenso als in der französischen Revolution allgemeine Gewissens= und
Cultfreiheit proclamirt wurde, vergaß man keineswegs, gegen das katho=
lische Gewissen und den katholischen Cult die höchste Intoleranz auszu=
üben, und Thomas Payne unternahm es, diese Inconsequenz als das
allein Richtige zu rechtfertigen. Ein entfernteres Beispiel bieten die
bereits charakterisirten Christenverfolgungen zur Zeit des römischen Ver=
falls, in welcher allgemeine Religions= und Meinungsfreiheit herrschte.
Also von dem, was gewöhnlich bei der Trennung sich einstellt, sehen wir
ab. Es fragt sich: was fordert die natürliche Gerechtigkeit oder die
sittliche Weltordnung für diesen Fall? oder vielmehr, was verbietet sie?
Die Antwort ist: sie verbietet, die geistlichen Rechte, welche der Kirche,
den katholischen Unterthanen gegenüber, zustehen, anzutasten, und was
nur die Kehrseite hievon ist, denselben gegen irgendwelche Antastung den
staatlichen Schutz zu verweigern.

109. Das Erste folgern wir aus der Natur dieser Rechte. Erstens
stammen sie nicht von der Staatsgewalt, können also auch von dieser
nicht aufgehoben werden. Es sind zweitens Rechte, die nicht verletzt
werden könnten, ohne das katholische Gewissen zu verletzen; nun aber
ist es für die getrennte Staatsgewalt ein Grundgesetz, nicht in dieses
Gebiet störend einzugreifen, sie kann also die geistlichen Rechte der Kirche
nicht antasten. Endlich drittens ist die Staatsgewalt durch ihre Tren=
nung nicht genöthigt, diese Rechte anzutasten, sonst wäre dieselbe nicht
ein politischer Act, sondern ein religiöser, der durch politische Mittel
oder unter dem Vorwand der Politik irgend ein sectisches Interesse
verfolgte. Möchte nämlich die Unterwerfung unter die geistliche Lehr=
gewalt, oder der Gebrauch der Sakramente, oder die Unterwerfung un=
ter die Gebote der Kirchengewalt angegriffen werden, immer könnte es
nur geschehen durch ein der Kirche irgendwie entgegengesetztes religiö=
ses System. Das heißt: Die politische Gewalt würde durch die Tren=
nung ihre Gleichgiltigkeit gegen die Religion und zugleich das Gegentheil
bekunden, was in sich widersprechend ist. Das wäre etwa das Princip
der Mohamedaner oder irgend eines religiösen Fanatismus, was dem
Liberalismus entgegengesetzt ist. Die Trennung kann also die geist=
lichen Rechte der Kirche nicht aufheben.

110. Der erste der drei angegebenen Gründe bedarf keiner weitern
Entwicklung, er hat sie schon im Ersten Theil (§. 2, n. 15 ff.) ge=

funden. Der zweite beruht auf der Eigenthümlichkeit des katholischen Gewissens, welches ganz auf die Erkenntniß gebaut ist, daß in der katholischen Hierarchie eine göttlich eingesetzte Gewalt die Gewissen zu leiten besteht, so daß es unter der Gefahr des Seelenheils geboten ist, sich an die Weisungen dieser rechtmäßigen Obrigkeit zu halten. Dieser Pflicht der Gläubigen entsprechen die geistlichen Rechte der Kirchengewalt, woraus von selber erhellt, daß, was beim Rationalisten Gewissensfreiheit ist, nach eigener Einsicht nämlich seine Heilsangelegenheiten zu besorgen, für den Katholiken, wenn es ihm etwa im Namen der Freiheit aufgezwängt werden wollte, vielmehr Gewissensbedrückung und Gewissensverletzung wäre. Der Katholik hat seine Freiheit darin, sich in den göttlichen Dingen von Gott durch die rechtmäßige Stellvertreterin Gottes leiten zu lassen. Nun bedarf es keines Beweises, daß das liberale Princip das Gewissen freigibt, folglich läßt es dem Katholiken gegenüber auch die geistlichen Rechte frei. Der dritte Grund entlarvt eigentlich alle die Phrasen des Liberalismus, unter denen sich der giftigste Religionshaß verbirgt, und zeigt seine Inconsequenz. Thatsächlich ist der herrschende Indifferentismus nichts anderes als ein Kampf gegen die geistlichen Rechte in der Kirche, denen er unwillkürlich durch sein dämonisches Gebahren das Zeugniß ihrer göttlichen Abstammung gibt. „Diese Geistesrichtung duldet alle religiösen Ueberzeugungen nur in dem Sinne, daß Keiner mehr eine religiöse Ueberzeugung haben darf; sie tolerirt alle Glaubensbekenntnisse unter der Bedingung, daß Keiner mehr auf ein Glaubensbekenntniß irgend welchen Werth lege." So „kommt sie selbst mit der geistigen Anlage der menschlichen Natur in Widerspruch" „und muß nothwendig zur größten Intoleranz führen." „Die moderne Toleranz ist die Toleranz der Negation, des Nichts, und daher nothwendig die höchste Intoleranz gegen die Affirmation und Position [1]." Eben das darf die Trennung nicht sein, so lange noch die Vernunft und das Recht, welche ihr „bis hieher und nicht weiter" sprechen, eine Stimme haben. Sie muß die geistlichen Rechte frei lassen, wie sie die natürliche Religion freigibt. Sonst kann sie nicht mehr als ein staatliches Princip angesehen werden, sondern ist vielmehr Zerstörung der staatlichen Rechtsordnung im Namen einer Secte.

111. Die Katholiken besitzen auch nach der Trennung noch ein

---

[1] Wilhelm Emmanuel, Bischof von Mainz. „Die öffentliche Beschimpfung der katholischen Kirche auf der Bühne." Mainz 1868. S. 14 ff.

natürliches Recht auf den staatlichen Schutz der geistlichen Rechte, das ihnen nicht ohne offenbares Unrecht genommen werden könnte, obwohl die positive Schutzgewährung in manchen Verhältnissen erschwert sein kann für die weltliche Obrigkeit. Es war ein Unrecht, den christlichen Namen als solchen zu verfolgen, in einer Zeit, als die christliche Religion noch nicht öffentlich anerkannt war; aber die Entziehung des staatlichen Rechtsschutzes nach der früher ausschließlichen Geltung würde das Unrecht noch viel mehr erhöhen. Es wäre die Erklärung, daß jeder gewissenhafte oder gläubige Katholik, der an seiner Kirche treu festhält, dafür das natürlichste Recht auf den öffentlichen Schutz seiner religiösen Ueberzeugung gegen verbrecherische Angriffe verliere. Niemand wird zweifeln, daß keine Staatsgewalt zu einer solchen Sentenz über die katholische Religion ein Recht habe. Sie würde sich dadurch an ihrer eigenen Natur und Bestimmung versündigen. Denn wozu hat Gott die staatliche Ordnung den Menschen gegeben? Eben vor Allem dazu, daß sie dem Einzelnen jene Güter schütze, die er selber nicht ausreichend zu schützen vermag. Daß hierunter die Religionsübung gehöre, kann nicht bezweifelt werden. Für den Katholiken als solchen gibt es aber Religionsübung nur durch die Verbindung mit der Kirche. Wird ihm geweigert, diese zu schützen, so hört er als Katholik auf, Mitglied des Staates zu sein, der ihm jenen Schutz entzieht. Dieses ist aber gegen die Voraussetzung der Liberalen, welche die bürgerlichen und politischen Rechte Allen gewähren, ohne Ansehen des Religionsbekenntnisses, also auch die Freiheit jeder Religionsübung, die den natürlichen Grundsätzen der Religion und den Pflichten gegen den Staat nicht zuwider ist. Folglich kann die Trennung von Staat und Kirche nicht die Katholiken als solche rechtlos gemacht haben.

112. Dieser wichtige, von einsichtsvollen Liberalen übrigens allenthalben vertheidigte Grundsatz erhält seine beste Beleuchtung durch einen Gegensatz zum liberalen Princip, wie er sich in der Verhandlung über die Kettenburg'sche Angelegenheit vor dem Deutschen Bundestag geltend gemacht hat. Die Deutsche Bundesacte stellte im Artikel 16 den Grundsatz auf, daß die Anhänger der drei ehemals im Reich gleichberechtigten Confessionen gleiche bürgerliche und politische Rechte im Deutschen Bunde genießen sollen. Daraus folgerte Freiherr v. Kettenburg, daß die mecklenburgische Regierung kein Recht hatte, seinen Hauskaplan auszuweisen, oder ihm die katholische Hausandacht zu versagen. Denn zu den bürgerlichen Rechten gehört die Gewissens- und

Glaubensfreiheit oder freie Religionsübung, diese schließt für den Katholiken einen Gottesdienst durch einen Priester, überhaupt persönliche
Verbindung mit der Kirche in sich, also ist es jedem Katholiken in
deutschen Staaten erlaubt, einen katholischen Gottesdienst einzurichten.
Allein die Mecklenburgische Regierung legte den Artikel der Bundesacte
nicht nach liberalem, sondern nach protestantischem Kirchenrechte aus;
darnach schließt bürgerliche Freiheit die persönliche Religionsfreiheit zwar
in sich, nur nicht so, wie der Katholik sie versteht, bei welchem sie freie
persönliche Verbindung mit dem katholischen Priesterthume importirt [1].
Wir streiten nicht, ob die Mecklenburgische Regierung den wahren Sinn
der Deutschen Bundesacte für sich hatte, wir sagen nur, eine Bestimmung,
die dem Katholiken als solchem die Glaubensfreiheit nimmt, und sie nur
Protestanten oder gar nur Atheisten gewährt, kann nicht die rechtliche
Wirkung der Trennung von Staat und Kirche sein, weil sie, wie gezeigt, in sich selber widersprechend ist. Deßhalb haben wirklich dem liberalen Princip entsprechende, oder ihm sich annähernde Verfassungen,
wie die französischen Charten von 1814 und 1830; die Verfassung der Vereinigten Staaten; die preußische Verfassung von 1848, die Freiheit
auch der katholischen Religionsübung direct oder indirect anerkannt.

113. Die erste der drei Folgerungen ergibt sich unmittelbar aus dem
Gesagten. Durch die Trennung wird die Stellung des Katholiken zur
Kirche nicht alterirt; hatte der Staat schon vor der Trennung kein Recht,
sich in die religiöse Ueberzeugung zu mischen, die, wie bekannt, einzig
von der göttlich beglaubigten Auctorität der Kirche geleitet wird, so hat
er sie nach der Trennung auch nicht gewonnen. Denn an dem Grund-
verhältniß wird nichts geändert. Also erlangt die Staatsbehörde kein
Recht, von sich aus die Grenzen zwischen dem Geistlichen und
Weltlichen grundsätzlich zu bestimmen; denn dieses geschieht
für den Katholiken durch den Glauben und die kirchliche Lehrauctorität,
nicht aber durch eine politische Behörde, der getrennte Staat aber achtet
das Gewissen der Katholiken. Wer wollte auch zweifeln, daß die Natur
des Gegenstandes ihn vor dieses geistliche Forum weise? Man braucht
sich nur zu erinnern, daß die Offenbarung denselben aufgehellt, daß die
Apostel, wie die heiligen Väter und Concilien sich damit befaßt haben,

---

[1] Vergl. die Protocolle der D. Bundesversf. aus dem Jahre 1853 auf die
Petition des Frhrn. v. d. Kettenburg vom 30. Oct. 1852. In den „Beiträgen
zum Preußischen und deutschen Kirchenrechte." III, 61 ff. Paderborn. Schöningh,
1856.

daß endlich jeder Katechismus pflichtmäßig von dem Verhalten zur geistlichen und weltlichen Obrigkeit und der Collision der Pflichten handelt.
Die Grundsätze hierüber sind ein festes geistiges Gemeingut der Christen
geworden; eben damit schwindet jeder Vorwand für die Liberalen, als
könnten hier — was ohnehin für Katholiken keinen Sinn hat — auf
die Entscheidungen der Lehrauctorität egoistische Gesichtspunkte Einfluß
gewinnen. Handelt es sich freilich um wirkliche Grenzstreitigkeiten, oder
um gemischte Angelegenheiten, an denen beide Ordnungen betheiligt sind
und für welche ein modus vivendi erst zu finden ist, so bemerken wir
jetzt schon, daß Zusammenwirken das Natürlichste ist. Etwas ganz
Anderes aber ist die Auslegung der sittlichen Ordnung, auf welcher beide
Gewalten ruhen. Hiefür hat der Staat keinen Beruf empfangen.
Denn er setzt, wie die sittliche Natur, so die Offenbarung, wo sie von
seinen Unterthanen geglaubt wird, voraus, und nur die Kirche hat
dem katholischen Gewissen beide zu erklären den Beruf, wenn Zweifel
entstehen. Man kann dieses auch also verdeutlichen: ist das constitutive
Grundgesetz strittig, so handelt es sich um eine Existenzfrage im eminen-
testen Sinne des Wortes, bei welcher die Kirche mit ganz andern Ver-
theidigungsmitteln einzutreten hat als der Staat. Die Kirche vertheidigt
die gemeinsame Grundlage durch ihre Lehrauctorität, welcher der Staat
nichts Gleiches an die Seite zu setzen hat. Sie führt damit den gewaltigsten Krieg für die Ordnung. Will die Staatsgewalt am Kampfe
sich betheiligen, so bleibt ihr nichts übrig, als sich dem kirchlichen Lehramt anzuschließen. Thut sie es auf eigene Faust, so sehe sie zu, ob sie
nicht auf die Seite ihrer Feinde getrieben werde. Schon manche glän-
zende Theorie führte verblendete Machthaber nicht zur Versöhnung,
sondern nur tiefer in die Entzweiung. Das Ende war manchmal, wie
die Geschichte lehrt, der Untergang. Mögen sich hier die Liberalen wenden und drehen wie sie wollen; die Trennung gibt ihnen keine rechtliche
Basis für ihre vielen Kartenhäuser von reingeistlichen und nichtgeistlichen,
äußeren und inneren, wesentlichen und unwesentlichen Angelegenheiten;
das katholische Gewissen ist hierin geregelt, die Trennung macht es frei.
Wollen die Liberalen etwas, was das katholische Gewissen zu binden
vermöge, hierüber sagen, so müssen sie sich an die Kirche halten.

114. Die zweite Folgerung, maßgebend für die vom liberalen Regi-
mente unzertrennlichen Conflictsfälle, betrifft die Collision der religiösen
und politischen Pflichten, des kirchlichen und staatlichen Gehorsams. Zum
Glück für die Liberalen ist die Lehre auch hierüber durch unwandelbare,

sichere und klare Principien, bei welcher Staat und Gewissen wohlbe=
stehen, geordnet. Wir sagen, zum Glück; denn das liberale Princip
entfesselt, soviel an ihm liegt, die tödtlichsten Feinde aller Ordnung, die
Schwärmerei und den Fanatismus, in allen Variationen. Oder was
zeigt die Geschichte anders im Gefolge der religiösen Zügellosigkeit und
der unbeschränkten Meinungsfreiheit? Man erinnere sich doch der
schrecklichen Gestalten, die im 16. Jahrhundert hervorbrachen, obwohl
wenigstens noch an der heiligen Schrift einiger Zaum bestand, der nach
dem liberalen Princip gleichfalls losgelassen wird. Die Schreckensherr=
schaft des 18. Jahrhunderts vermochte selbst nicht durch die entsetzlichste
Despotie des unheimlichen Gasses, den die unbeschränkte Religionsfreiheit
heraufbeschworen, Meister zu werden. Seitdem befindet sich die staat=
liche Gesellschaft, wie ja vor Aller Augen offen liegt, in diesem fieber=
haften Ringen mit der Anarchie, die fortwährend neue Nahrung aus
jener unbeschränkten Freiheit zieht. Ueberaus wohlthätig ist es deßhalb,
daß es noch ein katholisches Gewissen gibt, für welches eine sichere, auf
göttlichem Grunde ruhende Ordnung besteht, in welcher alle Conflicte
zum voraus nach festen objectiven Principien, genommen aus dem Na=
turgesetze und der Offenbarung, geschlichtet sind. Und gesetzt auch die
Liberalen sehen in ihrer Art da Sclaverei, wo die heiligste und geord=
netste Freiheit ist, so gehen ihnen doch alle Mittel ab, diese Ordnung
umzustoßen oder die christliche Freiheit zu vernichten. Im Nothfalle
bleibt den Christen unter Gottes gnädigem Beistande die höchste Frei=
heitsprobe, wie auch das ruhmreiche Beispiel der ihrer Kirche treuen
Laien, Priester und Bischöfe in der französischen Revolution ausweist.
Die bürgerliche Constitution ist dadurch für Frankreich begraben worden,
ebensowohl als die vorausgehenden ohnmächtigen Anfälle rasender Kirchen=
verfolger.

115. Die wichtigste Folgerung ist die dritte, bei welcher die eigent=
liche Lösung für die heutzutage obschwebenden Streitfragen ruht. Sie
zeigt einen Ausweg aus dem liberalen Doctrinarismus für die Verhütung
kirchlicher Conflicte; ein Wiedereinlenken des getrennten Staates auf
die Bahn der Verständigung mit der geistlichen Gewalt. Eine Analogie
aus dem politischen Leben hellt diesen Punkt mehr auf. Es ist hier
eine bekannte, sowohl in den ersten Phasen der Revolution als in der
Wiederholung derselben, in den J. 1830 und 1848, bestätigte Thatsache,
daß das liberale Princip als solches negativ, für sich unfähig ist, die
staatlichen Aufgaben zu lösen, wenn es zur Herrschaft kommt. Wer

wollte auch mit unbeschränktem Vereinsrecht, mit unbeschränkter Preß-
und Meinungsfreiheit eine staatliche Ordnung auf den Beinen erhalten?
Deßhalb wird von den Liberalen alle Zeit, wie die Erfahrung lehrt, zu
den Auskunftsmitteln zurückgegriffen, der sich guten Glaubens die ge-
stürzten Regierungen bedient hatten. Ganz ähnlich ist es mit den
Principien der Gewissens- und Religionsfreiheit. Das Gewissen bedarf einer Leitung; wer eignet sich mehr dazu, als die mütterliche Kirche?
Die Religion ist etwas so Heiliges, Furchtbares, daß ihr Mißbrauch
durch Betrüger oder Abenteurer den schrecklichsten Brand zu entzünden
vermag. Wer wird also nicht in einer auf den stärksten Pfeilern des
Glaubens ruhenden, in der geistlichen Auctorität eine Wehr für die Gesellschaft, eine Hülfe für die bedrängte Obrigkeit erkennen? Man erinnere sich, was im Jahre 1848 in Deutschland erlebt worden ist. Wie
viele Beweise ließen sich dafür aufzählen, daß die starrsten Vorurtheile
gegen die Kirche in jenen aufgeregten Zeiten zerbrachen und daß man
gerade in ihrer Unabhängigkeit von der politischen Gewalt ihre höchste
Kraft für die Zeiten der Noth erkannte? Es hat eben die Weltentwicklung, die mit dem Christenthum über die heidnische Zuchtlosigkeit siegte,
einen Feind in ihrem Schooße, den das naive Heidenthum noch nicht
kannte, es ist die Empörung der Intelligenz gegen die offenbar gewordene göttliche Führung. Gegen die Abgründe, die hier sich öffnen, ist
die einfache politische Anarchie ein Kinderspiel, und schließlich bleibt kein
anderes ausreichendes Hülfsmittel, als den Hochmuth des Menschengeistes zu beugen vor der Demuth Gottes, die sich in unser Fleisch gehüllt
hat. Die Kirche aber ist die Fortsetzerin und die beständige Bezeugerin
dieser Gottesthat und als solche eine göttliche Hülfe für die Gesellschaft selber wie für die Einzelnen. Es ist darum eine überaus
glückliche Inconsequenz, wenn der Liberalismus in den Kämpfen, die
er der Ordnung durch seine Trennung erweckt, sich der Kirche erinnert
und trotz Allem, was vorangegangen ist, mit ihr directe Beziehungen
anknüpft.

116. Indem wir die Frage, an welche wir herantreten, also for-
muliren, erklären wir uns zum Voraus bereit, den Liberalen Alles einzuräumen, was sie über die Unverträglichkeit des modernen Staatsbegriffs
mit dem canonischen Rechte im Ganzen und Einzelnen vorbringen. Wir
lassen die Sprecher ausreden und bescheiden uns, ihnen die Frage vor-
zulegen, wer Angesichts der immer tiefer greifenden Verwirrung schließlich Recht behalten solle, ob ihre Vorlesehefte, oder das Jahrtausend

alte Recht im Bunde mit dem gesunden Menschenverstand? Mag man auch an der Fragestellung noch Einiges auszusetzen haben, im Wesent= lichen bleibt der liberale oder moderne Staatsbegriff eine, noch dazu sehr jugendliche doctrinäre Fiction, die das Aufheben, das man von ihr dem canonischen Rechte gegenüber macht, um so weniger verdient, als sie auf allen anderen Gebieten kläglichen Bankerott erlebt. Wir sagen also: wenn immer in dem getrennten Staat das Bedürfniß, das nicht aus= bleiben kann, entsteht, sich mit der principiell allerdings ignorirten Kirche wieder direct ins Benehmen zu setzen, so bleibt nichts Anderes übrig als sie gerade nach dem zu behandeln, was sie nach ihrem eigenen Rechts= bewußtsein ist: als eine Gesellschaft, und zwar als eine hete= rogene, vom Staate unabhängige Gesellschaft. Wir sagen nicht, daß die Liberalen die Glaubensprincipien, auf denen dieser Cha= rakter beruht, anzunehmen angehalten werden müssen, obwohl wir ihnen den Glauben persönlich von Herzen gönnen; wir sagen nicht einmal, daß man sie nöthigen soll, sich mit der Kirche direct ins Benehmen zu setzen; wohl aber stellen wir es für den Fall, daß Letzteres geschieht, als eine sittliche, vernünftige Forderung hin, die Kirche nach ihrem, oder was dasselbe ist, nach dem Glauben der Katholiken, als eine unab= hängige Gesellschaft mit eigenem Rechte zu behandeln.

117. Beachten wir zur Verdeutlichung dieses letzten Grundsatzes die hauptsächlichsten Gegner, die an seinem Wege liegen! Zuerst behaupten wir, was den Standpunkt im Allgemeinen betrifft, auch das Naturrecht bietet noch gewisse Normen für das Verhältniß von Staat und Kirche, es ist also keineswegs alle Gemeinsamkeit mit Liberalen und Rationalisten aufzugeben. Die Bedenken mancher Anhänger der sgn. historischen Schule sind hierin nicht die unsrigen. Freilich bestreiten wir dem rationellen Kirchenrecht erstens die Willkür bezüglich der Grundlage. Wir erblicken diese in dem allen Menschen gemeinsamen und durch Beobachtung hauptsächlich zu erkennenden Naturgesetze, soweit es Vorschriften religiöser Art ent= hält. Die Grundlage ist uns also etwas Festes, in seinen Hauptzügen Gemeingut gewordenes. Hierin haben die heutigen Liberalen große Schwierigkeit wegen ihres Zusammenhangs mit dem Skepticismus. Zwei= tens fordern wir auf der allgemeinen Grundlage für unsere besondere Frage Eingehen auf das Concrete, bestreiten also den abstracten Lehr= sätzen ihre Anwendbarkeit auf die bestehende Kirche. Mit andern Worten, wir verwahren uns gegen das Verfahren so mancher Liberalen, die selbst von der concreten, positiven Natur der Kirche, nicht allein von dem

übernatürlichen Grunde derselben abgesehen, und die Wirklichkeit in ein
Procrustesbett abstracter Begriffe eingezwängt haben wollen. Eine solche
Behandlung ist mit Recht in Verruf gekommen. Aber warum soll sie
als die einzig mögliche gelten? Sollten denn die Liberalen, unter denen
es doch geistreiche Köpfe gibt, geradezu für unfähig erklärt werden, eine
geschichtliche Thatsache, wie sie sich jedem gesunden Auge in der Kirche
darbietet, zu würdigen? Begeben wir uns also auf den Standpunkt
der Liberalen, so fordern wir doch zugleich historische Gerechtigkeit gegen
die katholische Kirche. Sie ist uns nicht ein **Ens** possibile, wie die
natürliche Religionsgesellschaft und ihre möglichen Beziehungen zu einem
wirklich bestehenden Staate. Nein! sie ist eine für den bloß vernünftigen
Menschen schon über die Staaten hin verbreitete w i r k l i c h e G e s e l l s c h a f t,
m i t e i n e r b e s t i m m t e n V e r f a s s u n g. Also auch die Liberalen,
wenn sie ihr Verhalten zu ihr regeln wollen, müssen sich aus der erhabenen Vogelperspective abstracter Begriffe auf den Boden der Thatsachen
herablassen und bei Würdigung dieser Thatsachen mit Wahrheit und
Gerechtigkeit verfahren.

118. Ein Vorgang in dem preußischen Parlament soll diese Forderung nach ihren zwei Seiten illustriren. Es war in der Abgeordnetenkammer [1] eine Petition von Freigemeinden eingelaufen, welche um die
in der Preußischen Verfassung den anerkannten Religionsgesellschaften
bewilligten Rechte nachsuchte. Bei der Verhandlung stellte sich die doppelte
Voraussetzung als maßgebend dar, einer Seits, daß für den Gesetzgeber
die Normen darüber festsiehen müssen, was zu einer Religionsgesellschaft
im Sinne der Verfassung erforderlich sei; anderer Seits, daß der Gesetzgeber ein sicheres Urtheil über den Thatbestand habe, ob nämlich die
Dissidenten diesen Anforderungen entsprechen. Die Erledigung der Frage
fußte hierauf; der Gang der Verhandlung über die Schwierigkeit der
Sache für die Liberalen, namentlich über den Mangel fester Normen
bietet viel Belehrendes. Doch gehen wir daran vorüber, um das Gerechte unserer Forderung ins Licht zu setzen. Die preußische Verfassung
stellt sich in dieser Frage auf den Boden des natürlichen Rechtes, von
welchem sich die Erklärung vom Ministertische nicht entfernte: daß die
Regierung keine Gesellschaft als eine religiöse anerkenne, die nicht
wenigstens den Glauben an den persönlichen Gott und seine Gebote,
der die Grundlage der Offenbarung bildet, festhalte. Weil sich aber bei

---

[1] Sitzung vom 13. März 1865.

den Dissidenten diese Grundlage, nach Ausweis einer Prüfung über ihr Bekenntniß nicht vorfand, wurden ihnen die begehrten Rechte versagt. Das Verfahren nun, das hier der Gesetzgeber eingehalten hat, ist eben das, welches wir für unseren Gegenstand beobachtet wissen möchten. Um auf dem Boden des getrennten Staates die besonderen Beziehungen zur katholischen Kirche zu regeln, muß zu der Anerkennung eines festen Maßes [1] die Würdigung der eigenthümlichen Natur dieser Kirche hinzukommen. Eine Gleichstellung nach abstracten Principien, ohne diese gerechte Würdigung des Unterschiedes, führt auf Abwege. Ein Beispiel für letzteres von vielen, das uns nahe liegt, bietet Nuytz in dem rationellen Kirchenrecht, das er der Vertheidigung seiner censurirten Thesen vorausschickt.

119. Er sagt nämlich hier [2]: „die Naturgesetze, welche auf die christliche Kirche Anwendung finden, und die natürlichen Rechte, welche diese besitzt, sind auch auf die falschen Kirchen anwendbar. Daher ist das, was von der christlichen Kirche in Beziehung zur natürlichen Ordnung im Allgemeinen gilt, auch anwendbar auf die andern Kirchen und Diejenigen, welche zu denselben gehören." Wollen wir die ganze Tragweite dieser auf den ersten Blick unverfänglich scheinenden Gleichstellung erkennen, so müssen wir sie im Sinne der Liberalen umkehren: da wir uns auf den natürlichen Standpunkt stellen im Verhältniß des Staates zur Kirche, so muß diese fürlieb nehmen mit dem, was jede beliebige Religionsgesellschaft, die noch als solche gelten mag, auf jenem Boden beanspruchen kann. Allein woher haben die Liberalen die Befugniß, die Kirche mit der nächsten besten Gesellschaft, die nur den Namen mit ihr gemein hat, gleich zu stellen? Das ist, man gestatte uns den Ausdruck, ein gemeines Taschenspielerstück, das des Gesetzgebers unwürdig ist, und nicht minder der Wissenschaft. Nehmen wir also an, eine „falsche Kirche" habe wirklich noch ein religiöses Motiv, so erhebt sie sich damit in sich selber keineswegs zur Gleichheit mit der christlichen Kirche, welche

---

[1] Mit diesem wichtigen Princip erledigt sich eine Frage, welche die Liberalen in letzter Zeit in Verlegenheit gebracht hat. In den Vereinigten Staaten, die bekanntlich die Religionsfreiheit in ihre Verfassung aufgenommen haben, befinden sich Anhänger heidnischer Culte, Buddhisten u. A. Haben sie ein Recht, diesen Cult auszuüben? Keineswegs! denn das Princip der Religionsfreiheit schließt noch nicht die Zulassung von unsittlichen, gegen das Naturgesetz verstoßenden Cultformen in sich. Aehnliches gilt gegen die Mormonen. Dies eben in Kraft fester Normen durch die natürliche Religion.

[2] Il professore Nuytz ai suoi concittadini. Breve sunto di principii. § 35 p. 22.

durch das Bewußtfein, eine göttlich beglaubigte Wahrheit und Auctori=
tät zu befitzen, eine religiöfe Gefellfchaft ganz eigener Art ift. Diefes
muß Jedermann zugeben. Die natürlichen Religionsgefellfchaften find
freiwillige Vereine zu dem Zwecke, gewiffe mit der Religion zufammen=
hängende zeitliche Güter, unter Freilaffung des Gewiffens, fich gegen=
feitig zu fichern [1]; dagegen in der chriftlichen Kirche findet eine Unter=
werfung der Mitglieder und Bindung der Gewiffen durch göttliche Offen=
barung Statt. Wir haben fchon bemerkt: diefes kann auf dem Stand=
punkte der Trennung ignorirt werden, wenn jede befondere Rückficht
auf die beftehenden Religionsgefellfchaften abgelehnt wird. Will aber der
getrennte Staat zu einer Religionsgefellfchaft, im vorliegenden Falle zur
katholifchen Kirche als folcher, feine Beziehungen feftftellen, wie kann er
vor der wefentlichen Verfchiedenheit der gefellfchaftlichen Organifation die
Augen fchließen? Das wäre ja geradezu unvernünftig, oder was heraus=
käme, würde die Kirche als folche nicht erreichen, im Widerfpruch mit der
Abficht, die dem Verfahren den Anftoß gibt. So lange alfo der Staat
von der befonderen Natur diefer eigenthümlichen Gefellfchaft Umgang
nimmt, tritt er zu ihr nicht in directe Beziehung; er erläßt vielleicht
Beftimmungen über die Katholiken auf feinem Gebiete, diefelben müffen
aber nach dem Glauben der Katholiken beurtheilt werden, weil diefer
mit feinem Rechte gefchützt bleibt. Solche Beftimmungen drücken in=
fofern nur ein Spiel zwifchen dem Staate und feinen Unterthanen, nicht
aber zwifchen dem Staate und der Kirche aus. Mit andern Worten: So
lange dem Staate die „wahre Kirche" mit allen möglichen Secten und Reli=
gionsgefellfchaften gleichfteht, ift noch keine Beziehung zur Kirche als folcher
vorhanden; tritt diefe ein, fo hört das Recht zu jener Gleichftellung auf.

120. Die Folgerung felber hat drei Theile; erftens wird für die

---

[1] Diefen wichtigen Punkt findet man bei Beidtel a. a. O. S. 46 f. verfuch=
weife erörtert. „Bei folchen Vereinigungen ift der Vertragsgegenftand nicht der
Glaube des Einzelnen, weil er als Etwas, was äußerlich nicht erfcheint, keinen
Gegenftand eines rechtlichen Verhältniffes ausmachen kann. Nur der Cultus ift alfo
das Vertragsobject, und der Gegenftand der Verbindlichkeit ift der: an dem Cultus
Theil zu nehmen und ihn nicht zu ftören, fondern vielmehr zu fördern." Genauer
befehen ift es alfo die Sicherung der Freiheit des Cultus durch zeitliche Güter,
wechfelfeitige Unterftützung u. f. w., worüber man fich nach diefer Theorie in den
Religionsgenoffenfchaften verträgt. Da nun aber in der chriftlichen Kirche die Er=
langung einer als göttlich vorausgefetzten Hülfe für das Seelenheil Princip der
Gefellfchaftsbildung ift, laffen fich auf fie als folche die von Beidtel gezogenen
Folgerungen nicht anwenden.

Kirche angesprochen Anerkennung, daß sie Gesellschaft, dann daß sie hete=
rogen, endlich, daß sie unabhängig vom Staate sei. Mit dem ersteren
verlassen wir alle jene Liberalen, welche, wie z. B. Stimmen in der
Paulskirche, nur ein völlig negatives Verhältniß zur Kirche als solcher
für den getrennten Staat zuließen, also Zerstörung ihrer gesellschaftlichen
Organisation als unerbittliches Vernunftpostulat hinstellten. Selbst die
extremsten Territorialisten haben der Kirche oder dem, was sie von der
Kirche übrig ließen, noch irgendwelche gesellschaftliche Organisation, selbst
den Charakter einer öffentlichen Corporation zugestanden. Sie haben
aber, und damit kommen wir auf das zweite Merkmal, diese gesellschaft=
liche Organisation, als einen Ausfluß der staatlichen, die Kirche also als
einen Theil des Staates behandelt und im Zwecke mit diesem identificirt.
Dies gilt auch von den folgerichtigen Josephinern. Hiegegen fordern
wir mit den protestantischen Anhängern des Collegialsystems, immer vom
Standpunkte des Naturrechtes aus [1], für die christliche Kirche Aner=
kennung ihres von dem weltlichen ganz verschiedenen geistlichen End=
zweckes; und wir sagen: dieser Endzweck macht, insofern er die
gesellschaftliche Organisation selber bestimmt, diese, wie immer sie sich
sonst zur staatlichen stelle, zu einer der letzteren heterogenen Gesell=
schaft. Aber wir verlassen auch die Anhänger dieses Systems, wir
begehren vom getrennten Staate, daß er die katholischen unter seinen
Unterthanen, mit ihren kirchlichen Corporationen und Instituten, nach
ihrem organischen Zusammenhange mit der Gesammtkirche behandle.
Eben damit schließen wir auch die uns näher stehenden Gallicaner
aus. Der Grund für diese Forderung ist aber im Wesentlichen der=
selbe, der die Anhänger des Territorial= und Collegialsystems zwingt,
auf der ersten und zweiten Eigenschaft zu bestehen. Es ist thatsächlich so:
die Katholiken sind solche eben durch ihre Eingliederung in die Uni=
versalkirche.

121. Wir sagen also erstens, sobald der Staat auf die Kirche re=
flectirt, findet er in ihr eine Gesellschaft und zwar eine, unabhängig
von seiner Anerkennung bestehende Gesellschaft. Er kann diese moralische
Thatsache nicht umstoßen; er muß sie also anerkennen, wenn er vernünftig
handeln will, immer vorausgesetzt, daß er Gründe habe, zur Kirche in
directe Beziehung zu treten. Der Beweis liegt in dem bereits Bemerkten.
(S. n. 108.) Mag der Gesetzgeber der Kirche Alles nehmen, was der

---

[1] Vergl. Mosheim a. a. O. S. 430 ff.

Staat einer von ihm anerkannten Corporation nehmen kann, deßhalb bleibt sie doch eine geistliche Gesellschaft, weil die geistlichen Rechte für ihn unerreichbar sind. Er kann allerdings, wie die Verfolgungen beweisen, die physischen Substrate dieser Verbindung vernichten, aber dann wüthet er gegen sich selber; es sind unschuldige Glieder seines eigenen Leibes, die er verfolgt, statt sie zu schützen, worauf sie ein Recht haben. Reflectirt er also auf diese seine katholischen Glieder nach ihrer kirchlichen Eigenschaft, so muß er, will er vernünftig handeln, sie als eine Gesellschaft anerkennen. Dieses ist eigentlich tautologisch. Auf den Katholiken als solchen kann man nicht wirken, ohne ihn in einem Socialwesen zu begreifen. Will man an Letzterem vorbei, so muß man von der Eigenschaft des Katholischseins abstrahiren. Auch der andere Beweis für den ersten Grundsatz setzt diese Wahrheit ins Licht. Würde man nämlich auf den Katholiken als solchen wirken wollen, im Gegensatz zu seiner Kirche, so würde man ihm zumuthen, sich von der Gemeinschaft zu trennen, welche er durch seinen Glauben als eine nothwendige Bedingung seines Seelenheils erkennt. Es träte also eine Collision der Pflichten ein, bei welcher der Grundsatz: man muß Gott mehr gehorchen als den Menschen, gegen die staatliche Zumuthung entschiede, so lange die Betreffenden Katholiken blieben. Nach der Voraussetzung will der getrennte Staat Niemanden zum Treubruch gegen sein Gewissen verleiten, kann aber auch Jene nicht verfolgen, die diesem getreu sind, er kann also auf die Katholiken als solche nur unter der Voraussetzung ihrer Zugehörigkeit zur Kirche oder der Anerkennung, daß diese eine Gesellschaft sei, einwirken.

122. Und zwar eine heterogene Gesellschaft, die nämlich mit eigenen Mitteln einen Zweck verfolgt, welcher vom Staatszweck seiner Natur nach verschieden ist. Der Grund, warum die geistlichen Rechte nicht berührt werden vom Staate, liegt eben in dieser Heterogeneität. Die Kirche ist eine Hülfsanstalt für das Seelenheil der Menschen durch das Mittel einer geoffenbarten göttlichen Lehre, der Sakramente und ihrer disciplinären, auf göttlicher Vollmacht ruhenden Gewalt. Wer sich ihr unterwirft, oder in das Gesellschaftsband eintritt, thut es eben wegen dieser ihrer durch den Glauben erkannten Natur. Er richtet sich also auf einen Zweck, der jenseits der zeitlichen Wohlfahrt fällt, da bezüglich der letztern die höchste Hülfe vom Staate zu gewähren ist. Alle geistliche Gewalt ruht auf dieser eigenthümlichen Natur der geistlichen Gesellschaft. Würde die Staatsgewalt, diese Verschiedenheit in der Bestimmung

und in der Quelle der Gewalt verkennend, sich geistliche Jurisdictions=
acte beilegen, z. B. Glaubensartikel vorschreiben, den Gottesdienst regeln,
die Sendung zum geistlichen Amte ertheilen; so würde sie in Wahrheit
nichtige, keinen Katholiken verpflichtende, den passiven Widerstand für jeden
Vernünftigen auferlegende Acte setzen; oder sie würde keine geistliche
Gewalt ausüben. Hiezu einen Rechtstitel ausfindig zu machen, würde
vergebliche Mühe sein, ob es auch noch so häufig in der Geschichte der
Kirche vorgekommen ist, daß die weltliche Gewalt diese von der Natur
der Sache gezogenen Grenzen verkannte. Es wäre dieses aber doppelt
widersinnig für eine Gewalt, welche sich durch die Trennung des Welt=
lichen und Geistlichen selber noch positiv und ausdrücklich auf das Erstere
beschränkt hat. Auch fordert die Vernunft, bei jedem Wesen, auf welches
eine Einwirkung beabsichtigt wird, die Natur zuvor zu erforschen, um
darnach die Art der Einwirkung zu bestimmen. Auch der liberale staat=
liche Gesetzgeber muß vernünftig handeln; er muß also die heterogene
Natur des Geistlichen berücksichtigen. Er hat noch besondere Motive an
dem Umstand, daß es seine eigenen Glieder sind, auf welche er als per=
sönliche, durch ihre Ueberzeugung geleitete Wesen geistlich zu wirken be=
absichtigt. Er muß sie also nach dieser Seite nehmen, wie sie sind, um
die Wirkung zu erreichen. In ihrem Glauben und Gewissen können sie
nur durch die geistliche Gewalt sich leiten lassen. Der Staat muß also
diese respectiren in ihrer Eigenthümlichkeit. Oder die katholischen Staats=
bürger sollen nach dem liberalen Princip nicht beirrt werden in ihrem
Glauben und Gewissen, folglich muß der Staat in der Wirkung auf sie
als Katholiken an der Kirche eine heterogene geistliche Gesellschaft vor=
aussetzen.

123. Lassen sich heterogene Gesellschaften denken, welche dem Staate
untergeordnet bleiben? Stellen wir uns einen astronomischen Verein
vor, der sich zur Aufgabe gemacht hätte, die zur Wissenschaft gehörigen
Beobachtungen durch wechselseitige Unterstützung zu vervollkommnen.
Hier nun hat der Zweck eine gewisse Erhabenheit über die zeitliche Wohl=
fahrt, ist ja die Wahrheit, wenigstens an sich betrachtet, ein Ausdruck
des göttlichen Verstandes, nicht allein ein Gut der menschlichen Erkennt=
niß. Aber ist die Wahrheit nach dieser Seite schon fähig, Princip einer
Gesellschaft zu sein? Dann müßte sie als solche eine eigene Gewalt
mit besonderen Mitteln erzeugen. Dächten wir uns also, es besäße
Jemand durch Mittel, welche den gemeinen Gesetzen unserer Erkennt=
niß sich entziehen, auf dem genannten Gebiete eine zweifellose Wissen=

schaft, deren Besitz er zu erhärten vermöchte: er würde eine Gesellschaft
durch den Besitz der Wahrheit zu bilden vermögen, deren Verfassung er
vorschreiben könnte, wie er in seiner übermenschlichen Wissenschaft gewiß
ausreichende Mittel besäße, sie zusammen zu halten. Die Gesellschafts=
bildung, die Gewalt und deren Mittel, entsprängen aus dem heterogenen
Zwecke. In der angegebenen glücklichen Lage ist aber kein Astronom,
ebensowenig ein Philosoph, oder ein ausgezeichneter Künstler. Deßhalb
bringt es bei all diesen wissenschaftlichen Vereinen das heterogene Element,
das ihre Bestrebungen etwa haben, nicht zu einer eigenen Gesellschaft.
Darum fehlt die Wurzel der Unabhängigkeit für die Schulen; sie bleiben
als solche unter der staatlichen Hoheit mit ihren Gesellschaftsverträgen.
Oder wenn auch je diese Gesellschaften an ihren Zwecken etwas Hete=
rogenes haben, der Gesellschaftszweck als solcher, d. h. das, was die
Gesellschaft bildet, der nächste Gegenstand des Gesellschaftsvertrages
und die Quelle der Gewalt, ist ein dem Staatszweck homogenes zeit=
liches Gut, deßhalb fallen sie unter die Staatshoheit. Anders kennen
die Glieder der Kirche diese. In ihrem Stifter haben sie ein Wesen
erkannt, das sich als den unfehlbaren Heilsweg durch Wunder beglaubigt
hat; in Seiner Kirche sahen sie eine von Ihm gegründete, unter über=
menschlichem Beistand diese Wahrheit sichernde Anstalt. Deßhalb schlossen
sie sich der Kirche mit einer Unterwerfung an, die bereit war, eher alle
zeitlichen Vortheile, als diese Verbindung fürder aufzugeben. (n. 15.)
Die innere Wurzel der kirchlichen Unabhängigkeit, die der weltlichen
Gewalt nicht verborgen bleiben kann, ist, wie hieraus deutlich erhellt,
der heterogene geistliche Charakter dieser Gesellschaft, der sich ausprägt
in ihrem Ziele, in ihrem Ursprung und in ihren Mitteln. Dieser innern
Wurzel gesellt sich die äußere Thatsache bei, daß sich die katholische Kirche als
eine Gesellschaft über den ganzen Erdboden verbreitet, wie ihr Oberhaupt
noch dazu mit der weltlichen Souveränetät geschmückt ist. Die Liberalen
können hieran nichts ändern, ja nicht einmal vernünftigerweise etwas ändern
wollen; sie können ebensowenig die Thatsache streichen, daß die Katho=
liken nur durch ihre Verbindung mit der allgemeinen Kirche oder mit
dem Römischen Papste sich im gesicherten Besitze der beseligenden Wahr=
heit und mit der von Christus gestifteten Kirche geeinigt wissen. Es
ist also diese Seite, der Charakter der Unabhängigkeit, geradezu eine
Gewissensfrage, so gut wie die vorangegangenen Eigenschaften der Kirche.

124. Aus dem eben Gesagten erhellt auch der wesentliche Unter=
schied der christlichen Kirche von jeder andern Religionsgesellschaft und

wie es kommt, daß jene jeder Unterstellung unter die Staatshoheit ihrer Natur nach widerstrebt, während die übrigen Bekenntnisse dieselbe entweder· gar nicht ablehnen, oder ihre Ablehnung nicht zu behaupten vermögen. Nehmen wir das nächste beste christliche Bekenntniß außer der Kirche, was ist es vom naturrechtlichen Standpunkt betrachtet? Ein freiwilliger Verein Solcher, welche sich gegenseitig in der freien Schriftforschung unterstützen oder durch sie die beseligende Wahrheit suchen. Die Vorsteher leiten hierin, aber ohne bindende Auctorität, deßhalb machen auch sie nicht das Band der Gesellschaft aus; die constituirende Gewalt ist in Denen, welche sich zu dem genannten Zwecke, auf der Grundlage ihrer Freiheit sich in der Schriftforschung zu unterstützen, vereinigt haben, mögen sie nun als Schüler sich Lehrer bestellen, oder aus ihrer Mitte die Lehrer wählen, oder dieses ihr Recht an bevorzugte Glieder übertragen. Mag also hier die Gesellschaft wie immer sich constituiren, der Gegenstand des Gesellschaftsvertrages und der auf ihm sich erhebenden Gesellschaftsgewalt: die äußere Ordnung, die Bestellung der Diener, die Regelung eines gemeinsamen Gottesdienstes, die Aufrechthaltung gewisser gemeinsamer Kennzeichen in den Symbolen, all das enthält Nichts, was sich von der dem Staate gestellten Aufgabe oder der zeitlichen Wohlfahrt entfernte; denn der Glaube als ein Mittel zum Seelenheil ist als Privatsache hievon ausgeschlossen. Wir bestreiten nicht, daß dem Zwecke eines solchen Vereins ein heterogenes Element beigemischt ist, aber wir sagen nur, es ist nicht das die Gesellschaft erzeugende Princip. Daher seine Schwäche. Anders in der Kirche, wie wir sie kennen gelernt. Ihre Gewalt, die Hierarchie, steht vor den Gesellschaftsgliedern als befindlich im Besitze einer beglaubigten Wahrheit, sowie der die Gnade unfehlbar wirkenden übernatürlichen Heilmittel; ihre dogmatischen und disciplinären Gebote verpflichten als die einer besonderen, Gott hierin unmittelbar vertretenden Obrigkeit unter der Gefahr des Seelenheiles. Hier entspringt eine vom Staate unabhängige und ganz verschiedene Gesellschaft, ein Reich, das nicht von dieser Welt ist, in welcher die Wahrheit Gesetz, die Gnade das Leben, der Himmel das Endziel ist. Sie kann nicht unter die Staatshoheit fallen; wo der Staat ihr seine Jacke umwerfen will, erreicht er nur ihren Schatten.

§ 7. Die indirecte negative Gewalt im Geistlichen; Placet;
Recurs; das Ueberwiegen des Weltlichen über das
Geistliche.
(Thesen 41, 42 und 54.)

125. Will man den eigenthümlichen Versuch des Professor Nuyz[1], welcher die absolutistischen Maßregeln der sardinischen Regierung in den Augen der Katholiken zu beschönigen gedachte, verstehen, so ist von der Voraussetzung auszugehen, daß die geistliche und weltliche Gewalt sich auf Einem Territorium zusammenfinden, also die Unterthanen mit einander gemein haben. Diese sehen sich wegen des Conflictes in die eigenthümliche Lage versetzt, daß sie bei einer der beiden Gewalten anstoßen müssen, denn sie können in bestimmten Fällen der einen nicht gehorchen, ohne zugleich der andern den Gehorsam zu verweigern. Welche soll in ihrem Gewissen den Vorzug haben? Einfache Menschen würden sagen: diejenige, welche das Recht für sich hat, und würden sich bei zuständigen Auctoritäten Rathes erholen, wo dieses sieht, falls das eigene Urtheil nicht klar sieht. Allein Nuyz hatte Gründe, diesen auch auf den natürlichen Grenzen gewiesenen Weg nicht anzurathen. Er hatte das Bedürfniß, mit einer eigenen Theorie nachzuhelfen. So entstand seine Lehre von der negativen indirecten Gewalt der weltlichen Regierung in geistlichen Dingen. Sie ist freilich, wie er sich selber auch auf seinen Lehrer beruft, nichts Neues, sondern nur neu aufgewärmter Gallicanismus; doch ist sie den neuen Verhältnissen angepaßt. Also welche der beiden Gewalten soll Recht erhalten? Hierauf, sagt Nuyz, antworten zwei entgegengesetzte Systeme: das cäsareopapistische, das immer der weltlichen, und das theofratische, das immer der geistlichen Gewalt Recht gibt. Man sieht, es handelt sich um eine Zerhauung des gordischen Knotens durch die Gewalt; eine Theorie soll entscheiden, das Recht wird nicht gefragt. Nuyz will nun dadurch die rechte Mitte gewinnen, daß er der Regierung zugesteht, in unwesentlichen Disciplinarpunkten gegen die Verfügungen der Kirchengewalt ein Veto einzulegen und so die Quelle der Conflicte zu verstopfen. Dieses Veto heißt er negative, indirecte Gewalt über das Geistliche. „In den unwesentlichen Disciplinarpunkten", bezüglich deren die Con=

---

[1] Der weitere Verlauf wird es, hoffen wir, rechtfertigen, daß von dem Urheber der beiden Thesen der Ausgang genommen wird, obwohl der nächste Anlaß von diesen unserm Leserkreise ferne liegt.

flicte unvermeidlich sein sollen, „sage ich, daß die Kirche allezeit der staatlichen Gesellschaft nachgeben muß: und wenn sie nachgeben muß, ist in der letztern das Recht des Veto anzuerkennen, welches ich indirecte negative Gewalt über die geistlichen Angelegenheiten oder die geistliche Regierung der Kirche nenne; über die geistlichen Angelegenheiten, weil sie nicht darin besteht, Gesetze zu erlassen, sondern solche, welche die Kirche gegeben hat, zu behindern; indirect endlich, weil das geschieht, nicht zu einem geistlichen, sondern weltlichen Zweck." Um dieses besser zu verstehen, erinnern wir daran, daß Nuytz, als Vertheidiger der sog. natürlichen Grenzen, ohnehin schon alle zeitlichen Angelegenheiten der Kirche dem Staate zugewiesen hat. Nunmehr, nachdem die liberale Löwentheilung zwischen Geistlichem und Weltlichem vollzogen ist, soll auch noch bezüglich des Restes von „rein geistlichen" Dingen dem Staate das Recht zustehen, allem dem, was von ihm für unwesentlich ange= sehen wird, seine Wirksamkeit zu benehmen. Also wenn wir Beides zu= sammennehmen, handelt es sich 1) um eine directe und positiv anordnende Gewalt des Staates über alles Geistliche, dem ein zeitliches Element, wie zeitliche Strafe oder Eigenthum, beigemischt ist; und 2) um eine in= directe und abwehrende über das rein Spirituelle, soferne dieses nach einer neuen liberalen Grenztheilung als etwas Unwesentliches erachtet wird.

126. Man wird diesem Auskunftsmittel nicht bestreiten können, daß es mit großer Schlauheit ersonnen und ungemein ergiebig für alle denk= baren Verlegenheiten ist. Soferne nämlich dieses von den Liberalen dem Staate zugeschriebene Recht auf die Natur zurückgeführt oder auf die staatliche Hoheit basirt wird, ist auf das Gewissen Rücksicht genom= men. Die bloße Berufung auf die staatliche Machtvollkommenheit genügt allenfalls den Eingeweihten, für welche Gott eben nichts mehr ist als ein Ausdruck für die Uneingeschränktheit der Staatsgewalt; nicht aber den noch gläubigen Christen. Durch die doppelte Grenztheilung wird sodann die eigentliche Tragweite der Ausdrücke, die den stärksten Cäsareo= papismus verhüllen, versteckt. Auf diesem Wege entgeht man leichter den Wirkungen der Erkenntniß, daß hier nur alte Häresien über die beiden Gewalten erneuert werden. Denn in der That ist diese „indi= recte, negative Gewalt" nichts anders als die Lehre, daß die geistliche Gewalt außer der Lehre, den Sacramenten und dem Gottesdienste oder den rein „inneren Angelegenheiten" keine eigene gesellschaftliche Juris= diction mehr habe, daß sie in allem, was sie zur äußeren Gesellschafts= ordnung macht, ganz und gar an den guten Willen der Staatsgewalt

gebunden sei[1]. Mit anderen Worten, sie wiederholt nur, was Marsilius, Eduard Richer und die extremsten Josephiner und Jansenisten
auf der Synode von Pistoja[2], gelehrt haben. Ja Nuytz überbietet diese
seine Vorgänger noch in dem, daß er solche Machtfülle der Staatsgewalt als solcher auch dann eingeräumt wissen will, wenn ihr Träger
sich vom Glauben selber und der kirchlichen Gemeinschaft getrennt hat.

127. Indem Nuytz weiterhin die gallicanischen Institute des Placet
und Recurses, jenes als das präventive, dieses als das repressive Veto,
zu Ausflüssen des Cäsareopapismus stempelt, hat er die bündigste Kritik
derselben, ohne es freilich zu wollen, geliefert und so ihre förmliche
kirchliche Verurtheilung bestens gerechtfertigt. Es ist auch in der That
das Placet, wie es sich zuletzt ausgebildet hatte, nicht ohne die Voraussetzung der Staatshoheit über die kirchliche Gesetzgebung, und der Recurs
nicht ohne die staatliche Obergewalt über die geistliche Rechtsprechung zu
erklären. In Beidem liegt die Läugnung des göttlichen Rechtes der
Kirche, also Häresie. Die Liberalen aber erweiterten in der französischen
Revolution diese entfernte Gewalt über das Gewissen zu einer nähern,
indem sie den Glauben und das ganze geistliche Gebiet als eine staatliche Angelegenheit behandelten[3]. Zu diesem Aeußersten öffnet Nuytz
wenigstens die Pforte, sofern er bezüglich des rein Geistlichen dem Staate
Gewalt zutheilt, wenn er auch mit seiner Unterscheidung in wesentliche
und unwesentliche Disciplinarpunkte am Eingange stehen zu bleiben
scheint.

128. Hören wir doch einige Gründe des liberalen Professors!
„Warum muß die Kirche dem Staate und nicht der Staat der Kirche
weichen?" — Antwort: „Die Gesellschaft, welche nachgeben muß, ist jene,
die es mit dem geringsten Schaden für sich thun kann." Und das ist
die Kirche. Beweis. Da es sich nur um unwesentliche Disciplinarpunkte
handelt, bewirkt der Verzicht auf eine kirchliche Verfügung keine bedeu-
tende Unordnung und es läßt sich eine solche Verfügung leicht durch

---

[1] Vergl. Auctorem fidei über die Synode von Pistoja: „Abusum fore auctoritatis ecclesiasticae, transferendo illam ultra limites doctrinae ac morum,
et eam extendendo ad res exteriores ... quatenus indeterminatis illis verbis
„„extendendo ad res exteriores"" notet velut abusum auctoritatis ecclesiae,
usum ejus potestatis acceptae a Deo, qua usi sunt et ipsi Apostoli in di-
sciplina exteriore constituenda et sancienda, haeretica."

[2] Hierauf weist das Breve vom 22. Aug. 1851, welches die Ansichten von
Nuytz censurirt, ausdrücklich hin. Vergl. die Sätze aus Quanta cura oben n. 55.

[3] S. o. n. 39.

eine andere ersetzen. Z. B. die geistliche Behörde ordnet ein Begräbniß
in den Kirchen an, der Staat aber verbietet es aus Sanitätsrücksichten.
Muß die Kirche nachgeben, so kann sie den geistlichen Zweck jener Verordnung, die Erinnerung an den Tod und das Gebet für Verstorbene
durch andere Mittel: Predigten, Gemälde u. s. w. erreichen. Beim
Staate verhält es sich anders. Seine Anordnungen stehen alle mehr
oder weniger mit der Zunahme seiner Bevölkerung oder seiner Macht
in Beziehung, können also im Allgemeinen ohne Schaden nicht zurück-
genommen werden. Ueberdieß, fügt Nuytz bei, ist der Zusammenhang
der staatlichen Anordnungen mit dem öffentlichen Wohl nicht immer so
klar, daß nicht Fragen ohne Ende Platz griffen, wenn man darüber Hin-
und Herreden zuließe. Deßhalb verlangt das Wohl des Staates perem-
torisches Abschneiden jeder Einrede, beziehungsweise eine im Rechte begründete Nachgiebigkeit der Kirche. Ein anderer Grund ist, „und zwar
der entscheidende nach unserer Auffassung: in einem Staate können sich
mehrere Kirchen befinden. Nun ist es leicht für jede Kirche, sich mit
der bürgerlichen Gesellschaft zurecht zu finden, nicht aber ebenso leicht
für diese, mit allen zusammen auszukommen. Hätten die Kirchen das
Veto, so erhöbe es, wenn viere es nicht einlegten, die fünfte; so würde
es der bürgerlichen Gesellschaft schwer, für ihre Bedürfnisse vorzusehen;
noch mehr, die Staatsregierung verlöre die Einheit, Hoheit, Machtfülle
und Unabhängigkeit ihrer Gewalt; mit Einem Worte, sie würde unmöglich.“ Fassen wir das Gesagte zusammen, so folgt: „Gott wollte Kirche
und bürgerliche Gesellschaft nebeneinander, ohne das Veto oder die indirecte negative Gewalt über die geistlichen Dinge ist die bürgerliche
Gesellschaft unmöglich, mit ihr vertragen sich Beide; folglich wollte Gott
in der bürgerlichen Gesellschaft die indirecte negative Gewalt über die
geistlichen Dinge.“ Somit ist diese ein staatliches Hoheitsrecht.

129. In der That, vortrefflich und einzig in seiner Art! Mit
diesem Beweise eröffnen sich ganz neue Aussichten auf den sardinischen
Kirchenconflict, oder vielmehr er gewinnt eine ganz neue Gestalt. Bisher glaubten wir, die Verletzung des Concordates, durch welche die neue
Aera eingeleitet wurde, sei ein schimpflicher Vertragsbruch, ein Unrecht
an Gott und Menschen verübt, und die Gesetze, die er im Gefolge hatte,
rechtswidrige Gewaltacte. Nunmehr werden wir belehrt, daß mit alldem die Staatsgewalt nur ihr natürliches Recht gebraucht oder an sich
genommen hat; denn alle im Concordat behandelten Gegenstände, wie
auch was das Gesetz Siccardi und seine Nachfolger über Immunitäten

und kirchliches Eigenthum geordnet, fällt diesseits, nach der neuen Grenz=
theilung, in die Staatssphäre. Diese frommen Leute hatten also auch
den Willen Gottes im Auge, als sie sich gegen die angedrohten Excom=
municationen unter das von der göttlichen Weltregierung ihnen gnädigst
bewilligte Schutzdach, genannt Veto, flüchteten. Sie haben ein gött=
liches Recht gegen die Anmaßungen der Kirche vertheidigt und die
Kirche hat dem göttlich=bewilligten Veto des Staates gegenüber jede Waffe
verloren. Fürwahr, es schwindelt uns ob dem Abgrund von Verkehrtheit,
oder daß wir es geradezu heraussagen, vor der maßlosen Gotteslästerung,
die solchem Spiele mit dem göttlichen Rechte zu Grunde liegt. Besehen wir
uns mit Hülfe der Thatsachen die ganze Beweisführung etwas näher!

130. Eine katholische Regierung trennt sich plötzlich von der Kirche
und wirft alle Rücksicht auf Verpflichtungen über Bord, welche sie in
feierlichen Verträgen eingegangen hat. Um sich gleichsam selber den
Rückzug zu verrammeln, begünstigt sie die schamlosesten Ausfälle auf die
Religion, hilft sectirerischen Umtrieben zu unreifen Ausgeburten, verfolgt
die treuen Priester und Ordensleute und beraubt sie ihres Vermögens,
ihrer persönlichen Freiheit. Kurz sie wird aus einer Beschützerin eine
offene Feindin und Verfolgerin der Kirche. Aber all' das vermag ihr
nicht zu verschaffen, was sie zu erreichen wünscht; die Freiheit in ihren
politischen Acten, die sie sich von dieser Art Vorgehen versprach, erweist
sich hintenher als Täuschung. Sie stößt auf allen ihren Schritten, wo
sie mit Geistlichem in Berührung tritt, auf ein unsichtbares Etwas, in
dessen Schlingen sie sich verstrickt; je gewaltsamer sie zerrt, desto mehr
fühlt sie diese geheimnißvolle Macht des katholischen Gewissens, der geist=
lichen Gewalt und ihrer Organisation. Statt der Kräftigung sieht sie
ringsum Erschütterung ihrer Auctorität; statt der Einheit und Macht=
fülle Zerklüftung und Ohnmacht. Das hat Gott nicht gewollt! „Gott
will die Eintracht zwischen Staat und Kirche." Ja freilich, er will nicht
die Zerrüttung der Kirche und des Staates, er will die friedliche Ein=
tracht Beider. Will er also, daß ihr euer Unrecht vollendet? daß ihr
auch noch die Gewissen berücket, um der Kirche die letzte Widerstands=
kraft zu rauben? Wie kann man so verblendet sein, in solcher Vollen=
dung der Bosheit die Erfüllung eines göttlichen Willens zu erkennen;
wie ein göttliches Recht sich beilegen, im Nothfalle selbst einen Aufstand
gegen die von Gott kommende Gewalt der Kirche zu erregen, um nur
der Staatsgewalt zur Unbeschränktheit zu verhelfen?

131. Denn nichts anderes als ein Insurrectionsrecht, vom

politischen Gebiete auf das kirchliche herübergetragen, ist dieses Veto. Das Beispiel, das Nuytz beibringt, ist freilich unschuldig. Von einem solchen Falle wird kein Conflict erwachsen. Ist eine Sitte wie das Begräbniß in der Kirche unzuträglich geworden, so wird es keine besondern Schwierigkeiten verursachen, wenn die Sanitätsbehörde ihre polizeilichen Bedenken der geistlichen Behörde gegenüber geltend macht. Es gab näherliegende Beispiele, die schon etwas mehr besagen wollen. Nuytz selber bietet ein solches. Er war durch ein päpstliches Breve nach Gebühr censurirt; wurde dasselbe zu Turin promulgirt, so hatte das für seine akademische Stellung und Wirksamkeit unangenehme Wirkung. Wie freut sich nun der Erfinder des Veto mit seinen unwesentlichen Disciplinarpunkten, daß das Placet Rath schafft. Seltsame Ironie! wer hat je doctrinale Entscheidungen des hl. Stuhles zu den Disciplinarpunkten gezählt? Und wenn vollends gewissenhafte katholische Eltern es gar nicht für unwesentlich halten, ob ihre studirenden Söhne in den Grundsätzen der katholischen Kirche herangebildet werden oder nicht, da ruft der Liberale die ganze Staatsmacht in die Schranken gegen eine solche „undankbare Brut", die es gar nicht verdiene, an Staatsanstalten Erziehung und Anrecht auf Anstellung zu empfangen [1]! Allein wenn das Veto mit solch offener Gewissensbedrückung und der Zerrüttung der geistlichen Ordnung zusammenhängt, so ist doch klar, daß es aus der Staatshoheit nicht abzuleiten ist; denn es gibt weder im getrennten, noch im nicht getrennten Staat ein Recht, den göttlichen Anspruch der Katholiken an den Staat, daß er ihnen die Freiheit gebe, nach ihrem Glauben zu leben, seiner Kraft zu berauben. Gott kann sich nicht widersprechen. Er kann nicht zugleich den Staat verpflichten zum Gewissensschutz und ihm ein Recht geben, das katholische Gewissen zu verfolgen. Der Titel des Veto ist also eine Lüge.

132. Ein anderes Beispiel aus neuerer Zeit läßt gleichfalls das gehörige Licht auf die Wirkungen dieser Lehre fallen. Der Papst Pius IX. hob mit der Bulle **Suprema** vom 10. October 1867 die sog. Apostolische Legation von Sicilien auf, mit welcher sich im Laufe der Jahrhunderte zahlreiche Mißbräuche zum Schaden der kirchlichen Jurisdiction, wie mit Gefahr für das Heil der Seelen verbunden hatten (abgesehen davon, daß sie schon ursprünglich auf einer groben Fälschung beruhte). Niemand bezweifelt, daß der Papst nur von seiner obersten geistlichen

---

[1] A. a. O. S. 11—12.

Regentengewalt Gebrauch machte, als er zu jenem Acte schritt. Aber die Regierung Victor Emmanuels gebrauchte ihr Veto, um die Ausführung der Bulle zu hindern. Auch 1856 suchte sie auf diese Weise die Reform des Instituts zu hintertreiben. Daß diese durch das Wohl der Kirche geboten sei, unterliegt keinem Anstande [1]. Wohin sollte es mit der Ordnung in der Kirche kommen, wenn ein solcher Anspruch sich begründen könnte? — Oder wie könnte ohne Blasphemie Gott zum Urheber solcher Unordnung gemacht werden?

133. Die Achillesferse der ganzen liberalen Theorie tritt in der Willkür, womit sie die Grenzen von Geistlich und Weltlich bestimmt, hervor. Ueber das Princip ist oben das Nöthige bemerkt. Der Glaube wie die Natur der Sache haben hier ihre festen Schranken gezogen. Schon die Esposizione dei Sentimenti di sua santità bemerkte, daß mit der Unterscheidung von wesentlichen und unwesentlichen Disciplinarpunkten „die ganze Disciplin und gesetzgebende Gewalt der Kirche der weltlichen Gewalt zu unterwerfen" gesucht werde [2]. Hierüber können wir nach dem Bemerkten hinweggehen. Eine andere noch tiefergehende Willkür, die geradezu die Existenz der Kirche in Frage stellt, macht sich in der vielgehandhabten Unterscheidung der inneren und äußeren Angelegenheiten der Kirche geltend; der Ausdruck: die „natürlichen Grenzen" wie Nuytz und die Liberalen sie annehmen, enthält nichts Anderes. Was ist nun an einer menschlichen Gesellschaft innerlich, das nicht zugleich irgendwie in die Außenwelt träte? vollends an einer Religionsgesellschaft, die ihrem Wesen nach auf die Oeffentlichkeit angewiesen ist? Um als Gesellschaft bestehen zu können, muß sie Vorsteher haben, die als solche äußerlich erkennbar sind; diese müssen ihren Willen aussprechen durch Worte oder Schriften; es muß durch Eigenthum für den Unterhalt der Diener und die Bestreitung der Cultkosten vorgesehen sein. Das Geld aber ist etwas Aeußeres, Sichtbares; die Zusammenkünfte, ja das persönliche Material selbst, die Glieder der Gesellschaft, sind etwas Aeußeres. Bleibt also das Aeußere an der Kirche, ihr „Heraustreten in die äußere Rechtssphäre", wie man sagt, unter der staatlichen Hoheit, so heißt das nichts anderes, als: die kirchliche Gesellschaft steht unter dieser Hoheit; von der Verfügung der Staatsgewalt hängt es ab, ob die Kirche eine wirkliche Gesellschaft sei, oder etwas Unsichtbares, Ideelles bleiben soll.

---

[1] Giornale di Roma 1867, Nro. 270.
[2] Die neuesten Grundlagen. 1821. Stuttgart. S. 342.

Das ist aber eben jene Uebertreibung, welche die Jakobiner mit dem Territorialsystem der Protestanten vorgenommen haben[1]. In der Un- natur, daß Staatsregierungen sich so lange zu solchen religionsfeindlichen, revolutionären Maximen bekennen konnten, muß man den Grund suchen, warum im Jahre 1848 rechtlich denkende Protestanten mit Katholiken so einmüthig ihr Verdammungsurtheil über diesen ganzen peinlichen Apparat, der die Kirche langsam zu todt quälen sollte, aussprachen.

134. In dem Siege der Vernunft und der Gerechtigkeit über diese religions- und kirchenfeindliche Tactik des Liberalismus liegt auch der wohlverdiente Ruhm der preußischen Verfassung und der Grund des allseitigen Beifalls für dieselbe. Sie steht, wie ihr 12. Artikel zur Ge- nüge beweist, zwar im Allgemeinen auf dem Princip der Trennung von Staat und Kirche, das hindert sie aber nicht, dem Christenthum einen gewissen Vorzug in den öffentlichen Einrichtungen einzuräumen und gegen die Kirche Gerechtigkeit zu üben. Diese Gerechtigkeit bekundet sich darin, daß die gesellschaftliche Unabhängigkeit der Kirche vom Staate, oder ihre Autonomie nicht allein in den sogenannten innern Angelegenheiten, sondern auch in den äußeren, und ihre diesfalls erworbenen Gerechtsame grundrechtlich geschützt wurden. Bei der Berathung hierüber war der verfängliche Antrag eingebracht worden, die Autonomie auf die sogenannten „inneren" Angelegenheiten zu beschränken und für die äußeren eine Mit- wirkung des Staates und der Gemeinden gesetzlich zu normiren. Allein die zweite Kammer trat so wenig als die K. Regierung diesem Antrage bei. Der Kommissionsbericht von jener hob „die an Unmöglichkeit gren- zende Schwierigkeit" hervor, „unter den wirklich eigenen Angelegenheiten der Kirche die äußern von den innern zu scheiden." In demselben Sinne sprach sich der Cultminister von Ladenberg aus. Der Staat, be- merkte Reichensperger, auf das Princip zurückgreifend, habe das enge Band gelöst, welches ihn früher an die Kirche geknüpft, indem er un- umwunden das Princip aufgestellt, daß das Christenthum nicht mehr das Fundament des ganzen Staatsorganismus und die Bedingung des Voll- bürgerrechts seiner Angehörigen sei. Hieraus folge dann aber auch mit Nothwendigkeit, daß das frühere positive Handeln des Staates dem negativen Platz machen müsse, daß Staat und Kirche selbstständig an der Lösung der eigenen Aufgabe arbeiten[2].

---

[1] S. o. n. 39.

[2] Zu dem Voranstehenden s. Archiv für Kirchenrecht, von v. Moy u. Dr. Vering. XI, 68 ff.

135. Würde also der getrennte Staat die dem katholischen Gewissen und der Natur der Sache allein entsprechende gesellschaftliche Unabhängigkeit der Kirche als Basis seiner Beziehungen, oder sich von der natürlichen Gerechtigkeit für verpflichtet anerkennen, so würde auch sein Veto als etwas sich von selbst verstehendes keinem Anstand unterliegen. Denn daß der Staat ein jus cavendi gegen wirkliche Eingriffe in die Sphäre seiner Hoheit auch kirchlichen Personen gegenüber habe, wird nicht bestritten. Man wird sogar zugeben können, daß das Vorgehen des Staates, bei der Voraussetzung der Trennung, in den ihrer Natur nach gemischten Angelegenheiten[1] einen gewissen indirecten Einfluß auf das Geistliche, also eine thatsächliche Hemmung für dieses zur Folge haben werde. Da aber der Nachtheil zuletzt auf die Unterthanen des Staates fällt, zu deren Wohl die Staatshoheit geordnet ist, so liegt hier einer von den vielen Beweggründen der friedlichen Vertragung zwischen Staat und Kirche, oder für jene wohlthätige Inconsequenz gegen das Princip der Trennung, die sich auch sonst im Leben gegen abstracte Doctrinen geltend macht. Siegt hingegen die starre Doctrin, so wird bei solchen wirklich gemischten Angelegenheiten der Conflict mit all seinen unseligen Folgen, d. h. die andauernde innere Zerrüttung, allerdings unabweisbar sein.

136. Nuytz glaubt also hiegegen ein Heilmittel zu finden, nicht durch Gerechtigkeit und Billigkeit, sondern im liberalen Style durch Gewaltthätigkeit und zwar eine systematische, soferne er dem Grundsatze Geltung zu verschaffen sucht, die Kirche müsse hier allezeit nachgeben. Er macht sich selber den Einwurf: aber muß nicht derjenige nachgeben, gegen welchen das Recht steht? Allein er weicht dem durch die Frage aus: wer soll entscheiden, wo das Recht steht? Will er nur damit sagen, es bestehe über den Streit kein Richter mehr, wenn Staat und Kirche sich getrennt haben, so ist das nicht richtig. Der Staat selber appellirt an das Gewissen der Einzelnen und erhebt dieses zum Schiedsrichter seiner Streitigkeiten mit der Kirche. Deßhalb sucht er durch seine Organe die öffentliche Meinung für sich zu gewinnen und durch Theorien mittelst der „freien Wissenschaft" den Standpunkt zu planen, den er eingenommen hat. Wer will zweifeln, daß es viele Unzuträglichkeiten mit sich bringt, in diesen wichtigsten Fragen die öffentliche Meinung zum

---

[1] Wir brauchen nicht zu bemerken, daß wir den Begriff, den die liberalen Anatomen hierüber haben, nicht annehmen. Vorläufig verstehen wir darunter solche Institute, in denen um des Zweckes willen beide Ordnungen concurriren. Weiteres später.

Tribunal zu erheben, die Unterthanen zu Richtern der höchsten Gewalt zu machen? Allein das liegt nun eben einmal in der Wahl, die ohne Verschulden der Kirche von der Staatsgewalt getroffen worden ist. Dazu ist es, wie die Erklärung der Menschenrechte ausweist[1], nur eine specielle Anwendung des obersten liberalen Princips, daß die höchste Gewalt den Bürgern für ihre Acte verantwortlich bleibt. Und da zugleich in Gewissenssachen jedem Individuum Autonomie eingeräumt ist, so erhält auch jeder sein Jus cavendi gegen alle Eingriffe in dieses Gebiet, selbst der active Widerstand wird nach liberalem Rechte hier legitim. Also werden auch die Katholiken Richter und können ihr geistliches Hoheitsrecht dem Staate gegenüber in corpore oder einzeln ausüben. Haben sie vor Gott gefunden, daß der Staat nicht im Rechte ist, so gibt es keine Gewalt, die rechtmäßig ihre Parteinahme für das Recht der Kirche verurtheilen könnte. Es ist also nicht begründet, daß der Richter für den Streit fehlt. Ist diese Wendung unzuträglich, so bleibt der Staatsbehörde immer noch der Ausweg, ihrem Princip untreu zu werden oder ein geringeres Uebel, den Schein der Inconsequenz, für das größere, die Gefahr der Anarchie, auf sich zu nehmen durch gütliche Vergleichung mit jener Gewalt, die bei Katholiken ein göttliches Recht zur Leitung der Gewissen hat. Es bleibt also bei der gemeinen Regel: in Conflictsfällen entscheidet das Recht in erster Linie.

137. Nuytz macht sich einen weitern Einwand: es könnte, falls auch der Nutzen in erster Linie entscheiden müsse, scheinen, daß das größere Gut dem geringeren, das Edle dem weniger Edeln, also die Kirche mit dem geistlichen Wohle dem Staate mit dem zeitlichen in der Regel vorzuziehen sei[2]. Dieses Bedenken läßt sich noch durch einen und den andern Gesichtspunkt verstärken. Stellt sich der Richter, an welchen sich der getrennte Staat in seinem Conflict wendet, auf den Standpunkt des Nutzens, so kommt hier nicht allein das Wohl des Staates und der Kirche, sondern auch das Privatwohl des Richters, ja dieses in erster Linie, in Betracht. Gesetzt darum auch, der Einzelne wäre nicht immer im Stande, den Zusammenhang der Staatsmaßregeln, welche Conflict erzeugten, mit der öffentlichen Wohlfahrt zu erkennen; gesetzt sogar, dieses bilde die Regel selbst für studirte, rechtsgelehrte Katholiken: was das eigene Wohl erheischt, kann auch der einfältigste Christ bald heraus-

[1] Vergl. V. Stimme. S. 27 ff.
[2] A. a. O.

finden. Wenn daher die Kirche gebietet oder verbietet in einer schweren Sache, so hat sie, bis das Gegentheil evident ist, wie jede rechtmäßige Obrigkeit die Präsumption für sich, und es muß ihr unter der Gefahr einer schweren Sünde oder des Heiles, Gehorsam geleistet werden. So urtheilten z. B. die Geistlichen in Frankreich, welche den von der Regierung vorgeschriebenen, von der Kirche als schismatisch verbotenen Constitutionseid verweigerten. Das Seelenheil steht über dem zeitlichen, wenn auch allgemeineren, sei es Staats- oder Kirchenwohl, weil es einer höhern Ordnung angehört. Sie hielten sich an das Verbot der Kirche und ließen alles Andere mit Gottvertrauen über sich ergehen, die Verbannung, das Gefängniß, den Verlust des Vermögens und selbst das Aeußerste, was über sie im Namen eines ungerechten Gesetzes von einer im Unrecht befindlichen Gewalt verhängt werden konnte. Den moralischen Sieg hat die Vorsehung diesen standhaften Katholiken verliehen, obwohl das „Gesetz" zeitlich über sie triumphirte. Den Ausschlag gab die Utilität, wie der Glaube sie lehrt. Der Himmel ist Alles werth, und das höchste Uebel ist nicht der zeitliche, sondern der ewige Tod, sagte ihnen der Glaube. Wir läugnen also nicht, daß auch der Nutzen zu befragen sei, wir sagen nur, der Katholik findet hier ein Mittel, mit dem Nutzen das ewige Recht zu versöhnen.

138. Nur noch ein Wort über diese künstliche Trübung der einfachen Regeln für Conflictsfälle, um den Ausgangspunkt zu entdecken, von welchem aus Nutz auf seine Abwege gerathen ist. Nutz geht von einem anormalen Zustand aus, dem durch die Trennung bewirkten Conflict, und bildet sich nach diesem, als etwas Festem, Unvermeidlichem die Regel; statt die Regel vom normalen Zustand, welcher auch nach Nutz in der Eintracht der beiden Gewalten besteht, zu entlehnen und darnach den Krankheits- oder Conflictsfall zu behandeln. Nehmen wir eine Analogie aus einer verwandten kirchlichen Verfassungsfrage! Die Anhänger des Episcopalsystems gehen von dem Falle des Constanzer Concils aus, daß das Oberhaupt der Kirche durch Schisma strittig ist, also die Kirche in die Noth versetzt wird, als Gesammtheit den Streit zu schlichten. Daraus bilden sie die allgemeine Regel: das Concil steht über dem Papste. Das normale Verhältniß aber zeigt den Hirten an der Spitze seiner Heerde und gibt die entgegengesetzte Regel, nach welcher die Lösung des anormalen Falles gleichfalls eine andere Gestalt gewinnt; denn es ist dann nicht die Gesammtheit, die als Rumpf, im Gegensatze zum Haupte, über dieses als ein anderes Stück entscheidet, sondern die

lebendige einige Gesammtheit, das Haupt inbegriffen, welche ihrem ersten Gliede zu seiner rechten Stellung verhilft, die es verhindert war, durch eigene Kraft zu gewinnen. Wenden wir das auf unsern analogen Fall an. Gott will die Eintracht beider Gewalten. Diese ist das Normale, der Conflict das Anormale. Also versteht es sich von selber, daß die Ursachen des Conflictes beseitigt und durch die Verständigung der beiden Gewalten das rechte Verhältniß derselben oder die Eintracht hergestellt werde. Die Trennung ist unter den angegebenen Voraussetzungen nicht die Lösung, sondern die Versteinerung des Conflicts. Sie kann nicht als das Normale, als die Regel behandelt werden; man kann nicht die Forderung aufstellen: um die Conflicte für immer zu beseitigen, muß die Trennung vollendet, die Staatsgewalt absolut gemacht, mit einer Hoheit über die Kirche ausgerüstet werden. Nein! die Eintracht, so wie Gott sie geordnet, muß über die Trennung siegen. Diese fordert neben der Selbständigkeit und Unabhängigkeit der beiden Gewalten je auf ihrem Gebiete der Natur der Sache nach als Regel ein Ueberwiegen des Geist= lichen in den gemischten Angelegenheiten, und eine Verständigung für bestrittene Fragen. Der Conflict ist darum, näher besehen, nicht eigent= lich ein Kampf der beiden Gewalten, die von Gott an einander gekettet sind und nicht getrennt werden sollen. Sondern es ist ein Ringen der Harmonie mit der Zwietracht, des Lebens mit der Krankheit, der gött= lichen Ordnung mit der Rechtswidrigkeit, der Gerechtigkeit mit der Em= pörung des menschlichen Eigenwillens gegen Gottes Gebot. Jede Stil= lung des Conflicts ist ein Sieg der Eintracht und ihrer Ordnung, ein partialer oder totaler, ein conventioneller oder principieller, jenes im Concordat der Getrennten, dieses durch die Rückkehr zum christlichen Ge= sellschaftsprincip. Also nicht durch Placet, nicht durch Recurs, nicht durch Concordatsbruch, nicht durch Gleichstellung der Kirche mit anderen Reli= gionsgesellschaften, nicht durch staatliche Oberhoheit wird das gottgewollte Verhältniß hergestellt zwischen den beiden Ordnungen; das alles sind Verkehrungen; das Richtige liegt in direct entgegengesetzter Richtung, in dem Verlassen all dieser falschen Wege.

139. Offener als Nuytz wollen andere Liberale, die nachträglich für nothwendig finden, josephinische Mittel gegen die Kirche anzuempfehlen, der Kirche nur noch jenes precäre Recht zugestehen, das ephemere, vielleicht selbsterzeugte sogenannte Religionsgesellschaften vom omnipotenten Staate eingeräumt erhalten. Die Einheit, Machtfülle und Unabhängigkeit des Staates soll sich durch ein Thronen des souveränen Menschengeistes über

den Ruinen der christlichen Kirche offenbaren. Unter diesen Nachzüglern gilt es als eine ausgemachte Sache, daß das göttliche Recht der Hierarchie mit der Selbständigkeit der Staatsgewalt unvereinbar sei. Aber die Begründung wechselt je nach dem besonderen Lager, worin die Gegner stehen. An seine Vorgänger im 18. Jahrhundert unter den protestantischen Juristen erinnert Robert v. Mohl, wenn er neuerdings die „Souveränetät", die „Würde des Staatsoberhauptes", ja den „Staatsbegriff" selber zu Hülfe ruft, um die Staatshoheit über die Kirche im Placet wieder zu Ehren zu bringen. Das „Recht, Befehle an die Angehörigen zu erlassen", in den Händen der Häupter einer oder mehrerer Corporationen soll „unvereinbar sein mit dem Ansehen und der Wirksamkeit", ja mit dem Begriffe, „selbst mit der Würde der Staatsgewalt" [1]. Allein wenn dem also ist, was ist dann mit der väterlichen Auctorität zu beginnen, die doch gewiß das Recht zu befehlen in sich schließt, wenn auch kein so vollkommenes, als es sich bei der geistlichen Obrigkeit findet? Was bleibt überhaupt für die freie Selbstbestimmung der Personen, seien sie physische oder moralische, übrig, die in allen ihren Entschlüssen oder Gesetzen nichts anderes thun, als was die Kirchenbehörde unternimmt, wenn sie ihre Untergebenen zu einem geistlichen Zwecke bewegt? Man muß also der Kirche das gesellschaftliche Leben selber absprechen und die Anhänger des Collegialsystems überbieten, wenn man dem angeführten Grunde ein Gewicht beilegen will.

140. Von einer anderen Seite her behauptet Laurent [2], daß die kirchliche Gesetzgebung, sobald sie sich über das innere Gewissensgebiet hinausbegibt, in das Gebiet der staatlichen Souveränetät Eingriffe mache, also bei dieser betteln gehen müsse. Hier ist lauteres liberales Fahrwasser. Die natürlichen Grenzen zwischen dem rein geistlichen, auf Dogma, Moral und Sacramente beschränkten und dem in der zeitlichen Sphäre unbeschränkten weltlichen Gebiete blicken durch. Es ist im Vorangehenden genug hierüber gesagt. Die angegebene Behauptung läugnet einfach, daß die Kirche eine wirkliche Gesellschaft mit eigenem Rechte sei, was gegen den Glauben, die Geschichte und das Recht der Natur ist.

141. Zur Würdigung der liberalen Ansichten von Heute dürfte ein Rückblick auf die Entstehung und die Entwicklungsstufen des Placet dienen. Die nöthigen Anhaltspunkte bietet eine Vergleichung der Vor-

---

[1] Politik. I. S. 272, 236.
[2] Van Espen 1860. S. 115.

stellung, welche Cardinal Caprara dem Herrn von Talleyrand zu den liberalisirenden Organischen Artikeln [1] machte, mit der Beschwerde des päpstlichen Internuntius zu Brüssel (1682) gegen die Ausdehnung, welche dem Placet in den Niederlanden gegeben wurde. Der Letztere berief sich, um den Mißbrauch ins Licht zu setzen, auf die geschichtliche Veranlassung des Placet. Dieselbe lag in dem Umstand, daß bei päpst= licher Verleihung von Beneficien oder Erledigung von Proceßsachen der Fall nicht unmöglich war, es möchten aus irgend welchem Versehen die päpstlichen Entscheidungen Etwas enthalten, was den durch Concor= date oder sonstwie erworbenen Rechten der Krone und des betreffenden Landes zum Nachtheil gereichte. So konnte den beim Vollzug betheilig= ten weltlichen Behörden vom Papste selber eine Einsichtsnahme seiner Erlasse zugestanden werden. Begreiflicher Weise fiel jeder Grund dieser Art bei rein geistlichen, disciplinären und dogmatischen Verfügungen hin= weg; bei ihnen ließ sich ein Anspruch auf Einsichtsnahme nicht begründen; dieselben „müssen", wie der Internuntius sagt, „allenthalben mit dersel= ben Freiheit veröffentlicht werden, womit die Apostel und ihre Nach= folger, unabhängig von der Zustimmung irgend welcher Obrigkeit, gelehrt haben" [2]. Im Gegensatz zu den Magistraten, welche in Belgien die Jansenisten begünstigten, hatte im Jahre 1659 König Philipp IV. von Spanien selber anerkannt, daß das „Placet" nur jene Bullen und Bre= ven angehen könne, welche Processe und Pfründeverleihungen betreffen; die spanische Statthalterschaft in den Niederlanden freilich war weiter gegangen, indem sie noch andere disciplinäre Verfügungen dem Placet unterstellte. Gegen diese Anmaßung war die Beschwerde des Inter= nuntius gerichtet. Soweit also dieser das Placet einem christlichen Fürsten zugestand, war es nichts anderes, als eine Einsichtsnahme, welche vor dem Vollzug die Gewißheit verschaffen sollte, daß keinerlei Hinderniß im Wege stehe. Aehnliches läßt sich wohl von einer Art von Appellation sagen, die von geistlichen Rechtssprüchen an den Papst, und zwar mit= telst weltlicher Behörden, in Spanien eingelegt zu werden pflegte [3]. Es

---

[1] Articles organiques de la convention du 26 messidor an IX. bei Ferd. Walter. Fontes juris ecclesiastici antiqui et hodierni. Bonnae apud Adolphum Marcum. 1862. p. 190 sqq. Zu sehen auch das k. bayr. Religionsedict von 1818, die landesh. Verord. v. 30. Jan. 1830 und das Geistliche Reglement des Czaren Peter I. von Rußland aus dem Jahre 1721. A. a. O. S. 185 ff. 213 ff. 340 ff.

[2] S. die Beschwerde bei Roskovány Monumenta. I, 205 sqq.

[3] Papius, zur Geschichte des Placet. Archiv für kathol. Kirchenrecht. 1867. V, 202.

war hiebei die ausschließliche Competenz der geistlichen Behörden, nicht allein in den dogmatischen, sondern auch in dem ganzen Umfang der disciplinären Angelegenheiten ausdrücklich anerkannt. Daß freilich gerade in Spanien eine despotische Praxis sich ausbildete, welche die Grenzen verwischte, ist Thatsache. Ebenso gewiß ist, daß die Kirche von Anfang an gegen jegliches Placet protestirte[1]. Die alte Zeit wußte nichts vom Placet[2]. Schon deßhalb sollte der moderne Staat, welcher die antike Staatsidee repristiniren will, von dieser Einrichtung abstehen. Allein die Verlockung, den weltlichen Machtbesitz zu erweitern, scheint zu reizend zu sein, um ihr widerstehen zu können. Dies sehen wir am Gallicanismus. Er ist der eigentliche Erfinder des Placets und Recurses geworden, soferne er der königlichen Gewalt bereits eine gewisse unabhängige Mitwirkung in den disciplinären Angelegenheiten einräumte.

142. Aber viel weiter gehen die Organischen Artikel und die ihnen gleichartigen Religionsedicte der neueren Zeit. In ihnen richtet sich das Placet gegen alle kirchlichen Erlasse ohne Ausnahme, und es wird nicht angesprochen als ein Recht Mitbetheiligter, um den Vollzug zu erleichtern, sondern als ein Hoheitsrecht des von der Kirche getrennten Staates über die Kirche. Daher wird die Kirche nach Art der Philosophen als eine der verschiedenen religiösen Corporationen im Staate behandelt. „Verletzt", ruft Cardinal Caprara hierüber aus[3], „diese Verordnung in ihrer ganzen Ausdehnung gefaßt, nicht offenbar die Freiheit der kirchlichen Lehre? Unterwirft sie nicht die Veröffentlichung christlicher Wahrheiten lästigen Formalitäten? macht sie nicht Glaubens- und Disciplinarentscheidungen gänzlich von der weltlichen Gewalt abhängig? ... Dermaßen war die Kirche nie abhängig, nicht einmal in den ersten christlichen Jahrhunderten." Mit anderen Worten, die liberale Basis für die Beziehun-

---

[1] Hergenröther, Spaniens Verhandlungen mit dem röm. Stuhle. Im Archiv f. kath. Kirchenrecht. 1863. IV, 23 ff.

[2] „Et erat quidem ipsa sententia (religiosi viri Urbis Papae) per Gallias etiam sine imperiali sanctione valitura. Quid enim sancti Pontificis auctoritati non liceret?" Constit. Valentin. III. De Episcop. ordin. Opp. S. Leonis ed. Ballerini. 1. col. 643.

[3] Roskovány. A. a. O. II, 9 sqq. Lehrreich sind auch die dem bayerischen Concordate vorangegangenen Erörterungen zwischen der k. bayr. Regierung und dem h. Stuhle über das in jenen traurigen Zeiten sich breitmachende liberale Kirchenrecht. Man vergl. dazu „Concordat und Constitutionseid der Katholiken in Bayern." Nach unbekannten Actenstücken. Augsburg. Schmid, 1847. Insbesondere die im Anhang mitgetheilten Documente.

gen von Staat und Kirche ist ähnlich, wie die protestantische im Widerspruch mit den katholischen Grundsätzen und geht nach einer Seite noch
viel weiter, weil sie geradezu von der Offenbarung abstrahirt. Freilich
ist ein wesentlicher Umstand, wie bei den Organischen Artikeln, so beim
bayrischen Religionsedict nicht zu übersehen, daß nämlich zugleich ein Concordat als Specialgesetz für die Katholiken besteht, welches die Kirche als
eine göttliche Anstalt anerkennt [1]. Nun nehme man aber den Organischen
Artikeln dieses antagonistische Complement; man verweigere die billige
Folgerung, daß, wenn der Staat die Kirche nicht mehr schützt, er ihr
doch wenigstens größere Freiheit gewähren muß [2], und verkehre sie in das
Gegentheil: je hülfloser die Kirche durch uns geworden ist, desto mehr
werden wir sie bedrücken; dann hat man die jungitalischen „Liberalen"
mit Gesinnungsgenossen [3] in Belgien und Deutschland.

143. Können die Liberalen für Placet, für Recurs und Concordat-
bruch plaidiren? Nein, und abermals Nein, so lange noch ein Funke
von Consequenz in ihnen ist. Denn bezüglich der beiden ersteren widerspricht sowohl die Gewissens- als die Vereins- und Preßfreiheit, die sie
für Alle, also auch für die Katholiken proclamiren. Bezüglich der Concordate, auf welche wir zurückkommen, sind sie durch ihr Princip nicht
zum Abschließen angehalten, aber auch nicht gehindert, wenn sie abgeschlossen haben, die kraft allgemeiner Menschenpflicht schuldige Vertragstreue zu beobachten. Man hat nun freilich hinsichtlich der Preßfreiheit
eingewendet, die Auctorität eines kirchlichen Erlasses stehe mit der von
gewöhnlichen Preßerzeugnissen in keinem Verhältnisse. Das geben wir
zu, bestreiten aber dem getrennten Staate, oder den Liberalen das Recht,
hieraus eine Folgerung für ihre Ausnahmsmaßregel gegen die kirchlichen

---

[1] Treffend bemerkt Keller (Die Encyclica und die Principien von 1789.
13. Kapitel): „Die Concessionen des Papstes im Concordate, so schmerzliche Opfer
sie auferlegten, so konnten sie doch für die Kirche Ausgangspunkt einer friedlichen
Entwicklung werden. Allein so hatte es die Revolution nicht gemeint. Es gelang
ihr, dem Kaiser das unsinnige Mißtrauen" (zu dem er als Kind der Revolution
alle Disposition in sich trug), „das die alten Legisten in den Königen von Frankreich gepflegt hatten, einzuflößen. Durch die Verkündigung der Organischen Artikel,
diesem ersten und schweren Bruch des Concordates, lebten die alten Traditionen der
Unterdrückung wieder auf."

[2] „Dans un tel ordre" (der Cultfreiheit oder Trennung von der Kirche) „il
est raisonnable et juste que les affaires qui intéressent chaque culte soient
plus concentrées dans la société religieuse, à laquelle elles appartiennent"
Worte von Portalis. S. Archiv f. K.R. IX, 41.

[3] Vergl. Papius, a. a. O.

Erlasse zu ziehen. Wir sagen, entweder reflectiren die Liberalen auf die besondere Qualität, welche die kirchlichen Erlasse in Kraft ihres Ursprunges für katholische Staatsbürger haben, oder sie reflectiren nicht darauf. Im letzteren Falle verschwindet auch aller vernünftige Grund, die Ausnahmsmaßregel zu verhängen; im ersteren werden sie bei der Untersuchung des besonderen Werthes der kirchlichen Erlasse auf das Gebiet des Gewissens und der religiösen Ueberzeugung geführt, von dem sie sich principiell fernehalten. Es fällt also abermals der Grund zur Ausnahmsmaßregel weg. Sagen sie aber, die Politik verbiete ihnen diese Enthaltsamkeit, so haben wir auch hiegegen Nichts einzuwenden, nur fordern wir dann ein Eingehen auf die Natur der Sache; dieses zwingt aber, wie oben gezeigt, zur Anerkennung, daß hier eine Gesellschaft thätig ist mit eigenem Rechte, von deren freiem Willen es abhängt, sie zu Zeugen ihrer Jurisdictionsacte zu machen oder nicht.

144. Wohin führt die Inconsequenz dieser sogenannten Liberalen, die mit den freisinnigen Prinzipien den Terrorismus der Jakobiner gegen das christliche Gewissen vereinigen möchten? Zu einer completen Anarchie und Willkürherrschaft, die sich morgen ebenso gegen ihre Urheber kehren kann, wie sie heute gegen die Katholiken versucht wird. Ein Beispiel der hier beginnenden Verwirrung, vermöge der bald Niemand mehr seinen Nachbar, vielleicht auch sich selber verstehen wird, bot vor Kurzem Quinet, als er in dem Pariser Blatt „Le Temps" die französische Regierung im Namen seines Gewissens aufforderte, den Papst seinem Schicksale zu überlassen. „Die erste Bedingung des modernen Staates", argumentirte er, „ist in mir mein Gewissen, meine Religion, meinen Glauben, mein moralisches Leben zu respectiren. Wenn Ihr mich nun verpflichtet, zur Aufrechthaltung irgend welcher Theokratie beizutragen, mit Eisen und mit Feuer, so muthet Ihr mir einen Angriff auf mein moralisches Leben zu." Wer sieht nicht ein, daß hiemit ein bequemer Weg eröffnet ist, im Namen der Gewissensfreiheit sich all seiner Gegner auf die leichteste Weise, ohne türkische Mittel, zu entledigen? Meinem Gewissen, konnte Quinet sagen, widerstrebt es, einen Cult zu unterstützen, der noch einen persönlichen Gott verehrt; durch meine Steuern leiste ich diese Unterstützung, also ist die Regierung verpflichtet, wozu? meinem Gewissen folgend, jenen Cult nicht mehr zu unterstützen; den Anhängern jener Partei allenfalls die politischen Rechte u. s. w. zu entziehen. Solche Einfälle sind bekanntlich im Namen der Gewissensfreiheit nicht bloß von Wiedertäufern praktisch gemacht worden. Und

im Wesentlichen auf denselben Terrorismus läuft die Forderung der Li=
beralen hinaus, gegen eine bestimmte Art von Ueberzeugung und Re=
ligionsübung Ausnahmsmaßregeln zu verhängen, unter dem Vorwand,
daß diese Art der eigenen Ueberzeugung und Uebung nicht convenire.

145. Wird dieser Terrorismus von einem confessionellen Stand=
punkt aus angewendet, so ist er zwar nicht in sich selber zu rechtfertigen,
aber er leidet wenigstens nicht an dieser schreienden Inconsequenz der
Liberalen, die sich rühmen, die falsche Vermengung von Politik und Ge=
wissen, Recht und Religion, Staat und Kirche aufgelöst zu haben. Ist
aus irgend welchem Grunde die Trennung von der Kirche staatliches
Grundgesetz, so fordert die natürliche Gerechtigkeit eine klare Durchfüh=
rung, wenn nicht die letzten Dinge schlimmer werden sollen, als die
ersten. Oberste Bedingung aber hiebei ist die Scheidung des eigenthüm=
lich Religiösen eines jeden Bekenntnisses von der Sphäre der getrennten
Staatsgewalt und zwar je mit Berücksichtigung der eigenthümlichen Na=
tur des Geschiedenen. Das Letztere schließt die Annahme jener Grund=
sätze für die besonderen Beziehungen in sich, welche sich aus dem Glau=
ben der betreffenden Religionsgenossen ergeben. Anders sind diese Grund=
sätze bei den Katholiken, anders bei den Anhängern der Augsburger
Confession u. s. w. Wie leicht hier bei Mißachtung dieser Regel Ein=
griffe in die religiöse Autonomie sind, dafür wollen wir jetzt noch ein
Beispiel, nicht aus der Erfahrung, sondern aus dem Lehrbuche eines
neueren Kirchenrechtslehrers anführen, der sich sonst mit Recht auch bei
den Katholiken des Lobes der Billigkeit erfreut.

146. „Da ein dogmatischer Erlaß", sagt Richter [1], „keine neue Lehre
schafft, sondern nur der Irrlehre gegenüber das Bestehende bezeugt und
in Erinnerung bringt, so scheint es, als ob hier für einen Antheil des
Staates überhaupt keine Stätte sei. Dennoch kann auch der Letztere
wesentlich betheiligt sein; denn zuvörderst hat die römische Kirchengewalt
aus der Lehre von der göttlichen Sendung der Kirche zu Zeiten Folge=
rungen abgeleitet und ausgesprochen, die das Lebensmark des Staates
zerstören müssen, und bis auf den heutigen Tag hat sie dieselben noch
nicht ganz vergessen. Es ist ferner ein Artikel des Glaubens, daß die
Kirche außerhalb ihrer alle kirchliche Berechtigung negirte, und als der
Staat die evangelische Kirche in sich aufnahm, hat die Kirche auf ihr
ausschließliches Privilegium nicht verzichtet, sondern nur unter feierlicher

---

[1] Kirchenrecht 3. Auflage § 182.

Verwahrung sich gebeugt unter die Macht der Thatsache. Deßhalb muß sich der Staat um der Pflicht der Selbsterhaltung und des Rechtsschutzes willen versichern, daß nicht eine Lehre solcher Art wieder erweckt und die Saat der Zwietracht ausgestreut werde; er fordert also mit Recht die Einsicht jedes dogmatischen Erlasses und hindert seine Publication, wo er sein eigenes Dasein gefährdet, oder die von ihm garantirten Rechte der evangelischen Kirche verletzt." Man könnte das Gesagte, als auf thatsächlich unrichtigen Voraussetzungen beruhend, einfach hinnehmen. Ein Erlaß, der die Existenz des getrennten Staates gefährdete, wäre eben kein dogmatischer, und ebenso wenig wäre er dieses, insoweit er die politischen Rechte einer recipirten Confession angriffe. Was das Lebens= mark des Staates angreifen soll, betrifft die besondere Stellung der christlichen, in der Kirche stehenden Obrigkeit zum Oberhaupte der Kirche, die mit der Trennung aufgegeben ist, hat also hieher keinen Bezug. Die dogmatische Intoleranz der katholischen Kirche ist eine weltbekannte, zudem ihr mit allen Religionsgesellschaften gemeinsame Eigenschaft, sie hindert nicht die politische Gleichberechtigung und das friedliche Nebeneinander= leben in einem getrennten Staate, das für den Katholiken Gewissens= sache ist [1]. Endlich sind die Grundsätze der katholischen Kirche über Staat und Kirche allgemein bekannt, unwandelbar, mit dem Evangelium als oberster Regel in Harmonie; die dogmatischen Erlasse sind an die ganze Kirche gerichtet; wie ist auch nur menschlich zu erwarten, daß von der Kirche eine staatsgefährliche Lehre ausgehe? Die Voraussetzungen der aufgestellten Forderung sind also nicht begründet, diese selber aber würde offenbar zu einem Unrecht, zur Verletzung der katholischen Ge= wissens= und Lehrfreiheit führen, da die Staatsgewalt sich ein Erkenntniß über das, was zum katholischen Lehrbegriff gehört, beilegen würde.

---

[1] In der Parität liegen nach Walter (Naturrecht und Politik. S. 491) fol= gende Merkmale: 1) freieste öffentliche Religionsübung; 2) gleiche Corporations= rechte; 3) Gleichheit der Bekenner bezüglich ihrer bürgerlichen und staatsbürgerlichen Rechte und der öffentlichen Aemter; 4) der gleiche Schutz jeder Kirche von der Staatsgewalt, als ob „sie zu ihr gehörte". Der hochwürdigste Bischof Wilhelm Emanuel von Mainz findet darin „Erstens das Recht, daß jede Confession alle ihre Glaubenslehren, auch jene unverkürzt festhalten und bekennen dürfe, welche mit denen anderer staatlich anerkannter Confessionen im Widerspruch stehen." „Zweitens, nicht nur die Lehre der eigenen Kirche zu verkündigen, sondern auch sie mit allen gerechten und erlaubten Mitteln zu vertheidigen und zu verbreiten." Die wahren Grundlagen des rel. Friedens. S. 77.

§. 8. Fortſetzung. Die Concordatsbrüche.
(Theſe 43. 54.)

147. Mag man in St. Petersburg oder in Mexico, in Wien oder
in Karlsruhe, in Paris oder in Turin ſich über die Beweggründe Raths
erholen, warum die Concordate mit dem heiligen Stuhle keine Gnade
finden in den Augen der Liberalen, im Weſentlichen wird man überall
dieſelbe Antwort erhalten: ſie vertragen ſich nicht mit der Staatshoheit,
wie ſie heute verſtanden wird, und beunruhigen die Nichtkatholiken, ſeien
dieſe nun Ungläubige oder Anhänger eines chriſtlichen Bekenntniſſes.
„Daß kein Staat die volle Freiheit und Selbſtändigkeit der Kirchen mit
den Bevorzugungen, welche ihnen heutzutage noch als Folge geſchicht=
licher Entwicklungen eingeräumt ſind, zugeben kann, ohne dem eigenſten
Weſen des Staates zu nahe zu treten", das iſt in den Motiven zu den
Geſetzentwürfen, welche den Fall der Convention im Großherzogthum
Baden begleiteten [1], als der leitende Gedanke bei dieſen Schritten zu er=
kennen. „Vor allen Dingen kann der Staat, inſofern er ſeine Würde
achtet, nicht zugeben, daß die Kirchen neben ihm und ſeiner Vollgewalt,
deren Ausübung zufolge des §. 5 der Verfaſſungs=Urkunde allein der
Krone zuſteht, gleichfalls eine Vollgewalt, eine Souveränetät in Anſpruch
nehmen," womit Jedermann ganz einverſtanden ſein wird. Sobald eine
Kirche, oder gar alle Religionsgeſellſchaften, jene Vollgewalt, welche in
der Verfaſſung der Krone geſichert iſt, auch nur zum Theil, geſchweige
denn gänzlich für ſich begehrten, ſo würden mit Recht gegen einen ſolchen
Staat im Staate nicht allein die Organe der Staatsgewalt, ſondern
ebenſowohl die Staatsbürger ſich erheben; denn dieſe wären gleich ſehr
mit jener in ihren Rechten bedroht. Hier liegt der Grund der Miß=
ſtimmung aller rechtlich Denkenden gegen das Unweſen der Geheimbünde,
insbeſondere der Freimaurerei, ſofern ſie im Verdachte ſtehen, neben der
öffentlichen eine Art geheime unverantwortliche Staatsregierung aufzu=
richten. Dieſe Mißſtimmung wird bei den Katholiken durch den Um=
ſtand erhöht, daß ſolche Geheimbündler in ihrer Frechheit ſo weit
gehen, der Kirche eben das zur Laſt zu legen, was ſie ſelber ungeſcheut
treiben. —

148. „Die Kirchen ſollen im Staate frei, unbevormundet, nicht ge=

---

[1] Karlsruher Zeitung 1860. Nr. 130.

hindert durch polizeiliche Einsichtsnahme und Verbote, in ihrem eigenen
Gebiete sich bewegen; sie sollen selbständig sein; sie sollen nicht ab=
hängen von staatlichen Genehmigungen und Erlaubnissen in der Ord=
nung und Verwaltung ihrer Angelegenheiten, aber sie üben diese Rechte,
sowie jede andere freie und selbständige Corporation, wie jeder freie und
selbständige Bürger im gegebenen Staate unter der Souveränetät des=
selben aus." Bei solchen Gesinnungen, wenn sie zur That heranreisten,
ließe sich viel leichter, als die Gegner denken, wenigstens mit der katho=
lischen Kirche, eine Verständigung herbeiführen. Der Staat bewillige
ihr vollkommene Freiheit in Ausübung ihrer Rechte, eine wirkliche Selb=
ständigkeit in dieser Ausübung; ein von staatlicher Einsichtsnahme und
Genehmigung freies Ordnen und Verwalten ihrer Angelegenheiten; man
sichere ihren Besitzstand in den Schulen und Stiftungen durch öffentliche
Einrichtungen gegen jeden Eingriff, wie das Privateigenthum jedes Bür=
gers gesichert ist — dann werden nicht allein die Conflicte verschwinden,
sondern auch Conventionen überflüssig werden, und die Glieder der katho=
lischen Kirche werden jeder anderen Confession einen gleichen Rechtsstand
von Herzen vergönnen. Oder warum werden Conventionen abgeschlossen?
Etwa um der katholischen Kirche eine souveräne Stellung in einem
Staate zu sichern? Jedermann, der sich hierüber unterrichten will, weiß
es: wenn das gemeine Recht der Kirche in seiner Ausübung gesichert ist,
welche die Staatshoheit in Nichts beeinträchtigt, sind die Concordate
überflüssig; diese werden aber nothwendig, wenn das genannte Maß von
Rechtsübung auf große Schwierigkeiten stößt; dann bewilligt die Kirche,
weil sie über die Ausübung ihrer Befugnisse ein gewisses Verfügungs=
recht hat, mit Rücksicht auf die besonderen Verhältnisse eines Landes eine
Art Nachlaß, um die noch in Uebung verbleibenden übrigen Rechte desto
mehr zu sichern. Die Geschichte aller Concordate legt hierüber Zeugniß
ab. „Offenbar", sagt Cardinal Wiseman [1], „wurden in den Concor=
daten von der Kirche Concessionen gemacht; denn das gehört mit zu
ihrer Freiheit, daß sie die Ausübung der Rechte, welche der ·Staat ver=
möge seines christlichen Charakters zu schützen berufen ist, in irgend einem
Punkte aufgeben kann; und der Staat, die weltliche Macht, erkannte
dafür die Rechte an, welche die Kirche hatte." Wir sagen also: wenn
es gewiß ist, daß das canonische Recht die Staatshoheit nicht beeinträch=

---

[1] Vier Vorträge über Concordate insbesondere über das österreichische Concor=
dat. Von S. Em. Card. Nic. Wiseman. Bachem. Köln 1856. S. 68 f.

tigt, und dieses kann nicht bestritten werden, so wird dieselbe noch viel weniger von den Concordaten beeinträchtigt, durch welche die Kirche von der Strenge in der Uebung jenes Rechtes abgeht.

149. Allein wir müssen die Gegner der Concordate nicht recht verstanden haben; denn sie bleiben trotz Allem dabei, daß dieselben mit der Staatshoheit nicht mehr vereinbar seien. Sollte der Grund darin liegen, daß der Staat aufgehört hat, ein christlicher zu sein? Aber seine Natur hat er deßhalb nicht ausgezogen; also besitzt er noch die Fähigkeit, Concordate abzuschließen, so oft es die Rücksicht auf seine katholischen Unterthanen erheischt. Beweise hiefür bieten große Herrscher der alten und neuen Zeit, unter den letztern nennen wir bloß Napoleon und Nikolaus von Rußland. „Die Kirche", heißt es weiter [1], ist „selbständig nach den Gesetzen des Staates, mithin diesem unterworfen, wie Alles, was sich im Staate bewegt." Verhält es sich so mit der katholischen Kirche, dann ist es zwar nicht unmöglich oder unzulässig, mit ihrem Oberhaupte Concordate zu schließen, aber das was diese nach gewöhnlicher Ansicht sein sollen, Vereinbarungen von unabhängigen Gewalten über die ihnen zur Verfügung stehenden Rechte können sie nicht mehr heißen. Um uns hier zurecht zu finden, müssen wir den Sinn des Einwurfs wohl erfassen. Die Kirche ist selbständig durch Staatsgesetz, also hört sie auf, kraft eigenen Rechtes selbständig zu sein; sie hat vielmehr ihre Selbständigkeit vom Staate. Das ist allerdings die Ansicht der Liberalen, die wohl bekannt ist; aber wozu sie bei diesem Anlasse repetiren? Die Katholiken haben eine andere Ansicht von der Sache. Sie sagen: die der Kirche vom Staate gewährte Selbständigkeit ist ein zeitliches Recht, welches in den Besitz der Kirche übergeht und ihr gebührt, obwohl es das geistliche Recht, die der Kirche von ihrem Stifter verliehene Selbständigkeit, nicht erzeugt, sondern voraussetzt. Beide Parteien können sich im liberalen Staate mit diesen ihren Ansichten gegenseitig freien Paß geben. Wenn aber eine liberale Regierung, obwohl sie sonst das göttliche Recht der Kirche, oder ihre Unabhängigkeit von der Staatshoheit nicht anerkennt, in einem besonderen Falle sich mit ihr als einer unabhängigen Macht verträgt, so bleibt das Ergebniß nach allgemeiner Regel trotz jener Ansicht rechtskräftig. Gegen das Concordat also kann die liberale Ansicht schon deßhalb nicht gekehrt werden, weil das Concordat ein Abgehen von der liberalen Ansicht involvirt. Aber auch aus

---

[1] Beleuchtung. S. 10.

anderen Gründen nicht. Mögen die Träger der Staatsgewalt für ihre Personen von der Kirche halten, was sie wollen, vor dem Gesetze ist die vollberechtigte katholische Kirche das, was sie nach dem Glauben der Katholiken ist. Die Kirche ist selbständig nach den Gesetzen des Staates, also ist sie vor Allem als Kirche anerkannt, berücksichtigt und vorausgesetzt vor den Gesetzen des Staates; und zwar nicht als evangelische, nicht als deutschkatholische, sondern als jene einige große Glaubensgemeinschaft, die nach einem eigenen geistlichen Rechte lebt. Ist dieses richtig? Das Gegentheil wäre widersinnig. Die Katholiken in Baden sind Katholiken nicht erst durch die Gesetze des Staates, sondern durch ihr Bekenntniß, und eben dieses gibt ihnen ihre eigenthümliche Verbindung mit dem Erzbischof und dem Papste. Das Staatsgesetz, das einer völkerrechtlichen Pflicht nachkam, verbürgte seinerseits die politischen und bürgerlichen Rechte dieser Kirche im Großherzogthum. Dieser Act ist allerdings wie das ganze Grundgesetz ein Ausfluß der weltlichen Souveränetät; die Selbständigkeit der Kirche, die er verleiht, ist eine Wirkung der Staatsgesetze; aber was folgt denn hieraus? Selbst diese Selbständigkeit ist trotz ihres Ursprungs ein wohlerworbenes Recht der vom Staate unabhängigen Kirche und entzieht sich seiner Hoheit; wie vielmehr die geistliche? Ebenso ist es zu beurtheilen, wenn der Souverän sich mit dem Papst verständigt, gewissen Kirchengesetzen in seinem Bereiche die staatliche Geltung zu erwirken. — Will also gesagt werden, die politische Selbständigkeit, welche das Grundgesetz der Kirche verleiht, oder die Anerkennung, welche der Staat dem Concordate lieh, ist wie jeder Staatsact eine Ausübung der Staatshoheit, so kann man dieses wohl gelten lassen; nur muß beachtet werden, daß die betreffenden Acte der einseitigen Verfügung entzogen und dem menschlichen Gesetze, daß Versprechen Halten macht, verhaftet sind. Es ist aber dann nicht die Kirche, welche in Abhängigkeit vom Staate geräth, sondern die Gesetzgebung, welche der Kirche den staatlichen Schutz zuwendete oder ihr mit dem staatlichen Rechte ein Geschenk macht, bleibt trotz des Resultates staatlich. In diesem Sinne sagt Domat, „die Gesetze zum Schutze der Kirche beziehen sich auf die allgemeine Ordnung der staatlichen Gesellschaft und das Gemeinwohl der Gläubigen; sie sind also nicht als kirchliche Gesetze anzusehen, die mit dem Charakter der geistlichen Gewalt bekleidet wären, sondern als weltliche Gesetze, welche die Fürsten aus Gewissenhaftigkeit und kirchlichem Eifer erlassen, um den Religionsgesetzen auf ihrem Gebiete die Ausführung, die Beobachtung und die freie Ausübung zu sichern"[1]. Es heißt also ein X für ein U machen, wenn man behauptet, Gerechtigkeit gegen die Kirche als eine unabhängige Gesellschaft lasse sich nicht mit der fürstlichen Souveränetät vereinigen. Wer seine Schulden ehrlich anerkennt und abzuzahlen bemüht ist, hört deßhalb nicht auf, ein freier Mann zu sein.

150. Aus dem beleuchteten Grunde sollen Conventionen nicht der rechte Weg sein, die Verhältnisse zwischen Staat und Kirche zu regeln, denn „sie erzeugen den Schein, als sei die Kirche dem Staate gleichgestellt, während sie gerade für die in Frage stehende Beziehung demselben unzweifelhaft unterthan ist." Das Normale sei, „durch allgemeine Verfassungsbestimmungen und Gesetze die Stellung der Kirche im Staate festzusetzen"[2]. Wenn das Territorialsystem hier anwendbar wäre, dann ließe sich allenfalls das Gesagte hinnehmen, aber bekanntlich paßt es so wenig als das Collegialsystem auf eine katholische Landeskirche, die ihrem Wesen nach Glied der untheilbaren Gesammtkirche ist. Wie soll diese durch den Umstand, daß vollberechtigte Glieder von ihr, Personen, Corporationen, Anstalten im Großherzogthum Baden sich finden, dadurch diesem Staate einverleibt oder unterthan werden? Nicht bloßer Schein ist es, daß die Kirche ein eigenes, von der badischen Staatsgewalt unabhängiges Recht besitzt, sondern eine greifbare, durch den Abschluß der Convention faktisch anerkannte, mit dem Glauben der Katholiken, den die Staatsregierung schützt, verwachsene Thatsache. Conventionen sind freilich nicht nöthig, wo eine Regierung von sich aus volle Gerechtigkeit zu üben den Muth hat oder nicht gehindert ist. Bedarf aber eine solche Regierung von der Kirche einer gewissen Nachsicht, so ist hiefür der Weg des Concordates mit dem Papste aus vielen Gründen der schonendste. Der Papst residirt außerhalb des Landes, ist also der Souveränetät am wenigsten lästig, und zudem ist er selber mit der weltlichen Souveränetät ausgerüstet.

151. Nichts anderes läßt sich erwidern auf die Einwendungen, welche in der Württemb. Abgeordnetenkammer gegen die dortige Convention vorgebracht wurden. Staat und Kirche, wurde von einer Seite bemerkt, stehen einander nicht als gleichberechtigte Parteien gegenüber; und der Staat, der in der Lage ist, der Kirche Gesetze zu geben, kann

---

[1] Joann. Domat. Droit public. II. p. 134 sq. Vergl. De finibus utriusque potestatis p. 116 sqq.

[2] A. a. O.

sich hinsichtlich der Ausübung seiner gesetzgebenden Gewalt durch Verträge mit seinen Unterthanen nicht binden [1]. Wir bestreiten hier, daß
der Staat in der Lage ist, der Kirche als solcher verpflichtende Gesetze
aufzuerlegen; er kann in dem, was geistlichen Rechtes ist, seine katholischen
Unterthanen selbst nicht binden im Widerspruch mit ihrem Gewissen und
Glauben, geschweige denn die kirchliche Gesellschaft, welche sie auf seinem
Boden als Glieder der Gesammtkirche formiren. Die Katholiken besäßen
einem solchen traurigen Gewaltmißbrauch ihrer Obrigkeit gegenüber
das unveräußerliche Recht, ihren Glauben durch passiven Widerstand zu
schützen. Die Kirchengewalt hat eigene Rechte, über welche die weltliche
Gewalt nicht nach Belieben schalten kann, jene steht also dieser insoweit
unabhängig gegenüber; warum soll hier ein Vertragen unmöglich sein?
Die Katholiken sind allerdings Unterthanen, aber ihre Kirche ist es nicht,
und sie könnte nur mit Verletzung des katholischen Gewissens, das schon
ein natürliches Recht auf den Staatsschutz hat, als eine unterworfene
Gesellschaft behandelt werden. Liegt ein bereits unter der Voraussetzung
der Unabhängigkeit der Kirche geschlossener Vertrag vor, so sind damit
zu den vorhandenen neue Beweggründe erwachsen, die Unabhängigkeit
zu achten. — Wenn von derselben Seite weiter bemerkt wurde, den Concordaten gehe die Erzwingbarkeit ab, weil die Kirche als Landeskirche
weder das Recht noch die Macht des Zwanges habe, so ist das Recht
des passiven Widerstandes gegen Gewissensbedrückung übersehen, womit
die Katholiken ihre Kirche schützen können, und zwar viel wirksamer, als
die Vertheidiger des Grundsatzes: Gewalt geht vor Recht, wähnen.
Damit widerlegt sich auch die Ausrede: „der Staat kennt nur eine
Landeskirche, weil Alles, was in seinem Territorium ist, seinen Gesetzen
unterliegt und weil eine juristische Persönlichkeit nicht zugleich dem Staate
unterworfen und zugleich unabhängig vom Staate sein kann." Und
allen Territorialisten [2] zum Trotz bleiben wir dabei, auch der moderne
Staat kennt eine Universalkirche, der seine katholischen Unterthanen an-

---

[1] S. Archiv für kath. Kirchenrecht. XII. S. 69.

[2] In erhabener Selbstbeschauung findet bereits ein Jünger dieser wieder erweck-
ten Schule, daß im modernen Staate die Kirche alle Rechte eingebüßt, folglich auch
durch die Concordate keine habe erlangen können. Dieses Todesurtheil über eine
öffentliche Corporation von der Ausdehnung der katholischen Kirche läßt sich allenfalls durch folgenden Schluß rechtfertigen: berechtigt zur Existenz ist allein, wofür
sich in meinem (des N. N.) Begriffsvermögen ein Rechtstitel vorfindet. Nun finde
ich aber bei allem Suchen in besagtem Vermögen keinen Titel für die katholische
Kirche. Also hat sie auch kein Recht. —

gehören. Wozu auch besoldet er Lehrer des Kirchenrechts, wenn dieser wichtige Umstand seinen Beamten verborgen bleibt? Dem Kirchenrecht können wir es auch überlassen, die Schwierigkeit zu lösen, wie eine juristische Persönlichkeit zugleich von der Territorialgewalt unabhängig sein kann, von welcher sie als solche Persönlichkeit mit selbsteigenem Rechte anerkannt ist. Vom naturrechtlichen Boden aus haben wir oben in § 6 eine Antwort auf diese allerdings interessante Quästion zu geben versucht. Hienach ist es nicht widersprechend, daß die weltliche Gewalt, so oft sie zur katholischen Kirche in directe Beziehung tritt, deren positive Natur berücksichtigt, vermöge welcher sie eine heterogene, unabhängige Gesellschaft ist. Denn dies ist ganz der Vernunft gemäß gehandelt.

152. Einen Punkt in der letzten Einrede hat ein anderer Einwurf mehr entwickelt, wir meinen die juridische Fiction, daß im Concordate der Staat mit seinen eigenen katholischen Unterthanen sich vertrage, folglich von einem völkerrechtlichen Acte nicht die Rede sein könne, eine andere Weise des Vertragens aber weise das heutige Staatsrecht ab. Der Papst, wurde gesagt, schloß den Vertrag nur als das kirchliche Oberhaupt der Katholiken in Württemberg. Somit würde rechtlich ein Vertrag von dem Staate Württemberg mit einem Theile seiner eigenen Bürger abgeschlossen sein. Mit dem Geiste des bestehenden Staatsrechts läßt es sich aber nicht vereinigen, daß über öffentliche Rechte Verträge abgeschlossen werden, welche der fernern Einwirkung der Gesetzgebung entzogen wären. Die württembergische Regierung konnte die Convention nicht als einen dem Gesetzgebungs= und Verordnungsrechte in der Zukunft präjudizirenden Vertrag abschließen. Was mit dem Oberhaupt der Kirche vereinbart wurde, ist nur eine Punctation. — Wollen wir auch kein weiteres Gewicht darauf legen, was ein berühmter Rechtslehrer dem entgegengestellt hat, daß vertragsmäßig erworbene Rechte einer öffentlichen Corporation sich der Gesetzgebung entziehen, so scheinen uns zwei andere Gründe desselben[1] unwiderleglich. Der Papst hat rechtlich nicht als Vertreter der Landes=, sondern als Haupt der Gesammtkirche den Vertrag abgeschlossen; sodann ist nach der Absicht der Contrahenten ein wirklicher Vertrag abgeschlossen worden, der nur als Vertrag, noch nicht als Gesetz verpflichtete. Was immer also die Theorie des modernen Staatsrechtes fordere, wenn die württembergische Staatsregierung durch dieselbe nicht gehindert wurde, einen wirklichen Vertrag mit dem Oberhaupt der

---

[1] Hr. v. Moy im Archiv VI, 296.

Gesammtkirche abzuschließen, so ist sie auch nicht gehindert worden, der
Verpflichtung nachzukommen. An dieser Freiheit wird nicht gezweifelt
werden können. Als der erste Consul der französischen Republik mit dem
Papste das Concordat von 1801 abschloß, war gewiß das moderne
Staatsrecht in Blüthe; die katholische Religion hatte sich sogar keinerlei
öffentlicher Anerkennung oder irgend welcher Rechte außer denen, die durch
die Gewissensfreiheit erworben wurden, zu erfreuen; die Grundsätze von
1789 dagegen besaßen noch unbestritten die Herrschaft auf diesem Gebiete. Gleichwohl erlangte das Concordat ausdrücklich als Staatsver-
trag mit dem Oberhaupte der Kirche, nicht als Gesetzesvorlage, die fast
einstimmige Genehmigung im Gesetzgebenden Körper. „Die französische
Regierung", bemerkte dabei Portalis, „hat mit dem Papste unterhandelt
nicht als einem fremden Souverän, sondern als dem Haupt der allgemeinen Kirche, von der die französischen Katholiken einen Bruchtheil
bilden; sie hat mit diesem Haupte das Regime, unter welchem fortan
die Katholiken ihre Religion in Frankreich ausüben sollen, festgestellt.
All diese Maßnahmen konnten nicht Gegenstand für einen Gesetzesentwurf werden ... Das Gesetz ist laut der Verfassung Act des nationalen
Willens. Diese Eigenschaft kann Einrichtungen nicht zukommen, welche
sich nothwendig auf jene beschränken, die sie aus Ueberzeugung zu den
ihrigen machen. Die Convention mit dem Papste ... theilt die Natur
völkerrechtlicher Tractate, also eines wahrhaften Vertrags." Ja,
man war so überzeugt, hiemit den Grundsätzen von 1789 conform zu
handeln, daß einige Redner es als einen Hauptfehler der ersten con-
stituirenden Versammlung erklärten, daß dieselbe nicht ein Concordat mit
dem hl. Stuhle abgeschlossen, sondern einseitig auf dem Wege der Gesetzgebung vorangegangen sei[1]. So urtheilte die wiedererwachende politische
Vernunft, sie erkannte dem Doctrinarismus der Liberalen gegenüber die
Nothwendigkeit, den Papst als ein unabhängiges Haupt der Katholiken
zu behandeln. Wir geben die Hoffnung nicht auf, daß auch in Deutschland diese Einsicht über den Doctrinarismus schließlich den Sieg davon
tragen werde.

153. Auf Mißverständnissen anderer Art beruht die Besorgniß von
Nichtkatholiken, gläubigen und noch mehr ungläubigen, als könnte ihnen
aus den Concordaten eine Bedrohung ihrer religiösen Freiheit erwachsen.

---

[1] S. die Abhandlung des Bischofs von Digne über die Organischen Artikel in
Recueil des Actes Épiscopaux. Paris 1845. I. p. 230 sqq.

Seltsamer Weise hat man in dem Concordat eine Art Bresche, durch welche das canonische Recht einziehen könnte, gewittert, als ob dieses für die katholische Kirche erlöschen könnte, und als ob nicht vielmehr die Concordate diesem Rechte in gewissen den Staat berührenden Angelegenheiten zu Gunsten des Staates derogirten. Die Concordate, der Natur ihres Vertragsgegenstandes entsprechend, sind an sich gemischte Acte, ihre Ausführung geschieht, soweit politische Rechte in Frage sind, durch staatliche Gesetze. So gut nun Protestanten oder Liberale sich verpflichten können, in den Beziehungen zu den katholischen Mitbürgern deren Gerechtsame zu achten, so gut können sie sich verpflichten, was darüber durch Vereinbarung mit dem Papste festgestellt worden ist, auszuführen. Sie gehen damit aus der Politik nicht heraus; nur die Katholiken sind durch ihren Glauben den betreffenden Stipulationen als kirchlichen Gesetzen unterworfen. Was ist darin Verfängliches? Freilich wenn man, wie zu Durlach unter Anderm bemerkt wurde, schon darin eine Rechtsungleichheit erblickt, daß die Katholiken sich einer vom Staate unabhängigen Kirchengewalt erfreuen, dann sind die Concordate ein Unrecht. Aber so wenig der Rechtsschutz des Staates für das Privateigenthum dieses zum Geschenke des Staates macht, so wenig ist die selbständige Kirchenverfassung der Katholiken ein Ausfluß der Staatshoheit, mag diese sich in protestantischen oder liberalen Händen befinden. Das Territorialsystem paßt eben nicht auf die Beziehungen zur katholischen Kirche, es stehen ihm am katholischen Gewissen, wie zur Genüge ausgeführt, unübersteigliche Schranken gegenüber. Die Kirche hindert ja auch Niemanden, wenn ihm das Staatskirchenthum nicht mehr behagt, sich in ihren mütterlichen Schutz zurückzubegeben. Volenti non lit injuria. Die christliche Freiheit vom ägyptischen Joch der Gewissensbeherrschung durch weltliche Gewalt ist Allen angeboten. Die Katholiken nehmen Jeden ihrer irrenden Brüder mit Freuden auf. Ihnen aber zuzumuthen, daß sie dem Irrthum zulieb, weil dieser die kirchliche Freiheit eingebüßt hat und unter die Menschenknechtschaft gerathen ist, auch ihrerseits auf die geistliche Ordnung unter Gottes Hut verzichten, ist offenbar das communistische Princip übertragen auf das Reich des Gewissens.

154. Der stärkste Widerwillen gegen die Concordate jedoch entspringt dem rein politischen „Gewissen", das die religiösen Skrupel hinter sich geworfen hat und die unbeschränkte Freiheit des Menschen als ihre Gottheit anbetet. Die Concordate erscheinen als ein Hemmschuh für die Revolution oder das unbeschränkte Belieben, alle Gesetze je nach Befund

zu ändern, wenn sie nicht mehr behagen. Der Geständnisse hierüber gibt es Legion. Die kirchliche Revolution ist in die politischen und socialen Extremitäten der Gesellschaft gefahren und will nun hier vollkommen freie Hand haben gegen Alles, was noch an Vertragstreue, an Recht und Gerechtigkeit erinnern könnte. Hier sitzt die Wurzel für all diese neuangewandten Institute der negativen indirecten Gewalt, wie für den Anspruch, mit den Concordaten anfangen zu können, was der herrschenden Partei beliebt. „Ist es einem Staate erlaubt," fragte Azeglio in seinem Notenwechsel mit dem Staatssecretär des Papstes, „an seiner politischen Ordnung zu ändern, ohne ein Concordat mit dem römischen Hofe?" „Will man," fuhr er an seiner witzigen Fragestellung sich vergnügend fort, „diese Frage nicht verneinen, so ist bewiesen, daß die Vereinbarungen, mittelst deren man in der Vergangenheit viele kirchliche Disciplinarpunkte und die Beziehungen des Klerus zur weltlichen Gewalt geregelt hat, allezeit als abhängig von den successiven Modificationen gedacht werden müssen, welche jeder Staat mit der Aenderung der Zeiten und der Umstände für seine Ruhe und sein eigenes Wohl als nothwendig erkennt"[1]. Mit andern Worten, um eine unbeschränkte politische Freiheit zu haben, wird diese auch für die schon mit der Kirche abgeschlossenen Staatsacte rückwirkend angesprochen, als ob der Vorbehalt gemacht worden sei, dieselben nur solange gelten zu lassen, als es für vereinbar mit dem Staatswohl erscheine. Es ist das Staatsrecht der Revolution, das den unbeschränkten Staat nach der Seite der Verträge entwickelt. Der Staatssecretär ließ sich auf das Recht, die politische Verfassung nach Belieben zu ändern, nicht ein, aber er bestritt die Wirkung für die Verträge mit der Kirche, oder die staatliche Oberhoheit über das Geistliche. Mag der Staat von der Monarchie zur Demokratie übergehen, seine Natur kann er nicht ausziehen, er bleibt ein menschliches Institut, dem Naturgesetze: pactis standum est, unterworfen, und zwar ein auf das weltliche Gebiet eingeschränktes Institut. An diese unübersteiglichen Schranken wurde Azeglio erinnert. „Da die Kirche", lautete die Antwort, „eine wahre und vollkommene Gesellschaft, auch einer höhern Ordnung, als die bürgerlichen Gesellschaften, angehörig ist, so müssen die Disciplinarpunkte derselben, die in den Verträgen berücksichtigt sind, weit entfernt davon, als abhängig von den Veränderungen zu gelten, welche die Staaten in ihrer innern Verwaltung ein-

---

[1] Note vom 3. Juni 1850. **Acta Pii IX. II**, 158.

zuführen für nöthig finden, als fest und unverbrüchlich stehen bleiben; höchstens können die Aenderungen in der bürgerlichen Verwaltung der Staaten ein Anlaß werden, neue Vereinbarungen mit der Kirche zu begehren." Die Frage von Azeglio müsse also folgendermaßen formulirt werden: „ist es einem katholischen Staate erlaubt, falls er seine politische Ordnung abändert, den disciplinären Rechten der Kirche ohne Zustimmung des hl. Stuhles Eintrag zu thun?" „Offenbar aber muß man diese Frage verneinen, oder man müßte der Kirche den nach göttlichem Rechte ihr zukommenden Charakter einer vollkommenen Gesellschaft bestreiten. Die Kirche allein, die in ihrem Gebiete nicht begrenzt ist, ist die Schiedsrichterin über ihre Disciplin. Sie urtheilt über die Zulässigkeit und die größere oder geringere Ausdehnung ihrer Rechte in Bezug auf deren Ausübung, und wenn sie da und dort den Forderungen der Staaten sich anbequemt und theilweise modificirt, so thut sie das aus eigener Machtvollkommenheit, ohne daß sie wegen ihrer Unabhängigkeit von der höchsten bürgerlichen Gewalt einen Zwang hierin erleiden könnte. Wenn daher der Staat in gewissen Fällen, wo die kirchliche Disciplin mit seiner innern Verwaltung zusammenhängt, aus Opportunitäts- oder politischen Rücksichten gewisse Abänderungen derselben Disciplin für seine Ruhe oder für sein Wohl als nöthig erachtet, so muß er sie bei der zuständigen Gewalt, welches die Kirche ist, begehren und sich mit dieser in Einklang setzen, und hat nicht das Recht, aus eigener Machtbefugniß einseitig vorzugehen. So mag er allenfalls handeln, wenn es sich um Modificationen oder auch um Aufhebung von Corporationen handelt, die im Staate stehen oder von ihm abhangen"[1]. Für den getrennten Staat gilt keine andere Regel, wenn er ein Bedürfniß hat, sich um Aenderung der kirchlichen Disciplin seiner katholischen Unterthanen zu bewerben; und wie für den katholischen, so ist auch für den paritätischen Staat diese Rechtsschranke eine sehr große Wohlthat, zumal in unserer Zeit, wo die unbeschränkte Willkür alle Rechte zu verheeren droht. Ein Blick auf die Thatsachen der Zeitgeschichte soll hierüber alle Freunde des Rechtes, wo immer sie sonst stehen, zum Nachdenken bewegen.

155. „Ihr erkennt," hatte der hl. Vater in seiner Allocution über den sardinischen Kirchenconflict, der mit dem Concordatsbruch seine Schleusen öffnete, ausgerufen[2], „welchergestalt in Zukunft das Schicksal

---

[1] Acta Pii IX. II, 166.
[2] In consistoriali. Vom 1. November 1850.

der geistlichen Angelegenheiten werden muß, wenn den Rechten der Kirche
die ihnen gebührende Achtung vorenthalten, ihre Gesetze mit Füßen ge=
treten und ihr langjähriger Besitzstand mißachtet wird. Ihr könnet auch
nicht wohl verkennen, wie viel nicht allein im Interesse der Religion,
sondern ebensowohl der staatlichen Ordnung, der privaten
und öffentlichen Wohlfahrt daran gelegen sei, daß diese kirch=
lichen Uebereinkünfte heilig und unverletzlich gehalten werden, da die
Verachtung und Erschütterung ihrer Kraft und Geltung zur nothwen=
digen Folge haben müßte, daß auch andere öffentliche und private Ver=
träge zusammenfallen." Einen Commentar hiezu hat etwa fünfzehn
Jahre später der liberale Abgeordnete Boggio, übermannt von dem
Elend, das seither über das unglückliche Italien hereingebrochen ist, ge=
schrieben. Jeder Zusatz zu seinen Worten ist überflüssig. „Im Namen
der Verfassung und der Freiheit haben wir der Kirche jedes Recht und
jede Freiheit verweigert. Wir haben damit begonnen, aus eigener Privat=
auctorität zu erklären, daß die Concordate abgeschafft und ohne fernere
Wirksamkeit seien; den etwa ungehorsamen und ungefügigen Bischöfen
gegenüber haben wir außerordentliche Zwangsmaßregeln in Anwendung
gebracht, Arrest und Exil ohne gerichtliche Procedur, mittelst des sogen.
Appell comme d'abus über sie verhängt, also von dem am meisten despo=
tischen Könige in Frankreich eine Maßregelung der Geistlichen entlehnt,
als hätten für diese jene Artikel der Verfassung keine Giltigkeit, welche
die Gleichheit aller Bürger vor dem Gesetze erklären und Jedem seinen
natürlichen Richter sichern. Später haben wir abermals Frankreich
copirt, um unserem Strafgesetzbuch nicht bloß die Artikel, die zur Re=
pression specieller Vergehen der Geistlichen nothwendig waren, sondern
auch noch eine Sanction beizusetzen, durch welche die weltlichen Behörden
sich zu Richtern des innern Forums aufwerfen und darüber entscheiden, ob
der Beichtvater mit Recht oder mit Unrecht die Absolution verweigert,
ob der Pfarrer recht oder nicht recht gehandelt, als er dem Kranken die
letzte Wegzehrung brachte, und ob Titus und Cajus die canonischen
Erfordernisse zu einer Pathenstelle wirklich besitzen. Haben wir damals,
als eine specielle Strafgesetzgebung gegen den „Klerus" geschaffen war,
wenigstens auf das „ökonomische" verfassungswidrige Mittel der „Appella=
tion vom Mißbrauch" verzichtet? Mit Nichten! es war ja besser, an
unserem Bogen mehrere Sehnen zu haben. So wurden nach Belieben

---

[1] Acta ex quibus exc. est Syllabus p. 81 sq.

Geistliche auf dem Verwaltungswege („ökonomisch") verurtheilt, oder juridisch procefsirt. Von den Personen gingen wir zu den Sachen über; wir begannen mit dem Sequester der Einkünfte vertriebener Bischöfe und der Unterdrückung einzelner religiösen Genossenschaften, deren Vermögen wir uns aneigneten, ohne uns auch nur darum zu kümmern, das Geschehene mittelst eines Gesetzes einigermaßen zu cohonestiren. Doch kam später das Gesetz über die „Kirchenkasse", das die allbekannten herrlichen Erfolge hatte. Es brachte die Mitglieder der aufgehobenen Orden an den Bettelstab; die ihnen angewiesene Pension beträgt für Viele nicht einmal 40 Kreuzer für den Tag; den Finanzen war damit nichts weniger als geholfen. Um das Werk zu krönen, haben wir 1859 die Annexion der Legationen vorgenommen, 1860 mit Gewalt Umbrien und die Marken occupirt und während wir uns mit Mühe darein ergaben, zu warten bis auch das Patrimonium des hl. Petrus und die ewige Stadt uns einst zufielen, kündigten wir eine neue, weit radicalere Unterdrückung aller religiösen Orden an. Und je eifersüchtiger wir bedacht blieben, uns jeder kirchlichen Einwirkung auf das politische Gebiet zu entziehen, mit desto größerem Umfange haben wir Ansprüche auf Einmischung in das Geistliche erhoben. Die Bischöfe wurden am directen Verkehr mit dem Papste und an der Romreise gehindert; das Exequatur wurde auf Materien und Acte ausgedehnt, die stets davon freigeblieben waren; die Ernennung zu geistlichen Pfründen wurde für die weltliche Gewalt in Fällen angesprochen, in denen sie vormals nie einen Einfluß geübt; die Concession des Placet für die Investitur von Pfarrern ward verschoben oder willkürlich verweigert; im Schooße des Klerus selbst wurde der Antagonismus begünstigt und befördert; Priester, die sich gegen ihre Bischöfe empörten, erhielten Ermuthigung und Unterstützung, die Suspendirten und die mit dem heiligen Stuhle Entzweiten Ehren, Aemter und mit Ostentation ausgeworfene Pensionen. Die italienische Regierung hat durch diese Reihe von Acten bewiesen, daß sie nicht zu fürchten hat, irgendwelche Feindseligkeit der Kirche schuldig geblieben zu sein"[1]. Den zweiten Theil hiezu zu liefern, die Entwicklung der Rechtssicherheit, des öffentlichen Wohlstands, der Blüthe von Handel und Verkehr, die Steigerung der nationalen Unabhängigkeit und Würde nach Außen, und die gleichen Schritt haltende Befestigung der innern

---

[1] Aus der Questione Romana studiata p. 178, nach dem Mainzer Journal 1866, Nr. 287.

Einheit und Zufriedenheit, und wie das Alles mit der Oberhoheit über die Kirche schrittweise sich offenbarte, zu zeigen, darauf müssen wir, des Raumes wegen und weil öffentliche Blätter darüber ohnehin tagtäglich belehren, verzichten. Dem freundlichen Leser wird es leichte Mühe sein, das Fehlende zu ergänzen.

Dritter Abschnitt.
Das liberale Staatsprincip und das Leben der Kirche.
§ 9. Das öffentliche Leben der Kirche (Thesen 44—51. Vergl. 54).

156. Die Hauptursache aller Verwirrung in der schwierigen Frage der gemischten Angelegenheiten liegt bei den Liberalen darin, daß sie das Geistliche als etwas Persönliches, Privates, Innerliches auffassen und deßhalb alles, was dasselbe äußerlich und öffentlich macht, als an und für sich weltlich, somit das Gesellschaftliche am Geistlichen, man gestatte diesen Ausdruck, als eine gemischte Angelegenheit behandeln[1]. Wohl kann nun ein Kreis von Geistlichem im Innerlichen der Person bleiben, wie die inneren Acte der Religion, oder etwas Privates darstellen. Aber zugleich ist ein weiteres Gebiet von geistlichen Angelegenheiten mit der geselligen Seite an der Religion eröffnet, welches deßhalb, daß es sich in der Oeffentlichkeit bewegt, noch keineswegs ein gemischtes Gebiet ist. Sehen wir noch von der christlichen Religion ab und fassen wir die Religion in unserer natürlichen Anlage, so ist es gewiß, daß sie uns zu einer Gesellschaft antreibt, die vom Staate verschieden ist im Zwecke, in den Mitteln, wie im Umfange. Von der Natur werden wir zur Verehrung Gottes hingezogen; von ihr angeleitet, uns um das Leben nach dem Tode zu kümmern und zu sorgen, wie dasselbe als ein seliges sicher zu stellen sei; und eben so natürlich ist das Verlangen nach einer Belehrung und Führung auf diesem Gebiete. Den Abschluß, auf welchen die Natur hiemit hindrängt, bildet die Vereinigung des ganzen Ge=

---

[1] Beispiele hiefür ließen sich viele anführen; wir begnügen uns auf die Gravamina catholicae Religionis zu verweisen, die in der schon citirten Schrift: Concordat und Constitutionseid S. 187 f. mitgetheilt sind.

schlechtes zu einer Familie unter der Herrschaft Gottes. Um es aber zu einer von Familie und Staat verschiedenen Gesellschaft zu bringen, genügt es nicht am Streben nach der wahren Gottesverehrung und dem Heilswege, sondern es muß hierüber Sicherheit geboten sein durch eine Auctorität, welche sich der prüfenden Vernunft als untrüglich beglaubige; weßhalb auch die Stifter falscher Religionen für nöthig gefunden haben, sich auf angebliche Offenbarungen zu berufen. Diesem natürlichen Bedürfniß kommt die in die Kirche niedergelegte Offenbarung entgegen; sie ermöglichte, was der Natur für sich unmöglich war, und so ist eine, auf das ganze Geschlecht berechnete gesellschaftliche Hülfe für das Geistliche, im Unterschied der im Staate gewährten Hülfe für das Zeitliche, Thatsache geworden. Durch göttliche Veranstaltung also gibt es einen Kreis von geistlichen Angelegenheiten, welche einen gesellschaftlichen, äußerlichen, öffentlichen Charakter haben, ohne deßhalb unter die staatliche Hoheit zu fallen.

157. Gehen wir, um diesen Kreis auszumessen, einen vom bisherigen Verfahren verschiedenen Weg. Betrachten wir die Religionsübung in der Kirche, wie sie von Anfang an als geschichtliche Thatsache vor uns liegt. Ihren Mittelpunkt bildet das Opfer des Neuen Bundes, eine mystische Handlung, welche dem alttestamentlichen Ritus ein Ende setzte und bestimmt war, das Eine blutige Opfer des Neuen Bundes zu erneuern bis zur Wiederkunft des Herrn; jenes reine Speisopfer, das vom Aufgang bis zum Niedergang im messianischen Reiche dargebracht werden sollte; einerseits der Mittelpunkt einer ihrer Natur nach öffentlichen Gottesverehrung, andererseits als ein geheimnißvolles Mahl die Krone aller Sacramente, die nächste Vorbildung der seligen Vereinigung mit Gott. Daß dieser Opferact, von Christus am Abende vor seinem Leiden eingesetzt, etwas rein Geistliches sei, sowohl an sich selber als in seinem Ziele, wird nicht bestritten. Aber er ist weder etwas Innerliches, noch etwas Privates; was macht ihn nun zu etwas Geistlichem? Es ist ein menschlicher Act, menschliche Personen betheiligen sich an ihm nach einer gewissen Ordnung und Regel in einer öffentlichen Versammlung; an den Opfergaben, den Gefäßen, den Räumlichkeiten und ihrer Ausrüstung ist kein anderer Stoff, als jener, der im Familienkreise oder bei öffentlichen Gerichtsverhandlungen verwendet wird. Aber alles das ist in eine Ordnung gezogen, welche der Glaube wahrnimmt, deren Ziel die Ehre Gottes und das Heil der Seele sind, wie die Mittel ihre Wirksamkeit von göttlichen Kräften haben, so daß auch die Wirkungen in übernatür-

lichen Gütern, der heiligmachenden Gnade, den Verdiensten vor Gott, den verschiedenen Gebetsfrüchten bestehen. Wir haben also hier einen Act, der eine eigene öffentliche Gesellschaft dadurch erzeugt, daß er der übernatürlichen Ordnung angehört. Betrachten wir uns diese Gesellschaft etwas näher. Um sich an dem Opferacte betheiligen zu können auf menschliche Weise, mußten die Glieder zuvor über seine Bedeutung aufgeklärt und überzeugt worden sein; die Heiligkeit des Actes brachte zugleich gewisse Versprechungen über den Lebenswandel mit sich; nur einem reinen Gewissen ist es gestattet, sich an der Vollendung desselben zu betheiligen. Wer unterweist über den Glauben, wer überwacht die Sitten? Wer entscheidet über die Würdigkeit, die zur Einverleibung in diese Gemeinschaft erforderlich ist? Wer sondert die Unwürdigen ab? Wer warnt, ermahnt, bestärkt die Guten? Offenbar, wer Gewalt hat in dieser Gemeinschaft. Ohne eine solche Gewalt wäre diese gar nicht denkbar. So sehen wir um jenen geistlichen Mittelpunkt einen gesellschaftlichen Organismus sich lagern, in welchem neben der priesterlichen eine Lehr= wie eine Richter=Gewalt sich vorfindet, nach den Weisungen des Glaubens eine Fortsetzung des hohenpriesterlichen, prophetischen und königlichen Amtes Christi. Durch die Natur der Sache scheidet sich hier ein Kreis von Angelegenheiten aus dem allgemeinen menschlichen aus, welcher sich in bürgerlichen und staatlichen Leben gliedert. Sie haben ihre eigene gesellschaftliche Natur, weil sie auf einen ganz verschiedenen Zweck und mit ganz verschiedenen Mitteln und Wirkungen hingerichtet sind; also haben sie ihre eigene Regel, nach der sie geordnet sind, und eine eigene Gewalt, welche sie ordnet.

158. Betrachten wir nun die thätige Gewalt in jener öffentlichen Gottesverehrung etwas näher, woher stammt sie? Wer gibt dem Priester die Macht, übernatürliche Wirkungen mit dem, was er verrichtet, zu verknüpfen? Wer hat gerade ihn hiezu auserwählt, an diese Stelle gesendet? Hiemit eröffnet sich ein Blick in einen mehr innerlichen Kreis, in die hierarchische Ordnung der Kirche. Durch die Weihe wird die Vollmacht über den eucharistischen und den mystischen Leib Christi ertheilt; vereinigt sich damit die Macht, durch solche Weise das Priesterthum fortzupflanzen, so steht der bischöfliche Grad vor uns; eine Vorstufe zum Priesterthum ist das Diaconat. Diese Gliederung der Weihegewalt ist nach dem Glauben göttliche Einrichtung. Um aber die erhaltene Fähigkeit zu verwenden, bedarf es der Sendung; sie gibt mit der Vollmacht die heiligen Geheimnisse zu verwalten, den Auftrag, zu weiden durch Lehre und Zucht.

Nach dieser Seite ist die Kirche eine geistliche Monarchie mit bestimmten Rechten der Theilnahme für die Bischöfe, denen an den Priestern und Diaconen für genau bestimmte Verrichtungen Gehülfen zur Seite stehen. Wir haben für diesen zweiten Kreis von geistlichen Angelegenheiten ein Bild an dem, was man im Leben des Staates die eigentlich politische Seite im Unterschiede von seiner bürgerlichen oder den Bürgern zugewandten Bethätigung nennt. In jene erste Seite fällt im Staate die Constituirung der Gewalten, die legislative Thätigkeit, die Einrichtung des Beamtenstandes und der öffentlichen Macht zur Sicherheitspflege. Zur zweiten gehört die Leitung der Unterthanen zum Zwecke, die eigentliche Regierung und Verwaltung. Die Thätigkeit der Gesellschaft ist im ersten Kreise auf sich selber als Eines gerichtet und einzig darauf bedacht, sich geschickt und fertig zu machen für die verschiedenen Functionen des zweiten Kreises: der Regierung und Verwaltung, der Rechts- und Sicherheitspflege, der Fürsorge für die verschiedenen öffentlichen Anliegen. So ist es auch in der Kirche. In ihrem ersten Kreise, in der Hierarchie, ist Alles, was vorkommt, darauf gerichtet, Organe zu erziehen und auszusenden, welche fähig wären, das geistliche Leben, die Gottesverehrung und das Heil der Seelen zu wirken, zu unterhalten und zu fördern. Ist nun schon das Letztere, die Thätigkeit des zweiten, äußeren Kreises, durch seine Natur ausgeschieden aus dem weltlichen Gebiete, so noch vielmehr das Erstere, das in der Befähigung zur geistlichen Leitung der Gläubigen seinen nächsten Zweck hat. Dahin gehört also die Erziehung und Ordination der geistlichen Personen, die Bestellung der Kirchenämter durch Wahl, die Ueberwachung, Bestrafung der Geistlichen, u. s. w. —

159. Das weltliche Leben scheidet sich von Natur in zwei Gebiete, in deren einem die Familie den festen Crystallisationskern für einen Kreis von Gesellschaftsbildungen vorstellt, während im andern der Staat als Krone abschließend gegenübersteht. Der gleichen Natur zufolge besitzt der Staat eine Hoheit über die ihm vorausgehenden gesellschaftlichen Gestalten, ohne sie doch in sich zu absorbiren. Das Organisationsprincip in der Kirche nun gehört seinem Wesen und Ursprung nach einer höheren Ordnung an, deßhalb darf es uns nicht wundern, daß es mächtig ist, was im irdischen Leben spröde sich abstößt, in eine höhere lebensvolle Einheit zusammenzuschließen. Wie schon ihre Gesellschaftsgewalt ein reicherer Organismus ist, eine Doppelgliederung von Reihen, in denen das strengste Maß mit der höchsten Freiheit zusammenwirkt, so ist es auch mit ihrer socialen Wirksamkeit. Sie ist als politischer Körper ebensowohl

Monarchie als Föderation; und nach der Seite ihrer Glieder ebensowohl
Obrigkeit als väterliche Sorgfalt, Staat und Familie; neben der öffent=
lichen Thätigkeit im Opfern, Lehren und Regieren geht die Seelsorge,
die dem Einzelnen als Freundin berathend für alle Lebensverhältnisse
vom ersten bis zum letzten Augenblicke des Lebens, mit Trost, Mahnung
und Hülfe jeder Art zur Seite geht. Was aber das Wunderbarste an
dieser Gesellschaft ist, das ist das frei aufkeimende kirchliche Leben außerhalb
ihres Kreises, das weite Gebiet der christlichen Charitas, das in der bür=
gerlichen Gesellschaft unter dem belebenden Hauche des christlichen Geistes
in den Werken der leiblichen und geistlichen Barmherzigkeit um so frischer
emporsproßt, je mächtiger dieser Geist geworden ist. Ihm zur Seite
steht das Ringen nach Vollkommenheit, an und für sich in das Innere
der Menschenbrust verschlossen und die Einsamkeit suchend, um ganz dem
Gegenstande seiner himmlischen Liebe anzugehören. Aber der menschen=
freundliche Zug der Kirche lockt selbst den Einsiedler zu seines Gleichen,
führt ihn unter das Joch einer Regel und baut so neben der hierarchisch
regierten Kirche mit ihren Diöcesen und Pfarreien, mit ihren geistlichen
Gerichten und Oekonomieen in den religiösen Orden einen neuen öffent=
lichen Stand nach dem Gesetze der evangelischen Räthe. In der irdischen
Welt, die sich der Mensch im Staate einrichtet, wird nicht alles irdische
Streben bewältigt; in der höheren, übernatürlichen Welt, die Gott ge=
baut hat, fließt der Segen über, um fort und fort übernatürliche Gebilde
aus dem dürren Erdreich der Menschennatur hervorzulocken, jenen üppi=
gen Platanen vergleichbar, die unter der heißen Zone ihre überschweren
Aeste in die Erde senken, um in neuen Bildungen ihre Lebenskraft zu
zeigen. Wem aber soll diese Ueberfülle geistlicher Gesellschaftsbildung
und die ihr verbundene, mit ihr sich vereinigende christliche Charitas zur
Aufsicht übergeben werden? Wer wird sie besser verstehen, pflegen und
fördern, als die gemeinsame Mutter, aus deren Schoß sie hervorgegan=
gen sind? Deßhalb sehen wir denn auch in den apostolischen Zeiten schon
die Armenpflege am Fuße des Altars emporsprossen [1]; von ihm auch er=
hielten von den frühesten Zeiten an die Jungfrauen und Enthaltsamen
ihren besonderen Stand. Als die Kaiser in die Kirche traten, fanden sie

---

[1] S. die schöne Schilderung, die der hl. Justin in seiner I. Apologie vom
Gottesdienste der Christen entwirft (n. 67). An das heilige Opfer schließt sich der
Dienst der Armen, in denen ja Christus nur in anderer Gestalt lebt, an, in ihm
aber hat der Bischof zu verfügen, dem die Gläubigen nach ihren Verhältnissen
milde Gaben zu Füßen legen.

die causae piae und den Stand der evangelischen Räthe als geistliche
Institute vollkommen ausgebildet vor und waren nur darauf bedacht,
ihnen durch ihren Schutz den Bestand und die segensreiche Wirksamkeit
inmitten der bürgerlichen Gesellschaft zu sichern.

160. Blicken wir nunmehr zurück auf den staatlichen Kreis und seine
Hoheitsrechte; kann uns ein Zweifel darüber bestehen, daß die Kirche in
vollem Rechte war, wenn sie nach dem Willen ihres Stifters sich von An=
fang an dieser Hoheit entzog? — Hat sie sich damit allem Rechte ent=
zogen? Mit Nichten! es ist in ihr ein neues Recht entstanden. Hatten
wir in dem Rechte, das wir früher betrachteten, nichts Anderes vor uns,
als den lebendigen Erdenbewohner selber, wie er in seiner geselligen
Richtung auf das irdische Wohl unter der göttlichen Ordnung steht, so
finden wir ebendenselben nunmehr in einer neuen Richtung auf die Ehre
Gottes und sein Heil. Auch hier steht er unter einer durch das Ziel
wie seine Natur bedingten Ordnung; es entsteht hiebei eine neue, ver=
schiedene, von Gott selber erweckte Gewalt; es entstehen Regeln, canones, wie der Menschenzug geleitet und geführt werden müsse, in ihren
Elementen durch Gott festgestellt, in ihrer Ausbildung und Handhabung
nach den Bedürfnissen der geistlichen Gewalt übergeben, mit Einem Wort,
es entstehen neue, geistliche Rechte, unabhängig vom Staate. Sie haben
mit diesem gemeinschaftlich den Acker der menschlichen Natur; sie liegen
hier mit dem weltlichen Rechte zusammen; sie haben gemein theilweise
den Spielraum der Thätigkeit, dieses irdische Leben; sie gleichen sich in
dem, daß sie dienen dem Privatwohl, das einemal dem irdischen und
natürlichen, das anderemal dem übernatürlichen, himmlischen. Aber sie
gehen auseinander im Ziele, wie Himmel und Erde, und in den vor=
nehmsten Mitteln, insbesondere aber in der gesellschaftlichen Gewalt. Dieses
Verhältniß erzeugt mit innerer Nothwendigkeit Berührungen und dadurch
gemischte Angelegenheiten, bald durch die Personen, welche beiden Ge=
sellschaftskreisen zugleich angehören, bald durch die Handlungen oder
Sachen, von denen das Gleiche gilt. Aber weit gefehlt wäre es, wenn
man mit den Liberalen und Absolutisten das Menschliche als solches, oder
noch kürzer, alles, was äußerlich und sichtbar, insbesondere öffentlich ist,
unter die Hoheit des Staates stellte. Der Staat hat eben das Mensch=
liche mit der Kirche gemein; jenes kann durch die besondere irdische oder
himmlische Zweckbeziehung in den einen oder den andern Kreis actuell
eintreten, der einen oder der andern Gewalt in gesellschaftlicher Hinsicht
untergeordnet sein. Beides kann recht wohl neben einander bestehen;

bald wird die weltliche Hoheit überwiegen, bald die geistliche in einer und derselben Person und Sache. Wer eine Sünde heute beichtet, kann darüber morgen vor dem weltlichen Gericht vernommen werden. So lange ich meine persönliche Freiheit in legitimer Weise gebrauche, ohne Eingriff in die Rechte fremder Personen, geht mein Thun den Staat nichts an: ich kann also auch meine Freiheit einer neuen Ordnung dienstbar machen. Aber wenn ich, in der letzteren stehend, z. B. Unrecht begehe, das zugleich vom weltlichen Gesetz geahndet wird, dann liegt eine gemischte Handlung vor, durch eine und dieselbe Handlung unterstehe ich einem doppelten Richter.

161. Nimmt nun die weltliche Gewalt nicht Rücksicht auf die geistliche Gesellschaft, so bleibt dieser nichts übrig, als jener, so viel thunlich, auszuweichen, also im Allgemeinen ihre Ordnung in die von jener nach natürlichem Rechte freigelassene Stelle einzuzwängen. Ihre öffentlichen Versammlungen erscheinen in einem solchen getrennten Staatswesen als Vereinigungen zu Privatgesellschaften; von der inneren Gliederung nimmt es gar keine Notiz; das Kirchengut ist Privateigenthum; die religiösen Orden sind Privatvereine. Die Conflicte entstehen, sobald die weltliche Gewalt absolutistisch die ihr gezogenen Grenzen überschreitet, sei es, daß sie die natürliche Freiheit in der bürgerlichen Gesellschaft und in der Familie verletzt, sei es, daß sie im Dienste einer Secte in das geistliche Gebiet durch Verfolgung übergreift. Wo dieses Verhältniß der Trennung herrscht, bilden die beiden Gesellschaften für das Weltliche und Geistliche, um uns eines mathematischen Gleichnisses zu bedienen, eine Hyperbel, indem die beiden Gebiete nach einer Seite sich zugewendet sind, auf der gemeinsamen Basis des Sittlichen. Denken wir uns aber die beiden Gewalten in Harmonie und Eintracht, so ist zwar nicht der Kreis die Form der christlichen Gesellschaft, wohl aber kann sie mit der Ellipse verglichen werden, in der alle Punkte der Peripherie auf die beiden Brennpunkte zugleich bezogen sind; alles Menschliche ist von der Eintracht der beiden Gewalten bestimmt, welche nichts Anderes darstellt, als die moralische Einigung der übernatürlichen und natürlichen Ordnung, gleichsam eine Repräsentation ist vom Reiche Christi und der natürlichen Vorsehung. Eine besondere Wirkung dieser Eintracht wird das Vertragen bezüglich der gemischten Angelegenheiten sein; dieses wird in einfachen Verhältnissen den Vorrang des Geistlichen vor dem Weltlichen beachten; es kann sich aber auch durch Verträge oder Herkommen Gestalt geben. Auf eben dieselbe Weise können gemischte Verhältnisse neu entstehen.

162. Wollen wir nun von diesem Boden aus einen Ausdruck für das Verhältniß von Staat und Kirche gewinnen, so müssen wir alle jene Vergleichungen als nicht zutreffend zurückweisen, welche die menschliche Natur theilen, oder welche auf die eine Seite das Natürliche, auf die andere das Uebernatürliche stellen. Der Mensch mit seiner ganzen Natur vereinigt sich mit Seinesgleichen, das eine Mal, im Kreise der Natur bleibend für die irdische Wohlfahrt, das andere Mal für ein übernatür= liches Ziel, durch übernatürliche Mittel. Dort schließt er das übernatür= liche Wohl nicht aus, obgleich er nicht direct darnach strebt, hier aber setzt er das natürliche Wohl voraus, wie er auch die natürlichen Mittel in seinem Streben einschließt. Wie der einzelne Mensch, um geordnet zu leben, Alles zu seiner Zeit und Jegliches mit Ueberlegung, Aufmerksamkeit und Fleiß verrichtet, für das Gebet sich sammelt mit Ausschlagung der Geschäftssorgen, im Geschäfte aber gleichfalls auf seinen Gegenstand alle seine Kräfte hinrichtet; wie das eine mit dem anderen wechselt, das eine das andere stützt und in Allem einem und demselben Menschen nach den Forderungen seiner Natur zur zeitlichen und ewigen Glückseligkeit wie zuhöchst zur Verherrlichung Gottes geholfen wird: so ist es auch mit den beiden Ordnungen bestellt. Sie sind geschieden von einander und nach dem Willen ihres Urhebers doch wieder auf's Innigste vereinigt, durch diese Geschiedenheit in der Einung eben jene höhere, harmonische Gestalt und reiche Gliederung der Gesellschaft erzeugend, sich gegenseitig mäßi= gend und doch wieder zum Guten verstärkend.

163. Damit haben wir einen Maßstab für die in den ausgehobenen Thesen enthaltenen falschen Grundsätze. Was sich auf die Religion, die Sitten und die geistliche Leitung bezieht (These 44.), ist, wie auch von Li= beralen zugestanden wird, eine geistliche Sache, folglich als solche der Be= urtheilung der weltlichen Regierung entzogen. In solchen Amtshand= lungen unterstehen deßhalb die Geistlichen ihrem geistlichen Richter, und wenn Jemand sich beschwert fühlt, hat er sie bei diesem zu belangen. Würden aus Anlaß solcher Handlungen Verbrechen begangen, welche den bürgerlichen Gesetzen unterliegen, so würde beim getrennten Staate die starre Doctrin zu einem zweiseitigen Verfahren, die Billigkeit aber selbst hier zum Einvernehmen mit der geistlichen Behörde führen. Letzteres schon deßhalb, weil die weltliche Gewalt Keinem ihrer Unterthanen Unrecht thun und alle Rechte schützen will. In den von der These (44) voraus= gesetzten Fällen handelt es sich aber keineswegs um gemischte Handlungen, sondern einfach um geistliche Verrichtungen, zu denen die Betreffenden

durch ihr Amt und ihren Eid verpflichtet waren. Daß Katholiken, welche kirchenfeindliche Gesetze machen, von den geistlichen Behörden darüber zurechtgewiesen, oder der geistlichen Gnadenmittel beraubt werden, ist ein rein geistlicher Vorgang, der sie als Bürger Nichts angeht; also auch nicht dem Staatsurtheil untersteht. Wir leben ja auf dem Fuße der natürlichen Grenzen. Haben sie die Kirche im ersten Falle verachtet, so haben sie zum Voraus auch die kirchliche Strafe verachtet und müssen diese ihrem eigenen Handeln zur Last legen. Die betreffenden Geistlichen haben nur nach geistlichen Normen Folgerungen aus diesem Handeln gezogen, an denen sie durch kein weltliches Recht gehindert werden können. Oder: durch die Trennung hört Geistliches nicht auf, geistlich zu sein, es entzieht sich nur dem Horizont des weltlichen Richters, der im Normalstande den Spruch des geistlichen Richters zu schützen hat.

164. Eine geistliche Sache ist auch die Erziehung der Geistlichen (45—48), sowie der religiöse Unterricht und die religiöse Erziehung der christlichen Jugend. In der christlichen Schule nimmt dieses Bildungselement die ihm gebührende Stelle neben der Erziehung für irdische und bürgerliche Zwecke ein. Schließt man darum von ihr die Kirche aus, so wird ein gegen das positive wie gegen das natürliche Recht verstoßender Uebergriff in das geistliche Gebiet gemacht, wie wir dieses in der vorausgeschickten Broschüre ausführlich nachzuweisen versucht haben. Friedliche Vereinbarungen können hier einen Ausweg finden, der die Einheit wahrt, ohne die Rechte oder Interessen der einen oder anderen Seite zu schädigen. Fehlen diese, so fordert die Einheit der Schule den vollen Gebrauch der Lehrfreiheit für die christlichen Seelsorger und Familienväter [1]. Auch hier wird der getrennte Staat, will er eigensinnig auf seinem Princip beharren, durch seine bürgerlichen, von der Kirche getrennten Schulen, die Consequenzen der Lehrfreiheit, auf welche die Familien ein unveräußerliches, mit ihrer Ueberzeugungsfreiheit organisch verwachsenes Recht besitzen, nicht abschneiden können, ohne gegen die Gerechtigkeit zu verstoßen. Mag er in den geistlichen bloße Privatschulen erkennen, er darf der christlichen Familie nicht verwehren, sich an sie anzuschließen. Die Billigkeit aber wird solche Schulen durch Verleihung der bürger-

---

[1] Der moderne Staat und die christliche Schule. IX. St. aus M.-Laach S. 192 ff.

lichen Vortheile und des öffentlichen Schutzes nach Kräften unter die Arme greifen und auch hier die Güter des harmonischen Zusammen=wirkens von Staat und Kirche den Unterthanen so weit möglich zu er=setzen suchen.

165. Zu den geistlichen Rechten des zweiten Kreises gehören der geistliche Verkehr mit dem Papste, die canonische Einsetzung der Bischöfe und das gerichtliche Verfahren gegen sie, sowie die Gründung der Bis=thümer. Es erhellt dieses schon aus dem natürlichen Gesellschaftsrechte, das der Kirche nicht verweigert werden kann auch vom getrennten Staate, ihr auch selbst von Napoleon seiner Zeit nach all den angegebenen Seiten im Concordate mit dem Papste eingeräumt worden ist. Kann in all dem ein hohes Interesse für den Staat nicht abgesprochen werden, so bleibt zur Geltendmachung der durch das Recht dieser Gesellschaft gewiesene Weg, bei welchem die politischen Rechte nicht verkürzt sind. Die Libe=ralen, die hierin mit den crassesten Absolutisten wetteifern, sind mit sich selber im Widerspruch. Sehen wir dieses an dem Vertheidiger der Thesen, an Paul Vigil, dessen starke Seite die Folgerichtigkeit, wenigstens nach Pedro Dual zu schließen, allerdings nicht ist.

166. Paul Vigil kann nicht in Abrede ziehen, daß es „in den ersten Jahrhunderten Sache der Kirche war, Bisthümer zu errichten und zu be=grenzen, ohne irgend welche Einmischung eines Fürsten oder einer welt=lichen Regierung"[1], und doch bestreitet er hinwieder dieses Recht der geistlichen Gewalt und legt es mit dem andern, Bisthümer zu dismem=briren oder zu uniren, der weltlichen Gewalt bei. Er gibt mit den Li=beralen die Scheidung des Geistlichen und Weltlichen nicht bloß als histo=risch gerechtfertigt, sondern als in der Natur der Sache begründet zu, und doch kann er Gründe für seine Confusion von Beidem vorbringen, wie folgende: „die Unabhängigkeit und ausschließende Action der christ=lichen Hirten durfte in keiner Weise der Hoheit der Fürsten zu nahe treten, noch im Mindesten ihre wirklichen Rechte beeinträchtigen, da sie an dem Machtbesitz, den sie vor der Verkündung der christlichen Religion besaßen, nichts einbüßten, also alles zu hindern vermochten, was die öffentliche Ordnung stören, die persönlichen Rechte kränken, der nationalen Wohlfahrt nachtheilig sein konnte .... Nun hatten vor Christus diese Regierungen auf keine Gewalt zu achten. Der Erlöser hat in keiner Weise die Rechte der Fürsten vermindert, noch ihre Befugnisse eingeschränkt;

---

[1] Pedro Dual a. a. O. III, 8.

sie haben seit seiner Ankunft all ihre Gewalt im gleichen Grade sich bewahrt und sie bei Gelegenheit auch mit der gleichen Freiheit, mit derselben Kraft und Unabhängigkeit entfaltet." Mit anderen Worten: die weltliche Gewalt war unbeschränkt in Religionssachen vor Christus, also ist sie es auch nach ihm geblieben und hat dieses bewährt durch ihr Verhalten gegen die Bischöfe eines Reiches. Hätte Paul Vigil gesagt, die christlichen Fürsten haben an ihrer weltlichen Gewalt nichts eingebüßt durch das Gesetz Christi, sondern eher gewonnen; selbst die Bischöfe haben dieselbe verstärkt, so ließe sich das aus der Geschichte belegen. Die Stärke des Staatsoberhauptes ruht nicht in der Ungebundenheit der fürstlichen Willkür, sondern in jener sittlichen Mannhaftigkeit, die in der Liebe zur Gerechtigkeit ihren schönsten Ausdruck hat. Welcher jener römischen Cäsaren kann sich an Ruhe und Festigkeit, an wahrer Majestät mit dem in der christlichen Ordnung gründenden Fürsten messen? Die Vorbedingung aber ist die Unterwerfung unter das christliche Gesetz, welches bezüglich des Geistlichen feste Schranken auferlegt.

167. Wir kehren das Argument von Vigil gerade um und sagen: Die Kirche hat ihr geistliches Recht nicht vom Staate empfangen, sondern trotz seiner Verfolgung bewahrt. Also hat sie es auch nicht durch den Eintritt der Kaiser in sie verloren, sonst wäre ja ihre Lage durch diesen schlimmer geworden, während sie sich verbessert hat. Nun gehört auch nach Vigil das fragliche Recht zu jenen von Anfang an besessenen; folglich ist es nicht durch den christlichen Staat verloren gegangen. Uebrigens folgt für Christen das Erste schon aus dem Charakter der Kirche und ihrer Verfassung, mag man mit dem Glauben die göttliche Stiftung durch Christus, in welcher die göttliche Sendung der Apostel und ihrer Nachfolger eingeschlossen ist, oder mit dem Naturrecht das Verhältniß des messianischen Reiches zur Synagoge, die hierin gleichfalls unabhängig war von der weltlichen Gewalt, in's Auge fassen. Deßhalb muß man weiter sagen, schon die heidnische Gewalt besaß keine Hoheit über die Kirche, also hat die christliche nichts verloren, wenn sie diese nicht erworben hat. Ja an und für sich betrachtet ist bezüglich des Geistlichen die weltliche Gewalt von Anbeginn an der übernatürlichen Ordnung, nach Gottes Plan, unterworfen; dem heidnischen Staate geschieht kein Unrecht, wenn ihm dieses im Namen seines Oberherrn promulgirt wird. Daß die Staatsgewalt eben damit die Obergewalt über das heidnische Götzenthum einbüßt, wird man nicht als Verlust, weder für das Staatswesen noch für die Staatsgewalt selber im Ernste erklären wollen.

Zudem wäre, hievon abgesehen, erst zu beweisen, daß eine Rechtsconti=
nuität zwischen dem heidnischen und dem christlichen Staate bestehe. Und
gesetzt ferner, es gehe mit der Einbuße der Hoheitsrechte über die natür=
liche Religion Etwas der Machtfülle ab, so ist es reichlich ersetzt durch
den sittlichen Zuwachs, durch den Gewinn der Wahrheit gegen die Ent=
würdigung der menschlichen Vernunft. Endlich gibt auch Vigil zu, daß
die priesterliche Gewalt der heidnischen Obrigkeit einer ganz anderen
Ordnung angehörte; wie sollte also aus jener das Recht, sich in die An=
gelegenheiten der ganz neuen hierarchischen Ordnung einzumischen, abge=
leitet werden können? —

168. Nicht glücklicher ist Vigil, wenn er, hauptsächlich um die Su=
periorität der weltlichen Gewalt (These 54) über die geistliche Juris=
diction zu beweisen, sich auf das weltliche Schutzrecht beruft, das viel=
mehr eine Schutzpflicht der Kirche gegenüber, und nur im Vergleich mit
weltlichen Concurrenten ein Recht ist. Da dieser Punkt in den Streitig=
keiten mit den Febronianern allseitig in's Klare gesetzt ist, begnügen wir
uns, einiges Treffliche, was Pedro Dual seinem Gegner zu bedenken
gibt, hier beizusetzen. Der Eintritt einer Nation in die Kirche, sagt er,
gibt derselben kein Recht, an der Verfassung von dieser zu ändern. Der
öffentliche Schutz, mit anderen Worten, welcher naturgemäß für die Re=
ligion inmitten einer Nation, welche sich der Kirche unterwirft, erwächst,
ist keine Gnade für die Kirche, sondern eine Rechtswohlthat für die
Nation, ein Gut, welches der Staat sich selber in seinen Unterthanen
erweist. Es entstehen also keine Rechte über die Kirche. „Bevor ein
Volk sich der Wahrheit ergibt oder in die Kirche eintritt, ist diese schon
eine öffentliche Gesellschaft, und nicht der Kirche wird damit ein Gefallen
erwiesen, sondern umgekehrt, das Volk wird durch die Kirche in den
Stand gesetzt, ein göttliches Gebot zu erfüllen und der Wahrheit theil=
haftig zu werden. Erhält es damit etwa Rechte gegen Gott, weil es
seinen Geboten gehorcht?"

§ 10. Das Socialleben der Kirche. Thesen 52. 53.

169. Seit nahezu einem Jahrhundert ist die Verfolgung der reli=
giösen Orden, nachdem sie einige Zeit geruht hatte, wieder allenthalben
losgebrochen: erst rohe Eingriffe in das innere Hausrecht dieser geist=
lichen Corporationen, dann willkürliche Auflösung, Einziehung der Güter,
gewaltsame Vertreibung, und all das mit welchem Rechte? Die Feind=

schaft gegen das Ordenswesen ist freilich keine Eigenthümlichkeit der Liberalen; sie theilen dieselbe mit Häresien der alten und mittleren Zeit. Die Reformatoren des sechszehnten Jahrhunderts stehen ihnen zur Seite, aber lange vor diesen haben die Albigenser, die Waldenser, Humiliaten und Beguarden, denen Wiclef und die Hussiten nachfolgten, den Stand der Ordensgelübde in der Kirche angetastet. Die Grundlage bildete im Allgemeinen die christliche Freiheit, die, wie in den apostolischen Zeiten von Jenen, welche die Lehre des heil. Apostels Paulus mißverstanden haben, mehr oder weniger in einem dem Gesetze feindlichen Sinne aufgefaßt wurde. Das Leben nach den Evangelischen Räthen setzt die Anerkennung der Unerbittlichkeit des Gesetzes voraus und muß als sinnlos fallen, wo schon das Gesetz entweder geradezu preisgegeben, oder nicht der gehörige Ernst mit ihm gemacht wird. Am radicalsten gingen diesfalls die Albigenser zu Werke. Sie nähern sich wohl am meisten den heutigen Socialisten. Die Ehe ist vom Uebel, wenn man sie hört; es gibt keine Sünde und keine Hölle, wozu also beichten? Die geistliche Ordnung ist ein schweres Unrecht gegen die „Natur", der eine unbeschränkte Freiheit gebührt. Die Kirche hat kein Recht, Gebote zu geben, oder zu strafen; auch darf sie Nichts besitzen, es sei denn im Sinne der Gütergemeinschaft. Sonst lehnten sie sich an die Manichäer mit der Annahme zweier Principien und der grobnaturalistischen Läugnung der sittlichen Freiheit an. Verwandten Lehren hingen die Waldenser an, welche das dritte Lateranconcil, und die Beguinen und Beguarden, welche das Concil von Vienne verdammt hat. Sie gingen jedoch von dem entgegengesetzten spiritualistischen Extreme aus. Die Letztgenannten legten dem Menschen in diesem Leben die Möglichkeit der Sündenlosigkeit bei; natürlich hört dann, wenn einmal dieser Gipfel erreicht ist, der menschliche Gehorsam auf. Daher dispensirten sie von Kirchengeboten wie vom Naturgesetz und hielten, unter Verachtung der Ehe, den fleischlichen Umgang für keine schwere Sünde. Die Waldenser fanden, daß eine geistliche Ordnung ohne Priesterthum bestehen könne. Darum verachteten sie alle kirchliche Zucht und Ordnung und kamen, wie alle Kinder des Hochmuths, am sechsten Gebote nicht vorüber, ohne dem Fleische ihre Verehrung zu bezeigen. Den Vollkommenen untersagten sie die körperliche Arbeit [1]. Verwandt ist der Ausgangspunkt für die Schwärmer des sechszehnten Jahrhunderts, die verschiedenen Fractionen der Wiedertäufer, denen mit der Feind-

---

[1] Labbeus. Concilia. XIII, 440—42.

schaft gegen die geistliche und weltliche Obrigkeit, gegen das kirchliche Vermögen und die religiösen Orden die Wiclefiten zunächst vorarbeiteten [1]. Bei den Reformatoren findet sich zwar nicht die gleiche Grundlage; aber es wirkte der falsche Gegensatz von Gesetz und Evangelium; die Lehre von dem substantiellen Verderbniß der menschlichen Natur; die Geringschätzung der guten Werke und das Vorgeben, daß es dem Menschen unmöglich sei, das Gesetz, geschweige denn die evangelischen Räthe zu erfüllen; endlich kommt in Betracht eine falsche Auffassung des Ordenswesens, um ihre radicale Feindseligkeit gegen dieses urchristliche, bis in die apostolische Zeit hinein seine Wurzeln treibende Institut zu erklären.

170. Ganz entgegengesetzter Art ist im Allgemeinen die Quelle der heutigen Verfolgung der religiösen Orden. Bei den früheren Feinden ist es eine bis zur Schwärmerei überspannte Verachtung des Sittengesetzes, was sie in dem Leben nach den evangelischen Räthen menschliche Werkheiligkeit und einen werthlosen Menschentand sehen ließ; dagegen bei den Rationalisten des 18. und unseres Jahrhunderts bildet die Uebertreibung der Forderungen des Sittengesetzes, das in Gegensatz tritt zur Religion, wenigstens einen Vorwand, um die Gelübde des Ordensstandes, die allerdings ihrem Wesen nach auf der Gottesverehrung beruhen, zu verurtheilen. Es sind das noch die Besseren unter den Gegnern; die Sensualisten und die Materialisten unterscheiden sich wenig von den Albigensern und Manichäern der alten Zeit. Am folgerichtigsten ist unter den Ersteren Kant und seine Schule vorangegangen. Nach ihnen ist der Gottesdienst selber, also der Hauptact der Religion, etwas Unsittliches. Zwar macht der erstere in seiner „Religion innerhalb der Grenzen der reinen Vernunft" einen Anlauf, als wollte er Gott wenigstens als höchstes Gut des Menschen eine Bedeutung abgewinnen; allein bald sinkt er wieder in seinen trostlosen Stoicismus zurück. Darnach dürfen die Sittengesetze beileibe nicht als Gebote Gottes beobachtet werden, denn damit würde die Sittlichkeit Gefahr laufen, und Alles, was der Mensch außer dem guten Lebenswandel (im Kant'schen Sinne) thun zu können wähnt, um Gott zu gefallen, ist Religionswahn; aller Fortschritt besteht (nach diesem freilich bereits und nicht zum Bessern überwundenen Standpunkte) darin, den positiven Glauben und die Religion in seinem Sinne immer mehr zu verdrängen und jene „reine" Moral dafür herzu-

---

[1] S. das reiche Material im XIX. Band der eben genannten Conciliensammlung.

stellen. Macht man sichs nun etwas bequemer, um den Cult des Schönen der Moral zu unterschieben, so gewinnt doch begreiflich hiebei die Religion Nichts. Es muß also diesen verschiedenen Extremen, welche die Basis des Liberalismus bilden, zugeschrieben werden, daß heute in den religiösen Orden die Religion selber verfolgt wird; daß sie insbesondere von der materialistischen Geistesrichtung als das ausgesprochenste christliche Element gehaßt sind [1]. Es ist deßhalb keine Uebertreibung, wenn das Aufschießen der socialistischen Giftschwämme als das unausbleibliche Seitenstück zu dieser Verfolgung hingestellt und im Gelingen der Verfolgung der Zusammenbruch des christlichen Gesellschaftsgebäudes geahnt wird. Aus diesem Zusammenhange muß die gleichzeitige Feindseligkeit gegen den öffentlichen Gottesdienst und die kirchlichen Festtage wie gegen die christliche Charitas erklärt werden.

171. Das Ordenswesen ist mit Beidem innerlich verwandt durch die gemeinsame Richtung auf Gott, dem in den Werken der christlichen Liebe gegen den Nächsten eine Arbeit, ein Aufwand von Zeit und Kosten; in dem religiösen Leben aber eine ganze Person mit ihrer Lebenszeit, ihren Fähigkeiten und ihrer Freiheit hingegeben wird. Während sodann die Glieder des allgemeinen Christenstandes durch das Gebot angehalten sind, wenigstens gewisse Tage Gott zu weihen und seinem persönlichen Dienst zu widmen, ist für den Religiosen jeder Tag nach einer festen Regel mit beständigen Opfern Gott geheiligt. Das Ordensleben erweitert den gebotenen Gottesdienst durch die freiwillig übernommene religiöse Tagesordnung und steigert das Opfer der christlichen Charitas, weil es mit der Hingabe des ganzen Vermögens zugleich die Person mit allen ihren Kräften einsetzt. Deßhalb ist es nicht zu verwundern, daß alle Angriffe, welche gegen die beiden genannten Institute je für sich erhoben werden, sich gegen die religiösen Orden vereinigen. Zur Würdigung ist es nöthig, die letztern nach ihrer Eigenthümlichkeit etwas genauer ins Auge zu fassen.

172. Nach allgemeiner Lehre besteht ihr Wesen in der Ablegung der Gelübde der Armuth, der Keuschheit und des Gehorsams. Das

---

[1] Hierauf verweist die Encyclica Quanta cura in der bereits ausgehobenen Stelle: „wer sieht und erkennt nicht klar, daß die menschliche Gesellschaft, wenn sie der Bande der Religion und der wahren Gerechtigkeit entledigt ist, kein anderes Ziel sich vorstecken kann, als die Erwerbung und Anhäufung von Reichthum, und kein anderes Gesetz in ihren Handlungen zu befolgen vermag, als die ungezähmte Begierde des Herzens, den eigenen Gelüsten und Interessen dienstbar zu werden? deßhalb verfolgen solche Menschen mit wahrhaft bitterem Hasse die religiösen Genossenschaften" u. s. w. —

Gelübde, als ein Act der Religion, oder der Tugend, welche uns geneigt stimmt, Gott die ihm schuldige Verehrung zu zollen, macht das Religiöse an diesem kirchlichen Stande aus. Der Gegenstand dieser Gelübde ist die persönliche Freiheit in Bezug auf die äußeren Güter, den Leib und den eigenen Willen, eine Freiheit, welche im Geiste des Glaubens durch den vollkommenen Verzicht auf das persönliche Eigenthum, auf die Ehe und auf die Verfügung über sich selber und seine Kräfte Gott zum Opfer gebracht wird. Soferne der Gelobende sich einem fremden Willen übergibt, der für ihn Gottes Stelle vertritt, entspringt hier aus den Gelübden eine eigene gewissermaßen theofratische Gesellschaft, mit einer besondern Verfassung auf Grund der Gelübde; es darf hiezu nur die Befestigung der Gelübde und ihre öffentliche Anerkennung treten, um einen öffentlichen Stand in der Kirche zu begründen. Die Befestigung wird erreicht durch die ewigen, d. h. für die ganze Lebenszeit abgelegten Gelübde; die öffentliche Anerkennung erfolgt durch die Genehmigung der besondern Ordensverfassung Seitens der Kirche, soferne dadurch die ewigen Gelübde feierliche werden[1]. Daraus erhellt mit Leichtigkeit, daß wir es hier mit einer geistlichen Anstalt zu thun haben. Es prägt sich ja, um nur an Eines zu erinnern, eben das mit einer großer Reinheit in ihr aus, was die Kirche zu einem geistlichen Wesen macht: Das Ziel ist ein übernatürliches; was zum Eintritt in diese gesellschaftliche Verbindung bewegt und in ihr erhält, ist aus dem Glauben genommen; die Gesetze, die befolgt, die Mittel, welche angewendet werden, gehören dem gleichen Gebiete an und haben außer ihm keinen Sinn. Deßhalb hat auch die Kirche allezeit den Gegenstand ihrer eigenen Gesetzgebung unterworfen, wie im einzelnen Falle die Genehmigung der Regel, die Einführung eines Ordens, die Errichtung von religiösen Häusern, nach Maßgabe der Verfassung, Sache der geistlichen Regierung ist, die hierin eine weise Berücksichtigung der corporativen Autonomie eintreten läßt[2]. Die kaiserlichen Gesetze über das Ordenswesen setzen ausdrücklich die Kirchengesetze als normgebend voraus[3]. Nur der Nachgiebigkeit der Kirche ist es beizumessen,

---

[1] S. Gautrelet S. J. Traité de l'état religieux. 2me édition. Paris 1849. I, 127 sqq.

[2] Phillips. Lehrbuch des Kirchenrechts. II, § 315 über die Verf.-Vrh. der rel. Orden.

[3] Vergl. den Epilog zur Nov. 5 De Monach. im Cod. Justin. „Et nostrae siquidem Reipublicae judices ... omnibus studeant modis, ea quae sacris regulis continentur, quas nostra sequitur lex, ad effectum perduci curare."

wenn neuere Vereinbarungen des heiligen Stuhles [1] mit einzelnen Regie= rungen, jedoch immer unter der Voraussetzung des kirchlichen Rechtes auch die Ordensfrage in ihren Bereich zogen.

173. Einen ganz ändern Weg schlagen die Liberalen, wo sie die Herrschaft erlangen, in dieser Sache ein. Ohne alle Rücksicht auf die geistliche Natur des Gegenstandes und die damit gegebenen Beziehungen zum Gewissensgebiet legen sie sich das Recht bei, die zur Gelübbe= ablegung bezüglichen canonischen Vorschriften abzuändern; die Verbind= lichkeit der Ordensgelübbe abzuschaffen; diese geistlichen Corporationen nach ihrer moralischen Persönlichkeit und der damit zusammenhängenden Vermögensrechte dem weltlichen Rechte über juristische Personen zu unter= werfen, als ob sie ihre Corporationsrechte vom Staate empfangen hätten, und nach einer selbst von Juristen mißbilligten neueren Theorie, ihnen beliebig die Rechtsfähigkeit zu nehmen, um ihr Gut als herrenlos ein= ziehen zu können. Hiegegen halten wir an der allgemeinen Regel für den getrennten Staat fest; durch seine Trennung wird das geistliche Recht nicht aufgehoben, auch nicht in diesem Falle, mag es sich auch seinem Gesichts= kreise entziehen. Hat er also Gründe, von den geistlichen Genossenschaften innerhalb der Kirche Notiz zu nehmen, so muß er, um nicht seine katholi= schen Unterthanen in den edelsten und innerlichsten Rechten zu beschädigen, die Kirche als eine vollkommene, unabhängige Gesellschaft mit eigenem Rechte voraussetzen und darnach die ihm erwünschten Accommodationen des canonischen Rechtes zu erlangen suchen. Alles einseitige Vorgehen gestaltet sich hier zur Gewaltthätigkeit, die um so gefährlicher ist, je höher die in Frage kommenden Rechte und Interessen stehen.

174. Um aber hierin sogleich uns in die Mitte des Gegenstandes zu versetzen, vernehmen wir die Gründe, welche die Männer der Grund= sätze von 1789 für ihr angebliches Recht, also radical gegen die geist= lichen Corporationen vorzugehen, anführen. In der Hauptsache sind sie ja doch bis in die Gegenwart herab für liberale Eingriffe, seien sie von protestantischen oder katholischen Regierungen ausgegangen, maßgebend geblieben. Barnave hat diese Gründe [2] in vier Klassen eingetheilt;

---

[1] Beispielsweise: das bayr. Concorbat Art. VII. Das Öfterr. Art. XXVIII.

[2] Die Verhandlung begann den 11. Februar 1790, nachdem am 2. Nov. 1789 das Kirchenvermögen „zur Verfügung der Nation" gestellt worden war. Das Haupt= ergebniß war das Gesetz vom 13. Febr. 1790, aus welchem wir, zur Vergleichung mit den Thesen 52 und 53, die Hauptbestimmungen hier beisetzen: „L'assemblée nationale décrète, ... que la loi ne reconnaitra plus de voeux solennels

das Institut der religiösen Orden soll erstens in Widerspruch stehen mit den Rechten des Menschen; zweitens mit den Ansprüchen der bürgerlichen Gesellschaft; drittens soll es der Religion schädlich sein; endlich viertens untauglich zu den Zwecken, zu denen es bestimmt werden will. Mit den Menschenrechten im Widerspruch: denn es verpflichte zu Obliegenheiten, welche die Natur nicht vorgeschrieben habe, die sie vielmehr verwerfe; mit den Ansprüchen der bürgerlichen Gesellschaft: denn als Untergebene unabhängiger Obern befinden sich die Religiosen außer ihr; und wenn die Natur selber den Menschen anleitet, die religiösen Gelübde zu verletzen, ist dann nicht die Religion gefährdet? Die öffentliche Erziehung endlich als einer der Hauptzwecke des Ordenslebens fordere Männer, welche die Rechte des Bürgers zu schätzen wissen, um auch ihre Zöglinge mit Liebe zu denselben zu erfüllen; und in gleicher Weise sei die Mildthätigkeit, ein anderer Zweck, ein Recht des Bürgers, auf welches Jeder Anspruch habe, der nicht arbeiten könne, also eine Pflicht der Gesellschaft, deren Leistung man Männern nicht anvertrauen dürfe, die außerhalb der Gesellschaft stehen.

175. Man beachte hier wohl die Rechte der „Natur", welche sich gegen die Gelübde empört und zu ihrer Verletzung antreibt. Das ist die Saite, die heute noch allenthalben anklingt, wenn das Thema von den religiösen Orden angestimmt wird. Wir haben oben schon auf diese eigenthümliche Natur und ihr Gesetz in uns aufmerksam gemacht. Es ist jenes Gesetz des Fleisches, das dem Geiste widerstrebt und zu dessen Bewältigung es eine Heilsanstalt unter den Menschen gibt. Mit andern Worten, die tiefste Grundlage der Feindseligkeit gegen die religiösen Orden, die sich gewöhnlich in die triviale Ausflucht kleidet: sie passen nicht mehr ins 19. Jahrhundert, ist Antinomismus und Widerchristenthum. — Man beachte ferner: die religiösen Orden sollen deßhalb unverträglich sein mit den Ansprüchen des modernen Staates, weil sie als geistliche Institute seiner Hoheit sich entziehen. Also ist es auch die Kirche, die christliche Religion, ja das Gewissen selber. Es ist deßhalb auch sehr bezeichnend, daß die Abschaffung des Christenthums, welches von jenen Blutmenschen Fanatismus genannt wurde, im Wesentlichen durch dieselben Motive zu rechtfertigen gesucht wurde. Das „Vaterland" wurde dafür als die einzige Gottheit, welche den Cult der Freien ver-

---

monastiques de l'un et de l'autre sexe; déclare en conséquence, que les ordres et les congrégations sont et demeureront supprimées en France."

diene, zur Verehrung vorgestellt; die Liebe zu ihm sei die einzige „Re=
ligion", welche weder Secten noch Geheimnisse habe; ihr einziges
Dogma sei die Gleichheit, die Orakel die Staatsgesetze, seine Bischöfe
die Staatsdiener, das Opfer für das Vaterland der Weihrauch der
großen Familie. — Man beachte weiter, wie die einzige übrig bleibende
öffentliche Erziehung, die Staatsschule, eben diesen Cult einer unum=
schränkten Revolution zum herrschenden machen sollte; wie ferner das
Recht des Staatsbürgers auf Arbeit die christliche Armenpflege zu ver=
drängen bestimmt war. Man erkennt so den Preis, welcher für die
Abschaffung der religiösen Orden zu erlegen war. Der Socialismus
sollte dieselben ersetzen.

176. Wären die Gelübde also gegen das Naturgesetz, wie der
Fundamentalsatz lautet, dann ließe sich das Recht, die religiösen Orden
abzuschaffen, begreiflicher Weise nicht bestreiten. Daß die Natur jene
nicht vorgeschrieben hat, beweist noch nicht, daß sie gegen die Na=
tur sind. Das Gebot des Glaubens an die göttlichen Geheimnisse
ist auch nicht von der Natur vorgeschrieben; deßhalb ist es nicht gegen die
Natur. Die Nachfolge des Erlösers auf dem Wege des Kreuzes
ist auch nicht von der Natur vorgeschrieben, deßhalb ist sie nicht
verworfen von ihr, im Gegentheil erregt eine heldenmüthige Tu=
gend die höchste Bewunderung jedes unverdorbenen Gemüthes. Wür=
den die Liberalen an das Verderbniß der Natur und ihre Wieder=
herstellung durch den Erlöser glauben, so würden sie auch vom Leben
nach den evangelischen Räthen ganz andere Begriffe annehmen. Die=
ses ruht eben ganz und gar auf dem Glauben, ohne deßhalb der
sittlichen Natur zu widersprechen. Oder wie? bewundert nicht auch
die Natur in uns Genügsamkeit und Enthaltsamkeit? wie könnte
also ein Leben in Armuth, wie es die Gelübde vorschreiben, verwerf=
lich sein? Die Alten haben Philosophen, welche keusch lebten, als
Ideale von Tugend verherrlicht; ist es gegen die Natur, im Vertrauen
auf eine besondere Berufsgnade den Vorsatz der Keuschheit durch ein
Gelübde zu befestigen? Die Klugheit lehrt, wenigstens in allen wich=
tigen Lebensunternehmungen sich des Rathes der Erfahrenen zu bedienen,
was ist das Leben in Gehorsam, nach der Regel anderes? Wenn es
endlich löblich ist, Menschen die Treue zu bewahren, wie könnte die
Natur zum Treubruch gegen Gott anleiten? Sind die Gelübde gegen
die Natur, dann ist es auch die Ehe, sofern sie unauflöslich bindet, ist
es ebenfalls das göttliche Recht der Obrigkeit auf Gehorsam, soferne es

den freien Willen einem Menschen um des Gewissens willen unterwirft. Deßhalb sind hier nur Jene consequent, welche alle Treue und Dienstbarkeit als eine Verletzung der Menschenrechte angreifen. Doch wie immer die Liberalen die Natur auffassen, sie geben den Katholiken die Freiheit, dieselbe anders, in Uebereinstimmung mit dem Glauben zu verstehen und nach diesem Verständniß zu handeln. Sie können also auch die Gelübbe nicht verbieten, sondern müssen sie als eine Sache der persönlichen Freiheit Jedem überlassen. Ist aber das Gelübbe frei, so ist es auch die Vereinigung zum Gelübbe; das natürliche Gesellschaftsrecht wird in diesem Falle zu einem erlaubten Zwecke angewendet, ohne Nachtheil für Dritte, es entfällt also dem getrennten Staate die aus dem Rechte der Natur genommene Handhabe gegen die religiösen Genossenschaften. Sie müssen in demselben freigegeben werden.

177. Der zweite, aus der Unbeschränktheit der staatlichen Gesellschaft genommene Vorwand fällt mit dieser Unbeschränktheit. Der Bürger geht nicht im Staate auf, weil er Mensch bleibt. Seine gesellige Natur erschöpft sich also keineswegs in der Bildung der politischen Gesellschaft, obwohl sie die höchste ist in der Richtung auf die irdische Wohlfahrt. Ist Religion nicht ein leeres Wort — und sie wird ja von den Liberalen selber gegen die Gelübbe angerufen — so entsteht schon in Kraft des Naturgesetzes eine religiöse Gesellschaft neben dem Staate, und es ist diesem Gesetze vollkommen entsprechend, daß mit Hülfe Gottes eine solche religiöse Gesellschaft vollkommen unabhängig sei vom Staate. Deßhalb folgt nicht, daß ihre Glieder außerhalb der politischen stehen, dieses „außerhalb" bezieht sich eben auf die geistlichen Angelegenheiten. Man sieht leicht, daß den Liberalen mit der Freigebung des Gewissens und der Anerkennung des Vereinigungsrechtes auch diese Waffe entfällt. Deßhalb wendet man in neuerer Zeit die Sache anders. Man will die religiösen Orden nicht als absolut unverträglich mit dem Staate erklären, aber man macht als etwas Sichvonselberverstehendes die Bedingung, daß sie sich der staatlichen Hoheit unterstellen. Daraus leitet man das Recht ab für den getrennten Staat, Bestimmungen vorzuschreiben, welche in die innere Verfassung eingreifen und die Existenz der einzelnen Familien von der staatlichen Willkür abhängig machen. Genauer besehen, bleibt hier die Voraussetzung der Jakobiner, daß die geistliche Unabhängigkeit der religiösen Orden mit dem modernen Staate unverträglich sei; aber man ist nicht so ehrlich, wie jene, daraus die Folgerung abzuleiten, daß sie unzulässig seien, sondern man sucht die

Unabhängigkeit zu untergraben, um auf dem Umwege das Ziel zu erreichen.

178. In gröberer Weise als heutzutage ist diese Art des Angriffes
von den Josephinern angewendet worden. Sie argumentirten: [1] „Jeder
Regent hat vermöge der höchsten Gewalt das Recht, alles das abzuschaffen, was dem Endzwecke des Staates zuwider ist und alles das anzuordnen, was demselben zuträglich ist. Und dieses Recht erstreckt sich
über alle Genossenschaften, welche sich im Staate befinden, sie mögen
nun aus weltlichen oder geistlichen Gliedern bestehen, indem auch diese
nur unter der Bedingung, wenn sie dem allgemeinen Besten kein Hinderniß in den Weg legen, in den Staat aufgenommen und in demselben
geduldet werden können.“ Da fielen also die geistlichen Genossenschaften
ohne Gnade und Barmherzigkeit, im Namen des gestrengen „Staatszweckes“, unter die Fuchtel der weltlichen Gewalt. Sie passiren die
Mauthlinie nur, wenn ihre Siebensachen nach dem Register des allgemeinen Besten in Ordnung befunden worden sind, und ausdrücklich auf
Wohlverhalten. Wir wären begierig zu wissen, wie es mit andern moralischen Personen, z. B. den Bisthümern, den Familien zu halten ist, ob auch
sie nur auf Wohlverhalten und unter Paßplackereien von dem „Staatszweck“ zugelassen worden sind; am Ende ergeht es auch den physischen
Personen, die zur Welt geboren werden, nicht besser. Sie werden nur
bedingungsweise in den Staat aufgenommen! Diese absolutistische
Fiction eines vorausexistirenden Staates als des unbeschränkten Despoten, der nach dem bekannten: tel est notre bon plaisir, über die
Existenz und Existenzweise der Corporationen entscheidet, ist doch durch
den gesunden Menschenverstand für immer hoffentlich in ihr hohles Nichts
zurückgesunken, um gesünderen und mehr natürlichen Auffassungen von
Recht und Staat zu weichen. Auf die Kirche und ihre Glieder ausgedehnt, ist sie eine sehr plumpe Uebertreibung des protestantischen
Territorialsystems. Soll sie also irgendwie einen Sinn erlangen, so
muß sie mit Hülfe der Elemente des katholischen Glaubens purificirt
werden. Das Staatsoberhaupt kann — die Gerechtigkeit natürlich
vorausgesetzt — alles auf dem staatlichen Gebiete hindern und anordnen nach Maßgabe des richtig erfaßten Zweckes des Staates. Wem
dieses Spielzeug gefällt, der mag sich daran vergnügen. Im Grunde

---

[1] Pehem. Versuch über die Nothwendigkeit einer vorzunehmenden Reformation
der geistlichen Orden. Wien 1782.

ist sehr wenig an dieser nahezu tautologischen Aufklärung. Also kann er auch über die unter ihm stehenden Corporationen, soweit sie nämlich seinem Willen entsprungen sind, verfügen — warum nicht? Auch wenn Geistliche die Mitglieder bilden? abermals warum nicht? Es können ja weltliche Collegien mit Geistlichen besetzt sein. Also kann er die geistlichen Genossenschaften nach Belieben regeln, verändern, auflösen? Welcher logische Sprung! Sind es geistliche Genossenschaften, so stehen sie ja als solche nicht unter der staatlichen Hoheit, noch verdanken sie dem Staate ihr Leben, gesetzt auch, er wäre der Kirche mit aller denkbaren Hülfe zu ihrem Entstehen und Fortkommen zur Seite gewesen. Mit dieser überaus einfachen Unterscheidung lösen sich alle Folgerungen des Josephinismus in Dunst auf. Was der Staat den geistlichen Genossenschaften schenkt, geht damit in sie über, ohne ihre geistliche Natur zu ändern, wie sich der Rebensaft in Blut verwandeln kann, obwohl er seinem Ursprunge nach dem vegetativen Leben, nicht dem animalischen, angehört.

179. Etwas anders lautet die Beweisführung der gemäßigteren Liberalen von heute. Ein Beispiel bietet uns das Kirchenrecht von Richter [1]. „Auf der einen Seite", heißt es da, „wird festzuhalten sein, daß das Ordensleben zu den eigenthümlichen Lebensäußerungen der katholischen Kirche gehört, weßhalb ein allgemeines Verbot der Orden oder der Errichtung von Klöstern nicht zu rechtfertigen ist, und zwar um so weniger, als auch noch in der Gegenwart die mit Liebespflege und Unterricht befaßten geistlichen Genossenschaften selbst einem Bedürfnisse der bürgerlichen Gesellschaft entsprechen können." Diese Anerkennung aus der Feder eines protestantischen Rechtslehrers kann uns nur zum Danke verpflichten, sie überhebt uns auf den letzten der obigen vier Einwände Seitens der Liberalen Etwas zu erwidern. Mit einiger Verwahrung aber müssen wir aufnehmen, was sich an das Gesagte anschließt. „Auf der andern Seite können die Orden schon vermöge ihrer Stellung in dem Organismus der katholischen Kirche, welche ja auch im Rechte des Staates mit Vorrechten ausgestattet ist, von diesem nicht wie bloße Privatvereine angesehen werden." Dem steht gewiß nichts im Wege, daß der Staat seine politische Anerkennung nach der kirchlichen Stellung dieser geistlichen Genossenschaften, die in der Kirche

---

[1] Lehrbuch des katholischen und evangelischen Kirchenrechts. Nach dem Tode des Verf. besorgt von Dr. Rich. Wilh. Dove. Leipzig. Tauchnitz, 1867. § 293. S. 906 Anm.

allerdings öffentliche Corporationen sind und einen eigenen Stand begründen, abmesse; daraus kann aber nur folgen, daß er, sofern er nicht
im Verhältniß der Feindschaft oder des Mißtrauens, sondern des Wohl-
wollens zur Kirche steht, sich nicht damit begnüge, ihnen politisch die
Stellung von Privatgenossenschaften zu belassen, die er ihnen ohne Verletzung der zudem noch bevorrechteten Kirche und der Gewissensrechte
seiner Unterthanen nicht entziehen kann. Das Lehrbuch langt aber bei
einer, wie es scheint, entgegengesetzten Folgerung an. Mit Berufung
auf Mohl (Politik I, S. 226 f.) führt es aus: „Das Ordensleben
ergreift mit seinen Anforderungen die gesammten Beziehungen des menschlichen Lebens, während Privatvereine regelmäßig nur einzelne Zwecke
zum Ziele gemeinsamer Thätigkeit machen und die individuelle Freiheit
nach allen andern Richtungen unberührt lassen." Es ist richtig, sie stellen
geistliche Familien und selbst Geschlechter dar, also complete Gesellschaften, weßhalb es unnatürlich ist, daß ihnen der politische Gesetzgeber
die volle Rechtsfähigkeit nicht zugestehe. Es „fordert den Verzicht auf
Familienleben, Eigenthum, Erwerb, also auf Güter, ohne welche der
Staat selbst und die bürgerliche Gesellschaft nicht fortbestehen könnten".
Dies ist ein Mißverständniß in mehrfacher Hinsicht. Einmal geht
Eigenthum und Erwerbsfähigkeit nur die Einzelnen an, welche in die
geistliche Familie sich aufnehmen lassen, während das Ganze in alle
Bedingungen dieser Rechtsverhältnisse eintreten kann; sodann ist der
Verzicht auf das Familienleben eine Erhöhung ihrer Fähigkeit, für das
allgemeine Beste sich zu opfern, wie bei den katholischen Priestern und
den Gliedern des Militärstandes; endlich ist auch bei der höchsten Freiheit für den Ordensstand dafür gesorgt, daß nicht alle Welt ins Kloster
gehe. Die Heirathslustigen werden allezeit, zum Troste für das menschliche Geschlecht, die übergroße Mehrzahl bilden (wenn man es nicht
vorzieht, mit dem hl. Hieronymus zu erwiedern: es könnten ja auch
alle Menschen Narren werden, wer sorgt dann für die Erhaltung des
Geschlechtes?). „Endlich dienen gewisse Orden der Bekämpfung anderer
Confessionen im Staate, während der paritätische Staat Pflichten des
Schutzes gegen letztere und die Aufgabe der Wahrung des öffentlichen
Friedens hat." Wir bestreiten weder das Eine, noch das Andere; behaupten aber, es liegt in bester Harmonie und der Staat hat keineswegs nöthig, zum Territorialsystem gegen die Orden seine Zuflucht zu
nehmen, eine „Kirchenhoheit", wie geschlossen wird, anzusprechen, die er
der katholischen Gemeinschaft gegenüber nicht besitzt. Sein **Jus cavendi**

reicht für alle Fälle aus. Kein Orden kann die Confessionen in einer von der katholischen Kirche und ihren Gesetzen abweichenden Art bekämpfen, diese Gesetze sind bekannt; ihre besondere Anwendung auf paritätische Staaten läßt sich sogar bei religiösen Orden viel vollkommener erzielen, als bei Einzelorganen der Kirche. Der paritätische Staat schließt aber die Vertheidigung der Kirche mit legitimen Waffen nicht aus [1]. „Der Staat ist also zu einer Aufsicht über die geistlichen Orden berechtigt und verpflichtet, welche weiter geht, als die über bloße Privatvereine"; „er darf sich also nicht mit der Fiction begnügen, das Bestehen der gewöhnlichen Vereinsgesetze reiche zum Schutze der Rechte aus, welche mit den Ordensinteressen in Collision treten können." Daß es vernünftig und also politisch gerechtfertigt ist, auf die geistliche Natur der religiösen Orden oder ihre Stellung in der Kirche zu reflectiren, kann man zugeben, aber ein anderes Aufsehen, als jenes, welches der staatlichen Hoheit zur Wahrung ihrer politischen Rechte und Erfüllung ihrer politischen Pflichten zusteht, und das sich überall von selber versteht, läßt sich daraus nicht folgern. Also jede Bevormundung, jeder Eingriff der Gesetzgebung in das Innere dieser Corporationen, jede Hemmung, welche selbst das mindeste Maß von Rechten, wie es die Privatvereine besitzen, noch einengte, herabdrückte, wäre, wie schon bemerkt, eine gefährliche Anwendung des cäsareopapistischen Princips und im Widerspruch mit der ganzen Verfassungsgrundlage des paritätischen Staates.

180. Wir wenden uns von hier zu den revolutionären Grundsätzen der 53. These, in welcher offen die Befugniß für den Staat beansprucht wird, dem Ordensstande den Rechtsschutz zu entziehen, was mit dem Rechte, sich von der Kirche zu trennen, zusammenhängt; deßgleichen der Auflösung mitzuwirken und die Apostasie zu begünstigen, sowie mit der Entziehung der Rechtsfähigkeit das Vermögen der geistlichen Genossenschaften und verwandter geistlichen Institute einzuziehen. Dieselben erledigen sich schon durch die Anwendung des natürlichen Rechtes auf den Fall. Denn daß dieselben nach allen Theilen mit dem canonischen Rechte sich im Widerspruch befinden, bedarf keiner Erläuterung. Deßhalb widersprechen sie auch dem positiven Rechte in jedem vollkommen paritätischen Staate, soferne dieser, trotz der Trennung, in welcher er sich seiner Grundlage nach im Ganzen befindet, doch die auf seinem Gebiete befindlichen Glieder der Kirche

---

[1] S. oben n. 145 Anm.

nach Maßgabe des katholischen Kirchenrechtes schützt. Allein sie widersprechen auch dem Rechte schlechtweg, wenn staatlicher Seits auch von
der geistlichen Stellung der Orden abstrahirt wird. Diese sind dann
mindestens noch erlaubte Privatassociationen, die vor dem Staate den
Grund ihrer Existenz nicht im staatlichen Willen, sondern in der natürlichen Freiheit der Mitglieder haben, sich zu allen sittlichguten und von
den Gesetzen erlaubten Zwecken um gesellschaftliche Hülfe umzusehen[1].
Bestehen sie schon vor der Gesetzgebung, so kommen zu diesen natürlichen ihre erworbenen Rechte hinzu, die gleichfalls nicht beliebig entzogen werden können. Daß die Zwecke nicht bloß sittlich gute, sondern
mit dem ganzen Gewissensgebiet auch erlaubte sind, ist bereits geltend gemacht worden. Die Folgerung für die Vermögensverhältnisse
ergibt sich mit Leichtigkeit. Gelten sie im Staate als Corporationen,
so gibt ihnen das nicht erst die corporativen Rechte, sondern ist nur
die politische Anerkennung derselben; mit der Entziehung der letztern
wird die erste nicht genommen, und selbst politisch kann das Recht, als
Privatvereine fort zu existiren, ihnen nicht entzogen werden, also wird
auch ihr Vermögen keineswegs herrenloses Gut. Sodann, wenn sie
bloß als Privatvereine gelten, kann ihr Vermögen doch nur an die Mitglieder, nicht aber an den Fiscus übergehen. Hört eine religiöse Corporation in ordentlicher Weise, durch Anordnung der Kirche, auf, so kann
ihr Vermögen auch nur an diese, in der sie als ein Glied der Gesammtcorporation Eigenthumsrechte hatte, zurückgehen[2].

---

[1] „Unsere Juristen", sagt Dr. Reimerding über das Verhältniß der Staatsgewalt zu den Corporationen im Staate (Archiv f. Kirchenr. 1865. 4. H. S. 19 ff.),
„betrachten die Corporationen im Staate als eine bloße Schöpfung des allmächtigen
Staates. Diese sollen sich, um persönliche Rechte zu genießen, durch einen Gnaden-
act des Staates Unterthanenrechte, ja selbst das Recht der friedlichen Existenz erwerben." Allein Verbindungen, die zu einem an sich erlaubten, nicht verbrecherischen
Zwecke eingegangen sind, „haben unabhängig von jeder Anerkennung des Staates so
sehr ein Recht zu sein, und persönliche staatsbürgerliche Rechte, daß der Staat, ohne seine
Pflicht zu verletzen, die Anerkennung und den Schutz dieser Rechte nicht vorenthalten
kann." Diese Vereine sind wie die Kinder von Staatsangehörigen zu behandeln.
Nach einer gewöhnlichen Behauptung soll der Staat Vereine, die dem allgemeinen
Wohle nicht nützlich sind, auflösen und ihr Vermögen als herrenlos einziehen können.
„Es ist aber falsch, daß der Staat jeden Verein, welcher dem allgemeinen Wohle
nicht nützlich ist, aufheben könne." Nicht die Frage nach dem Nutzen, sondern nach
dem Rechte entscheidet hier zuerst. Der Staat schützt die Rechte der Unterthanen,
damit sie sich selber glücklich machen können, und duldet Vieles, was nicht zum allgemeinen Besten ist.

[2] Die preußische Verfassung z. B. anerkennt im Allgemeinen den Grundsatz,

181. Geht man in dieser Frage etwas tiefer, so wird man bald den inneren Zusammenhang der Th. 53 mit der absolutistischen oder atheistischen Gesellschaftslehre (Th. 39) erkennen. Das canonische Recht, mit der Praxis aller christlichen Jahrhunderte im Einklange, erkennt in der Kirche als einer vollkommenen Gesellschaft das Recht an, öffentliche Corporationen in ihrem Schoße zu erzeugen, oder ihr eigenes moralisches Leben fortzuflanzen mit derselben Unabhängigkeit von der Staatsgewalt, die sie in ihrem eigenen Leben besitzt. Bevor es zu dieser öffentlichen Auswirkung kommt, hat die persönliche Freiheit unter ihrer Aufsicht einen weiten Spielraum zu Privatassociationen verschiedener Art. Dieses reiche Leben erfreut sich einer großen Sicherheit auch deßhalb, weil die Kirche nach Außen nicht neidisch ist, nicht nur im Staate eine göttliche Ordnung anerkennt, sondern auch in ihm der persönlichen Freiheit unter der Ordnung die freieste Entfaltung vergönnt. Im Lichte der christlichen Gesellschaftslehre erschauen wir die ganze Größe und Fruchtbarkeit der durch die Ordnung unter Gott gebeugten menschlichen Freiheit. Der Wille ist freilich nicht im Stande, aus sich die menschliche Gesellschaft zu erbauen, wohl aber im Zusammenhang mit der sittlichen Ordnung, und auf diesem Boden erhebt sich durch Zusammenwirken mit der göttlichen Führung eine gesellschaftliche Halle für das Geschlecht. Aber ist dieser Grund gewonnen, dann webt sich für alle denkbaren menschlichen Bedürfnisse ein Netz von Vereinen, wetteifernd mit dem gesellschaftlichen Leben in Staat und Kirche. Ganz anders die atheistische Gesellschafts=

---

daß die besonderen juristischen Personen, „unbeschadet ihrer besonderen juristischen Persönlichkeit im Besitze der Gesammtcorporation" sich befinden, und „das Verhältniß der kirchlichen Anstalten zur Kirche demjenigen gleich zu achten sei, in welchem sich die einzelnen Staatsanstalten zum Staate befinden." (Archiv für kath. Kirchenrecht.) Doch ist die Anwendung auf die religiösen Orden nicht gezogen, diese werden vielmehr unter dem Collectivbegriff von „geistlichen Gesellschaften" zusammengefaßt, welche Corporationsrechte nur durch besondere Gesetze erlangen können. Außerdem unterstehen sie dem Gesetze über das Vereinswesen vom 11. März 1850. S. Richter a. a. O. S. 905. Im Allgemeinen läßt sich sagen, daß dieses die Rechtsanschauung ist, wie sie sich in Frankreich, Holland, England und den Vereinigten Staaten Geltung verschafft hat. In letzter Zeit hat sie sich einer besonders eclatanten Anerkennung durch die ersten juridischen Celebritäten von Deutschland und Oesterreich aus Anlaß der Jesuitenfrage in Bayern zu erfreuen gehabt. S. hierüber „Die kirchliche Freiheit und die bayerische Gesetzgebung mit Rückblick auf die Jesuitenfrage in Regensburg. Eine Ansprache des Bischofs von Regensburg an den Klerus seiner Diöcese. Manz, 1867." S. 20 ff. Im Anhang befinden sich die Gutachten der HH. Freytag, Dr. Maaßen, Dr. Bauerband, Dr. Roßhirt, Dr. Vering, Phillips, Reichensperger, Schulte, Pachmann, Arndts, Seitz, Maas, Vogel.

lehre. Die göttliche Führung in der Kirche verachtend, überhebt sie die menschliche Kraft in der Bildung des Staates, indem sie ihn als eine Schöpfung der menschlichen Freiheit, und so vielleicht gar als eine Verwirk= lichung Gottes verherrlicht. Aber als hätte sie hierin alle Kraft er= schöpft, versagt sie der menschlichen Freiheit von hier an alle Fähigkeit, weitere moralische Wesen, dem Staate ähnlich, hervorzubringen. Die Cor= porationen sollen nicht vom menschlichen Willen unmittelbar, sondern nur vom Staate ihre Persönlichkeit empfangen. Und doch hat der Staat, nach dieser Lehre, eben nur vom menschlichen Willen seine Persönlichkeit. Also die größte öffentliche Person soll durch Vereinigung physischer Per= sonen ohne Weiteres entspringen können; dagegen untergeordnete mora= lische Personen sollen ihr Leben vom Staate erbetteln [1]! So rächt sich die Widernatur in der Vergötterung der menschlichen Freiheit im allge= meinen Staatswillen. Zum Götzen geworden kehrt sie sich gegen sich selber und zerstört die eigene Lebenswurzel in den Einzelpersonen. Sie ist in sich selber Empörung gegen Gott, gegen die Quelle der Ordnung, deßhalb feindselig gegen das Ebenbild Gottes im Menschen, ein verhee= rendes Element, das überhaupt alle Ordnung, insbesondere aber die des Uebernatürlichen im Geschlechte, verfolgt. Die Angriffe auf die Unab=

---

[1] Eine interessante Controverse über diese und verwandte Materien erhob sich vor Kurzem in der Civiltà. Gegen ihre These, daß die moralischen Personen ihre Existenz als Rechtssubjecte aus der sittlichen Natur, nicht aus staatlicher Ermäch= tigung ziehen (eine These, die im weitesten Umfange die Basis für das naturrecht= liche System von Taparelli bildet), wurde ihr der Einwurf gemacht: die (private) Genossenschaftsbildung erzeugt nur ein gewisses moralisches Band, noch nicht die Persönlichkeit, Rechtssubject werde der Verein erst durch die öffentliche Gewalt, im Staate durch die weltliche, in der Kirche durch die geistliche Regierung. Als Haupt= beweis wurde geltend gemacht: als ein unsterbliches Wesen könne die moralische Person nur von einem gleichfalls unsterblichen Wesen, sei es nun Gott oder eine vollkommene Gesellschaft, ihr Dasein empfangen. Weil der Einwurf anerkennt, daß die Kirche moralische Personen erzeugen kann, sowie daß der Staat verpflichtet ist, dieselben zu respectiren, hält die Civiltà die Theorie für praktisch zulässig, bekämpft sie aber aus speculativen Gründen. Sie hält die Unterscheidung zwischen einfacher Genossenschaft (Privatassociation) und moralischer Person für eine willkürliche Er= findung des Liberalismus, der damit den Consequenzen seines Grundprincips, daß die Gesellschaft der menschlichen Freiheit entspringe, aus Furcht vor der religiösen Freiheit, zu entrinnen suche. Aber, wirft die Civiltà ein, hat die Privatassociation das Recht sich zu bilden, warum nicht auch, sich zu erhalten, was sie nur als Rechts= subject kann? Daß die öffentlichen Corporationen ihre Persönlichkeit nur vom Staate oder der Kirche empfangen, gibt die Civiltà als begründet zu. VII. II. p. 266 sqq.

177

hängigkeit und das corporative Leben der geistlichen Genossenschaften sind nur besondere Aeußerungen dieses alles Leben der Freiheit ertödtenden Unholdes.

181. Die 52. These widerstreitet als ein Eingriff in das geistliche Gesellschaftsrecht zunächst der unantastbaren Regel, daß die Staatsgewalt, wenn sie in diesen Kreisen Etwas erzielen will, sich an die Normen des canonischen Rechtes zu halten hat. Fände sie also z. B., daß die von diesem vorgeschriebene Zeit für die Profeß verfrüht sei, wegen der besonderen Verhältnisse durch Klima u. s. w.; oder daß unverhältnißmäßig viele Apostasien sich in ihrem Bereiche zutragen: so könnte sie bei dem höchsten Träger der Kirchengewalt auf dem Wege der Vorstellung ihre Wahrnehmungen und Vorschläge vorbringen und hiebei Verdienste um das geistliche Wohl ihrer Unterthanen wie um das Beste der Kirche sich erwerben. Daß die geistliche Gewalt selber sich bestimmt findet, mit besonderer Rücksicht auf die Zeitverhältnisse Reformen zur Sicherung der Ordenszucht, wie zum persönlichen Besten der Religiosen vorzunehmen, beweisen am klarsten die verschiedenen Maßnahmen Papst Pius' IX. Ein wenig Billigkeit wird hierin zugestehen, daß die Kirche an sich eher geeignet ist, einzugreifen, als die Staatsgewalt, der mit dem höchsten Gesichtspunkte, gewonnen aus dem Glauben, in der Regel auch das gehörige Verständniß dieses Institutes fehlt. Was würde man auch vom Papste sagen, wenn es ihm einfiele, den Engländern Ermahnungen zu geben, wie sie das Seewesen zu reformiren hätten? Nicht weniger lächerlich wären gutgemeinte Einmischungen in das Innere der Orden, etwa um den Mitgliedern ihr Gelübde der Armuth weniger drückend zu machen. Wir sehen hiebei von den persönlichen Gefahren für die Betreffenden, da ihr Beruf darüber zu Grunde gehen kann, ebenso von der Lockerung der Ordenszucht ab. Die allgemeinere Seite hieran ist der versteckte Angriff auf den Ordensstand, und dieser liegt namentlich in den beiden Grundsätzen der These 52. Wenigstens haben die Liberalen selber zugestanden, daß die Maßregel, Niemanden vor dem 25. Jahre seine Gelübde ablegen zu lassen, eines der Mittel sei, „um diese Institute wenigstens nach und nach zu vertilgen und sie eines langsamen Todes sterben zu lassen" [1]. Es läßt sich dieses auch nicht bestreiten; man darf nur die Natur des Religiosenstandes, die Bedeutung der ersten Jugendjahre für

---

[1] Toleranzbibliothek für die österreichischen Staaten. Erstes Stück. Wien 1782. S. 15 f.

die Charakterbildung und die gewöhnlichen Erfahrungen ins Auge fassen. Das Gleiche gilt von der Verhinderung der ewigen Gelübbe. Nun aber hat die weltliche Gewalt keineswegs das Recht, ihren katholischen Unter=thanen die hohe Freiheit, dem allenfalls an sie ergehenden Ordensberufe nach den Ordnungen der Kirche nachzuleben, irgendwie zu verkümmern, ja man darf bei einer gerechten wohlmeinenden Regierung nicht einmal die Absicht hievon voraussetzen. Die genannten Maßregeln haben aber, wie leicht nachweislich, diese Wirkung unfehlbar, folglich gebricht es an der Befugniß dazu.

183. Die Einwendungen hiegegen gehen von der Wahrheit aus, daß bei diesem Institute verschiedene Interessen collidiren können, sie schreiten aber, weit vom Glauben absehend, nach welchem es in erster Linie beur=theilt werden muß, zu einer für das katholische Gewissen nicht zutreffen=den, vielmehr dasselbe störenden Lösung dieser Collision. Nehmen wir beispielsweise aus Motiven zu neueren Gesetzen über das Ordenswesen, denen man eine wohlmeinende Fürsorge für das Privatwohl der Unter=thanen nicht absprechen kann, einige solcher mehr angedeuteten, als aus=gesprochenen Einwürfe. Durch den Eintritt von vermöglichen Personen in einen Orden werde sowohl den hinterbliebenen Verwandten, als auch dem bürgerlichen Verkehr Capital entzogen und durch den Verzicht auf das Vermögen zu Gunsten der Gemeinschaft ein Staatsunterthan einer ungewissen Zukunft ausgesetzt. Man fühlt deßhalb den Reiz, hier der persönlichen Freiheit Schranken zu ziehen. Sind die angeführten Gründe hinreichend, diesen Eingriff in das Eigenthumsrecht zu legitimiren? Werden sie nicht durch entgegengesetzte Vortheile reichlich aufgewogen? Sind sie auch objectiv, in den Thatsachen wurzelnd? Die Regel ist, daß die Eintretenden nur sehr bescheidene Vermögenstheile den Orden zuwen=den, heutzutage entlasten sehr Viele und zwar die weitaus überwiegende Mehrzahl von Ordenscandidaten beträchtlicher Studien= und Erziehungs=kosten und gewinnen dabei einen ehrenvollen Lebensberuf. Im Allge=meinen hängt es nur von den betreffenden Staaten ab, die reelle Ent=schädigung im eigenen Lande zu empfangen, insbesondere an geistlichen Gütern. Daß der Einzelne wagt, wenn er sich mit seiner ganzen Person einem solchen Lebensberufe ergibt, läßt sich nicht bestreiten. Ist es bei der Ergreifung eines weltlichen Berufes, beim Eintritt in die Ehe, bei einer Speculation im Wesentlichen anders? Der Ordensstand hat aber ein Noviciat und außerdem längere Erprobungen, dazu heutzutage nicht selten die größten äußeren Schwierigkeiten zu übersteigen. Alles erwogen,

ist kein Grund zu staatlicher Einmischung vorhanden. Es spricht auch gegen sie, daß mit den Nachtheilen verglichen, die Vortheile: das Lebensglück so Vieler, die im Ordensstande ihre Ruhe finden, das rückwirkende Beispiel der Entsagung, Zufriedenheit und Religiosität, eines lebendigen Gottvertrauens, wie die im Glauben gewirkten Opfer für die geistig und leiblich nothleidende Menschheit überwiegen. Kann heutzutage eine erleuchtete Regierung an diesen Lichtseiten des Ordenslebens blind vorübergehen? Bedürfen wir nicht einer außergewöhnlichen Aufweckung, um in den tausendfach verschlungenen Netzen einer überfeinerten Cultur dem Erstickungstode des Materialismus zu entgehen? Das Ordensleben durchreißt diese Netze und ist deßhalb für unsere Zeit eine moralische Nothwendigkeit und eine große sociale Wohlthat Seitens der gütigen Vorsehung.

184. Wir sind also weit entfernt, alle Unzuträglichkeiten, die sich hier wie bei allem Menschlichen einstellen, zu vertuschen, aber wir behaupten, sie rechtfertigen schon deßhalb die Eingriffe der Gesetzgebung in die geistliche Freiheit der Katholiken nicht, weil sie von viel größeren Vortheilen überwogen werden; aber weiter ist auch der Eingriff ein viel bedenklicheres Uebel als all Dasjenige, dem etwa gewehrt werden wollte. Die Rechte und Pflichten der Katholiken in der Kirche bilden ein organisches Ganze, das Eine stützt das Andere. Das Joch des Glaubens ist ein Joch, das getragen werden will bis zum Ende des Lebens; aber ihm gegenüber stehen Erleichterungen, Freiheiten, die es versüßen, und unter ihnen nimmt die Berufsgnade, das tröstliche Bewußtsein von Gott geführt zu werden, eine der ersten Stellen ein. Sie hat nichts Schwärmerisches, denn wie ihre Gewißheit auf dem Glauben ruht, so ist ihre Bestätigung geregelt durch das canonische Recht. In dieses Heiligthum aber greift der Staat ein durch eine indiscrete Gesetzgebung, da er es doch unzweifelhaft zu schützen berufen ist, wessen Händen immer seine höchste Gewalt anvertraut sei. Ist die Wunde, die hier dem Gewissen geschlagen wird, bloß auf Einzelne beschränkt? Keineswegs! mehr als sonstwo läßt sich hier die Regel anwenden: wenn ein Glied leidet, leiden alle Glieder. Die Kränkung des Ordensstandes, der sich auch nach dem Eingeständniß der Gegner organisch aus dem Innern der Kirche entwickelt, ist eine Verkümmerung des kirchlichen Lebens selber; was ist aber für die katholischen Unterthanen ein höheres Gut? ist der Staat, für den sie Opfer bringen und dieses um so williger, je fester sie ihrer Kirche anhängen, für sie noch ein Rechtsschutz der moralischen Güter, wenn er nach dieser Seite feindselig sich verhält, sei es offen

ober verdeckt? — „Gebt Menschen der Freiheit, Bürger der Gesellschaft, Hände dem Ackerbau und den Gewerken, unermeßliche Reichthümer dem Verkehre zurück", rief ein Jakobiner aus, alte Vorurtheile zusammenfassend[1], „so werdet ihr der Nation eine unschätzbare Wohlthat erweisen." Wer glaubt heute noch an diese trügerischen Versprechungen, die so manches Verbrechen am Gute der Kirche und der Armen beschönigen mußten? Wohl aber deuten sie uns auf eine eigenthümliche Signatur der Zeit, die bei allem äußeren Glanze, bei aller materiellen Pracht, sich gestehen muß, daß der Segen Gottes von ihrem Thun gewichen ist. Im industriellen Leben schwingen sich Einzelne zu Cröfussen auf, aber auf Kosten von Millionen, denen die Armuth eine Art Verdammniß ist, die sie nur mit wilder Verzweiflung tragen; die Ehe hat an sittlicher Reinheit und Beständigkeit keineswegs gewonnen durch das Sturmlaufen gegen das Gelübde der Keuschheit, und die Absorption der Menschen durch die Politik macht alles schaal und oberflächlich, während ehedem die öffentlichen Mahner zur religiösen Tagesweihe in den klösterlichen Tagzeiten immer und immer die irdische Alltäglichkeit durchbrachen. Es ist heute ein selbst von den National= ökonomen angenommener Grundsatz, daß ohne Entsagung materieller Wohlstand unter den Menschen unmöglich ist[2]. Der Genuß aber ist ein breiter Strom geworden, der alle Klassen in sich hinabreißt. Be= greift man, daß diese Inseln des freiwillig armen Ordenslebens eine hohe sociale Mission haben? Vergebens wird man sich abmühen, ohne die volle Wiederherstellung der Religion als einer Lebensmacht, dem Ver= derben zu steuern, den Geist der Nüchternheit und der Entsagung einzu= bürgern. Es sind also Faustschläge gegen die menschliche Gesellschaft, wenn unberufene Hände sich in diese Sache hemmend und störend ein= drängen.

185. Allein nicht bloß der kirchlichen und religiösen, sondern auch der bürgerlichen und politischen Gesellschaft werden tiefe Wunden versetzt durch diese unheilbaren Rechtsverletzungen, durch diese Eingriffe in das Eigenthum, womit in der Regel himmelschreiende Ungerechtigkeit gegen Viele, die sich die höchsten Verdienste um ihre Mitmenschen erworben hatten, oder doch gegen harmlose Personen geübt wird; und wenn je einzelne Schuldige sich unter den Opfern finden, so ist es nicht der Richter, sondern

---

[1] Pétion de Villeneuve. Sitzung vom 12. Februar 1790.

[2] Man sehe den schönen Beweis, den Périn in seinen „Les économistes" schon vor bald zwei Decennien geführt hat.

in der Regel der Fanatismus, der ohne alle Form, von blinder Habgier
etwa gestachelt, gegen sie vorangeht. Notorisch kommen auch bei dem
Säcularisationsgeschäfte die schamlosesten Diebstähle, Betrügereien und
Vergeudungen öffentlicher Gelder vor. Welcher moralische Nachtheil für
die Achtung des Gesetzes, wenn die Gesetzgeber selber mit solchen Verbrechen in nächster Berührung stehen! Eine gleichsam bleibende Wunde
aber, der allgemeine Krebsschaden, der in immer riesigeren Dimensionen
um sich greift, die Armenfrage, ist schon längst als die eigentliche Geißel
Gottes für die frechen Sacrilegien, die mit der Säcularisation begangen
worden sind, anerkannt. „Durch Aufhebung der Klöster und Einziehung
der Kirchengüter“, erklären unparteiische Kenner der englischen Social-
verhältnisse [1], in denen bereits ein doppelter Staat sich zu entwickeln,
oder vielmehr der Armenstaat den wirklichen Staat zur Larve zu machen
droht, „verstopfte der Staat nicht nur die Quellen, aus denen die Armen
bisher größtentheils unterhalten waren, sondern gab überdies noch eine
große Zahl der Beschäftigung ungewohnter Personen dem Mangel preis.
Die dafür eintretende Staatsfürsorge aber hat in jeder Hinsicht Bankerot
gemacht.“ „Ueberblickt man,“ sagt Chadwick, ein Mitglied der Londoner
Centralarmenpflege, „die Geschichte der Armengesetzgebung von dem Sta-
tute der Königin Elisabeth an [2], so erscheint dieselbe als eine fortlaufende

---

[1] Die englische Armenpflege von Dr. K. Gustav Kries. Herausgegeben von
Dr. Karl Freiherr von Richthofen. Berlin 1863. S. 6. Vergl. Der Pauperismus
in England in legislativen, administrativen und statistischen Beziehungen von
Dr. Kleinschrod. Regensburg. Manz, 1845. S. 70 ff.

[2] Bettel und Almosengeben wurden unter Eduard VI. zum Theil mittelst blu-
tiger Gesetze untersagt, die „freiwillige“ Armensteuer war schon vorher von der
weltlichen Obrigkeit eingeschärft worden. Als die Freiwilligkeit nicht flüssig werden,
anderer Seits die Armuth sich nicht mindern wollte, wurde (1551) den Almosen-
sammlern aufgegeben „freundlich zu mahnen“; bald sollten die „Widerwilligen“
durch den Bischof vor den Friedensrichter geladen werden, um sie erst in Güte, dann
aber zwangsweise zur Armensteuer anzuhalten (1563). Kaum zehn Jahre später
(1572) darf der Friedensrichter bereits ohne Dazwischentreten des Bischofs die
wöchentlichen Beiträge den Widerwilligen festsetzen. So war die gesetzliche
Armensteuer vorbereitet, womit die Königin Elisabeth die sociale Revolution auf
dem Gebiete der Charitas krönte. Heute noch gilt (mit einer 1834 angenommenen
Reform) ihre Acte mit den Vorschriften: arbeitsfähige Arme sollen durch Arbeit,
Nichtarbeitsfähige durch Geld u. s. w. aus öffentlichen Mitteln unterstützt werden,
und zwar aus den Mitteln der betreffenden Kirchspiele, denen die Armen angehören.
Vermittler sind die Kirchenvorsteher unter eigener Beihülfe von Armenaufsehern.
Im Wesentlichen blieb es hiebei bis 1834, wo die immer fühlbarer werdenden
Uebelstände das Parlament zur Untersuchung und Reform drängten. Die Haupt-
schwierigkeit war zu ermitteln, wer einen gesetzlichen Anspruch auf Armenunterstützung

Reihe fehlgeschlagener Maßregeln. Kaum ein Statut über die Verwal=
tung des Armenwesens wird gefunden werden, welches den von der Ge=

---

habe. Den Kirchspielen war mit der Einziehung des Kirchengutes ohnehin viel
genommen worden; jetzt legte ihnen der Staat eine neue Last auf, die nahezu er=
drückend werden wollte, weßhalb es lange anstand, bis die Acte der Königin Eli=
sabeth zur Ausführung kam. Alles suchte sich zu entziehen. Die Lage der Armen
läßt sich denken. Man suchte durch Heimathgesetze nachzuhelfen. Aber es waren
nur Nothbehelfe. Die jährliche Armenlast stieg demungeachtet schon gegen Ende
des 17. Jahrh. auf 6—900,000 Pf. Sterling; um die Zeit des amerikanischen Frei=
heitskrieges betrug sie über 2 Millionen; im Anfang unseres Jahrhunderts über
4 Millionen, 1813 gar 6,656,106 Pfund bei einer Bevölkerung von 10,505,800
Seelen; 1818 nahezu 8 Millionen, so auch im Jahre 1832. Und wie wurden diese
Summen verwaltet? Die Commission des Parlaments erhob als Hauptmißstände:
Unterschlagung und Verschleuderung des Armengutes durch die Vertheiler; Beför=
derung des Müßiggangs und der Ausschweifung bei den Einen in großem Styl,
Entmuthigung der bessern von den Arbeitsfähigen; insbesondere aber die Zucht
eines eigenen Standes von Proletariern, welche die communistische
Partei verstärkten und damals schon von Zeit zu Zeit in Unruhen ihr Dasein bekun=
deten. „Hier bezogen die Besitzer verfallener Häuser durch die Armenkasse noch eine
Rente von Wohnungen, die sie sonst schwerlich hätten vermiethen können; dort hing
die Kundschaft einer Schankstätte von Zuschüssen ab, welche Arbeiter zu ihrem Lohne
aus der Armenkasse erhielten. Nur zu allgemein gewöhnten sich Landwirthe daran,
daß Arbeiter, deren sie nicht immer, wohl aber zeitweise sehr dringend bedurften, in
der Zwischenzeit auf öffentliche Kosten gleichsam zu ihrem Gebrauch bereit gehalten
wurden, ja selbst während sie bei ihnen beschäftigt waren, Zuschüsse zu ihrem Lohn
aus der Armenkasse empfingen und dafür wohlfeiler zu dingen waren. Auch an
unmittelbaren Veruntreuungen und Unterschleifen fehlte es nicht.“ „Schlimmer
noch als die Höhe der Ausgaben für die Armenpflege, welche ohne eine durchgrei=
fende Aenderung des befolgten Systems ganz unerträglich zu werden drohte, war
der verderbliche Einfluß, den dasselbe auf die Begriffe, Sitten und die ganze geistige
Existenz der arbeitenden Klassen ausübte. Diese wurden daran gewöhnt, die Unter=
stützung aus öffentlichen Mitteln in jedem vorkommenden Nothfall; die Beschäfti=
gung von Seiten des Kirchspiels, wenn es ihnen an Arbeit fehlte; Zuschüsse zu
ihrem Lohn, wenn dieser unter die für normalmäßig angesehene Höhe herabsank —,
als ihnen zustehende Rechte anzusehen, deren Verkürzung sie widerwillig ertrugen,
und die sie zur Selbsthülfe geneigt machten. . . . Bei Mädchen steigerte sich das
Unwesen so weit, daß selbst Unkeuschheit ein Mittel für sie wurde, um Unterstützung
zu erhalten.“ „Besonders nachtheilig war es, daß thätige und unabhängige, d. h.
nur vom Erwerb ihrer Hände lebende Arbeiter, sich entmuthigt fühlen mußten, wenn
sie sahen, daß der Trägheit und Sorglosigkeit ein gleicher, oft sogar ein höherer
Lohn zu Theil wurde“; „ja sie wurden positiv benachtheiligt, sofern das System der
Armenzuschüsse die Arbeitgeber in die Möglichkeit versetzte, die Löhne künstlich herab=
zudrücken.“ (Kries. a. a. O. S. 15 f.) Die Werkhäuser erwiesen sich als wahre
Höhlen des Lasters, in denen die Jugend in Unwissenheit, Faulheit und Laster, die
Arbeitskräftigen in üppigem Müßiggang ihr Leben zubrachten, die wirklich Armen
aber unsäglichem Elend sich ausgesetzt sahen. (Kleinschrod. a. a. O. S. 99.)

fetzgebung beabsichtigten Zweck erfüllt, oder welches nicht neue Uebel her=
vorgerufen hat, um jene zu vergrößern, auf deren Bekämpfung es ab=
zielt." Und hievon gibt die Reformacte von 1834 ein neues Zeugniß; ja sie
scheint alle bisherigen Proben überbieten zu sollen. Um nämlich die Armen=
steuer zu ermäßigen und den tüchtigen Arbeitern nicht ferner zu nahe zu
treten, ist die polizeiliche Aufsicht verstärkt, die Zahl der Arbeitshäuser
vermehrt und endlich der Staat direct ins Mitleiden gezogen worden,
wovor bisher der gesunde Sinn der Engländer mit Recht zurückscheute.
So ist nun bereits zum Socialstaat der Armen neben dem der Besitzenden
das Fundament gelegt. Statt des kirchlichen „Staates im Staate", wie
die Freimaurer die Kirche tituliren, existirt jetzt eine Armenhierarchie in
England; eine Centralbehörde in London, deren Präsident mit einem Ge=
halt von 2000 Pfund und zwei Secretären von 1500 und 1000 Pfund
eine sehr unabhängige Stellung einnimmt, steht an der Spitze dieser
Socialregierung; seine Bischöfe oder Inspectoren für die Aufsicht über
die Localarmenpflege, die gleichfalls mit einem Heere von gut besoldeten
Beamten ausgerüstet ist, beziehen je 1000 Pfund. Ihre Hauptaufgabe
bilden Visitationsreisen und Berichte an den Centralrath. Diese Aemter
wie auch die städtischen Armenpflegen sind als Vorstufen für einflußreiche
Stellungen im freien England sehr gesucht. Im Jahre 1850 waren neben
den Armenräthen in 604 Sammtgemeinden und 30 Gemeinden 12,853
besoldete Beamte angestellt mit einem Einkommen von 548,690 Pfund
Sterling, thut 6,584,780 fl. rhein. jährlich. Die Gesetzgeber von 1790 hätten
wohl ihre kühnsten Erwartungen übertroffen gesehen. Konnte die christ=
liche Mildthätigkeit, mit Frere=Orban zu reden [1], vollkommener säculari=
sirt, oder an die bürgerliche Gesellschaft zurückgegeben werden? Freilich
steigt in vielen der also zusammenregierten, früher autonomen Gemeinden
mit dem Verlust des Kirchenvermögens und so vieler ehedem besessenen
geistlichen Vortheile die Armenlast bis zu 40 Procent ihrer Grundrente,
und doch nimmt in gleichem Maße die Unzufriedenheit und drohende
Haltung der ärmeren Classen zu und erwächst der Socialregierung am

---

[1] „Im Jahr 1789 hat man der alten Gesellschaft den Garaus gemacht. Drei
wesentliche Stücke, die in den Händen des Klerus waren, sind seitdem der Sorge
des Staates anheim gefallen, nämlich die Verwaltung der Güter zur Bestreitung
des Cultus, der Unterricht und die öffentliche Mildthätigkeit. Diese drei Interessen,
früher ein Zubehör des Klerus und der religiösen Congregationen, sind jetzt der
Staatsverwaltung zugefallen." Malou und die kirchlichen Angelegenheiten in Belgien.
Katholik. 1866. Augustheft S. 135 ff.

Arbeiterstaat bereits eine gefährliche Concurrenz! Die zeitweiligen Krisen, die durch die Gemeinden nicht mehr zu bewältigen sind, drängen immer mehr zur Staatsunterstützung. Im Jahre 1858 mußte der vierte Theil der Bevölkerung unterstützt werden; im Jahre 1862, als die Krisis über die Baumwollenindustrie hereinbrach, gerieth in den Grafschaften Lancashire und Cheshire der dritte Theil der über 1 Million betragenden Einwohner in die höchste Noth, so daß nur durch enorme Anlehen dem Aeußersten, den Zuschüssen aus Staatsmitteln, entgangen wurde.

186. Die Säcularisirung der Gesellschaft, d. h. die Anwendung der atheistischen Socialdoctrin auf die christliche Gesellschaft, macht jedenfalls die Heilung all dieser Uebel unmöglich, ja führt, wie die Einsichtsvollen allenthalben zugestehen, zur Zerstörung der letzten Reste von persönlicher Freiheit, von Recht und Ordnung. Die Kirche als die Fortsetzung des Erlösungswerkes ist eben eine übernatürliche Hülfe nicht bloß für den Einzelnen, sondern auch für die Familie, die bürgerliche Gesellschaft und den Staat, und dieses Verhältniß steht, wie alle moralischen Thatsachen, unter dem ewigen Gesetze, das nicht ungestraft verletzt wird. Die von Gott bestellte Armenpflegerin ist die Kirche, und das wirksamste, göttlich vorgeschriebene, im Erlöser vor Augen gestellte Mittel ist hier die freiwillige Armuth, ist der Stand der Evangelischen Räthe. In ihm ist das Opfer der Liebe im höchsten Grade Wirklichkeit geworden, von ihm geht der stärkste Reiz zu gleichen Opfern unter die Reichen, und das höchste Beschwichtigungsmittel für die Notharmen aus. Hat der getrennte Staat nicht den Muth, zur Staatsklugheit der Römischen Kaiser zurückzukehren, welche unter ähnlichen Verhältnissen die christliche Armenpflege als einen Nothanker gegen die sociale Auflösung unterstützten, so möge er sich wenigstens zur Gerechtigkeit ermannen, die von sectischen Einflüssen dictirten Gesetze gegen die christliche Freiheit abschaffen und der Charitas wie dem Ordensleben ihr Recht ungekränkt belassen!

Vierter Abschnitt.

Das liberale Staatsprincip und die katholische Glaubenseinheit.

§ 11. Trennung; Gewissensfreiheit und Cultfreiheit.
(Vergl. mit der These 55 die Sätze aus Quanta cura in n. 52 und die Thesen 77—79.)

187. Ist es der Obrigkeit in einem katholischen Staate, wie das KR. Sardinien es war, erlaubt, sich auf die „natürlichen Grenzen" zurückzuziehen oder durch Einführung der Religionsfreiheit von der Kirche zu trennen? An diese principielle Frage[1] treten wir nunmehr heran. Um über ihre Tragweite uns zu orientiren, gehen wir aus von dem Satze der Encyclica Quanta cura. „Ihr wisset wohl, daß zu dieser Zeit sich nicht Wenige finden, welche auf die staatliche Gemeinschaft das gottlose und widersinnige Princip des sogenannten Naturalismus anwenden." In der That, es sind nicht die natürlichen, sondern die naturalistischen Grenzen, auf welche die Liberalen zurückgehen, es ist nicht die Freiheit, mit andern Worten, der beiden Gewalten gegen einander, welche auf ihrer natürlichen Geschiedenheit beruht und etwas Gesundes, von Gott Gewolltes ist, sondern die feindselige Entgegensetzung. Es ist der Krieg, geführt im Interesse der staatlichen Machtsphäre, daher ein systematischer Uebergriff über die von Gott gezogenen Grenzen; ein Verhältniß, welches die Eintracht für immer beseitigen und mit der Vernichtung der Kirche enden soll. Die Basis ist ja der Naturalismus, der die übernatürliche Führung des Geschlechtes nicht anerkennt, für welchen es kein göttliches Recht der Kirche, also ebensowenig einen Titel für ihre Unabhängigkeit von der staatlichen Gewalt als für den ihrer geistlichen Auctorität gibt. Alles bisher Erörterte gibt uns den Beweis dafür, daß in der That mit jenen wenigen Worten der Encyclica das Wesen der Trennung von Staat und Kirche gezeichnet ist.

188. Im normalen Verhältniß der beiden Gewalten, wie es da geordnet ist, wo das Licht des Glaubens seine Herrschaft in einer Nation noch behauptet, sind nicht bloß die Unterthanen, sondern auch die obrigkeitlichen Personen Mitglieder der Kirche; nicht bloß das private, sondern auch das öffentliche Leben ist vom christlichen Gesetze als unverbrüchlicher

---

[1] Vergl. § 6. n. 107.

Norm beherrscht, von jenem Gesetze, dessen Auslegung und Hut dem
Lehramt der Kirche anvertraut ist. Wie nun der Einzelne im Allgemeinen auf drei Stufen sich dieser Herrschaft des christlichen Geistes entziehen kann, so auch die oberste Gewalt in einem Gemeinwesen. Das
erste Stadium der Absonderung würde mit dem Ausscheiden aus der
äußeren kirchlichen Lebensgemeinschaft, sei es durch Unbotmäßigkeit gegen
die geistlichen Vorsteher, sei es durch Abbrechen des Verkehrs mit den
Gläubigen beschritten. Diese Gestalt der Trennung tritt im Schisma
auf; es ist im kirchlichen Leben, was Aufruhr und Landesverrath im
Politischen ist. Geht auch die innerliche Einheit des Glaubens, wie es
gewöhnlich sich entwickelt, durch hartnäckiges Ergreifen und Festhalten
einer von der Lehrgewalt verworfenen Meinung verloren, so haben wir
die Häresie, jene Gestalt der Trennung, welcher im bürgerlichen Leben
der Umsturz der politischen Ordnung durch neue Theorieen über die
Staatsgewalt einigermaßen ähnlich ist. Wird endlich dem Glauben selber
mit der Läugnung der Gottheit Christi der Abschied gegeben, so hätten
wir die Apostasie, welcher wir den communistischen Radicalismus, der
alle Rechtsordnung über den Haufen wirft, zur Parallele geben können.
Denken wir uns nunmehr, ein solcher erst individuelle Versuch erweitere
sich zur Tendenz einer Partei, welche sich der obersten Gewalt irgendwie
zu bemächtigen wisse, sei es durch Beseitigung der katholischen Social-
auctorität, sei es durch Vergleiche mit ihren Trägern: so haben wir die
Trennung des Staates von der Kirche als ein mehr oder weniger voll-
endetes Factum. Das Unternehmen des Photius in Morgenlande,
Heinrich's **VIII.** im Abendlande bietet uns ein Beispiel der Trennung auf
der ersten Stufe; die zweite ist erkennbar in der kirchlichen Haltung der
Königin Elisabeth und ihrer Gesinnungsverwandten auf dem Continente;
die Levellers in England und die Jakobiner in Frankreich, denen sich
Mazzini mit Anhang aus der neuesten Zeit zugesellen, zeigen die Trennung auf dem Gipfel ihrer Entwicklung.

189. Einen andern Ausgangspunkt der Bewegung mit dem gleichen
Endresultate stellte uns Lamennais vor Augen, indem er der Kirche zu-
muthete, den kirchenfeindlichen Regierungen, welche die göttliche Stiftung
der Kirche läugnen, mit gleicher Münze zu bezahlen und die bestehende
Staatsordnung mit politischen Parteien in ihr auf gleichem Fuße zu behandeln. Es sollte sich also, um die Forderung in die einfachste Formel zu
fassen, die Kirche vom Staate trennen, als ob es der Kirche frei stünde, die
göttlichen Vorschriften über den Gehorsam gegen die rechtmäßige Obrig-

keit zu lehren oder nicht. Nunmehr ist es auch möglich, einen neueren
Ausdruck für die Trennung von Staat und Kirche, der gewissermaßen
die beiden Seiten zusammenfaßt, zu würdigen: die freie Kirche im
freien Staate. Die Freiheit einer Person besteht nach den Liberalen
zuletzt darin, daß Jeder eigentlich nur sich selber gehorcht, soferne Obrigkeit und Gesetz nur Erzeugnisse des sgn. allgemeinen Willens d. h. von
der Freiheit der Unterthanen gesetzt sein sollen, also auch nur so lange,
als sie dieses sind, auf den Gehorsam der Unterthanen Anspruch machen
können [1]. Mit einer solchen Freiheit ist die Unterwerfung unter das. gel-
tende Recht, als Ausdruck des göttlichen Willens, unter die Obrigkeit
als Stellvertreterin Gottes unvereinbar. Indem also der Kirche die
Freiheit im Staate von den Liberalen angeboten wird, sinnt man ihr
einen Bund mit der Revolution an, als ob diese mit der Freiheit Eins
und dasselbe wäre. Die Kirche soll auf Seite der Liberalen tretend den
Staat nur als eine menschliche Anstalt ohne alle Grundlage im Willen
Gottes behandeln. Zum Entgelt hiefür soll dem Staate dasselbe Recht
gegen die Kirche zustehen; es soll ihm mit andern Worten gestattet sein,
die Kirche, unter Absehen von deren göttlichem Rechte, als eine bloß natürliche
Religionsgesellschaft, als einen freiwilligen Verein zu behandeln und die
volle Autonomie des Individuums in Sachen des Glaubens zu proclamiren.
Eine solche Aussöhnung zwischen Kirche und Liberalismus wäre aber, wie
leicht zu erkennen ist, nicht mehr die Freiheit der Kirche im freien Staate,
sondern die vollkommene Unterwerfung der Kirche unter die Revolution,
der eigene Verzicht, wie auf die Grundsätze so auf das Verfassungsrecht.

190. So wenig die Kirche auf die Forderung der Trennung eingehen kann, so wenig darf eine katholische Obrigkeit dieselbe erheben.
Eine solche Obrigkeit anerkennt in der Kirche die untrügliche Auslegerin des
Wortes Gottes. Die Kirche nun aber kann Niemanden erlauben, den
Glauben an dieses, wovon das Heil abhängt, dahingestellt sein zu lassen,
oder ihren Gliedern frei zu geben, wie die Liberalen von der weltlichen
Gewalt fordern. Die Kirche hat von Christus Selber mit der Sendung,
welche Er Seinen Aposteln ertheilte, eine Gewalt über das Gewissen
ihrer Angehörigen empfangen; der Verzicht auf diese Gewalt wäre wie
ein moralischer Selbstmord, so ein Treubruch gegen ihr göttliches
Haupt. Die Liberalen behaupten, die Freiheit, zu glauben oder nicht,
sei ein unveräußerliches Menschenrecht, also auch nach der Promulgation

---

[1] Guizot. Trois générations. Paris. Michel Levy. 1863. p. 30 sqq.

des Gesetzes Christi und für die Glieder der Kirche vorhanden. Sie
muthen also Katholiken, als welche die Träger der obrigkeitlichen Gewalt
vorausgesetzt sind, zu, sich zu einem Princip zu bekennen, das mit der
Lehre und dem göttlichen Rechte ihrer Kirche im directen Widerspruch
steht. Dieses kann die Kirche keinem ihrer Glieder gestatten, also auch nicht
der weltlichen Obrigkeit in einem katholischen Staate. Es vereinigt sich
aber mit dieser aus dem Glauben an die göttliche Sendung der Kirche
geschöpften Rücksicht noch eine andere, welche dem Staate selber entnommen ist. Die liberale Lehre tastet die göttliche Grundlage der staatlichen Ordnung an. Dieses geschieht offen und unumwunden von jener
entwickeltsten Form des Liberalismus, mit welcher wir es hier zu thun
haben. Daß es aber auch von den gemäßigteren Formen des Liberalismus
gelte, welche der Indifferenz gegen die religiöse Grundlage des Staates
gewisse Schranken ziehen, sei es die des Naturgesetzes oder eines vagen
allgemeinen Christenglaubens, dürfte schon daraus hervorgehen, daß diese
halben Liberalen sich gegen die volle Anwendung ihres Princips nicht
zu halten vermögen. Im katholischen Staate wird eben damit der öffentlichen Ordnung die religiöse Grundlage entzogen, daß die Religion, wie
sie als Offenbarung der katholischen Kirche anvertraut ist, für die staatlichen Pflichten gegen Gott nicht mehr maßgebend sein soll.

191. Bevor wir die einzelnen Seiten des liberalen Grundsatzes in
Augenschein nehmen, noch ein Blick auf die These 54. In dieser wird
vom Monarchen, obwohl vorausgesetzt ist, daß derselbe persönlich in der
Kirche stehe, gelehrt, als Staatsoberhaupt stehe er der Kirche frei gegenüber, trete gleichsam aus ihr heraus, ja nehme in Disciplinarfragen
eine Stellung über ihr ein. Dehnt man dieses im Geiste der Anhänger
Rousseau's auf das allgemeine Staatsbürgerthum aus, so gewinnt man
den tieferen Sinn der 55. These. Hiernach werden die Staatsbürger
als solche, wenn sie auch Mitglieder der katholischen Kirche sind, völlig
frei von der Kirche und haben sich in ihrer staatsbürgerlichen Stellung
gar nicht um diese zu kümmern. Das Correlat dieser falschen und unnatürlichen Scheidung wäre, daß sie in der Kirche völlig frei und unabhängig vom Staate werden, in dem Sinne, daß sie es mit ihren Pflichten
gegen diesen halten können, wie sie wollen. Es bedarf keines langen
Nachdenkens, um zu erkennen, daß das Eine, wie das Andere falsch ist.
Das katholische Gewissen ist nicht in zwei Hälften gespalten. Es ist
der Kirche nicht gleichgiltig, wie die staatsbürgerlichen Pflichten erfüllt
werden; und umgekehrt wäre es schlecht mit dem Staatswohle bestellt,

wenn die Staatsbürger nicht als solche sich von den Vorschriften ihres Glaubens leiten ließen. Wie daher die Kirche die christlichen Monarchen warnt, daß sie sich nicht vom Reize einer falschen und unnatürlichen Unabhängigkeit auf die glatte Bahn der Revolution verlocken lassen [1], in gleicher Weise muß man den Staatsbürgern zu bedenken geben, daß die ihnen angebotene Freiheit von der Kirche ein Trug sei, unter welchem sich die Knechtschaft unter der liberalen Partei verhülle.

192. So viel über das Princip der Trennung im Allgemeinen. Geht man auf seine concrete Gestaltung ein, so prägt es in dreifacher Richtung seine Eigenthümlichkeit aus. Im christlichen Staat ist erstens die gesammte Politik von der durch den Glauben erleuchteten Vernunft geleitet; die Constituirung der Gewalten, die Gesetzgebung, die Verwaltung, die Einrichtung des öffentlichen Dienstes geht überall von der Grundlage aus, daß die Offenbarung, so wie sie in der Kirche hinterlegt und von ihr ausgelegt ist, unantastbare göttliche Wahrheit ist. Das liberale Staatsprincip (vergl. Thesen 56. 57) stellt dem die Forderung entgegen, „daß die menschliche Gesellschaft eingerichtet und regiert werde ohne alle Rücksichtsnahme auf die Religion, als ob diese nicht vorhanden wäre, oder wenigstens ohne einen Unterschied zwischen der wahren und den falschen Religionen zu machen.“ Hiemit sind zwei Phasen in der Anwendung des liberalen Princips angedeutet. Eine Erläuterung zu der zweiten gemäßigteren Form bietet Bluntschli, wenn er sagt: „das moderne Staatsbewußtsein ist endlich darüber“ (wie sich der Staat der religiösen Grundlage gegenüber zu verhalten habe) „klarer geworden, als irgend eine frühere Weltperiode.“ Er will sodann Christus die Ehre erweisen, daß derselbe im Gegensatz zur Synagoge und zum Römischen Rechte das liberale Princip von der Scheidung der beiden Gebiete am frühesten erkannt habe. Das Mittelalter soll in den alten Irrthum zurückgesunken sein, so daß es den Mahomedanern vorbehalten blieb, dem christlichen Gedanken zu einer Darstellung in seiner ganzen Reinheit zu verhelfen, oder „die Politik unabhängig von der Religion zu verstehen“. Nach solchem Muster haben dann die Liberalen den „selbstbewußten Staat“ in den christlichen Ländern zur Reife gebracht. Seitdem begreift „die neuere Zeit endlich die beiden Hauptzüge: die Religion ist unabhängig von der Politik, die Politik ist unabhängig von der Religion“ [2]. Wollen die Liberalen sich auf Seite

---

[1] Der Staat auf christlicher Grundlage von Clemens Graf Brandis. Regensburg. J. Manz. 1860. S. 93 f.

[2] Deutsches Staatswörterbuch. Stuttgart. 1864. VIII. S. 580 f.

Mahomets schlagen, so ist das ihre Sache. Daß die Politik sich nicht vom Naturgesetz emancipiren kann; daß das Evangelium und der Decalog dieses Gesetz richtiger auslegen, als der Koran, und daß eine katholische Obrigkeit von dieser Auslegung in ihrem Thun und Handeln nicht Umgang nehmen kann, bleiben für uns unumstößliche Wahrheiten. Nach den vorangeschickten Entwicklungen in der IX. Broschüre, wie oben im Ersten Theile und im Ersten Abschnitte unseres Zweiten Theils, brauchen wir nicht länger hiebei zu verweilen.

193. Wenn der christliche Staat zweitens sich verpflichtet erkennt, die Religion um ihrer selbst willen als eine göttliche Sache wie als ein höheres Gut der Unterthanen zu schützen und der kirchlichen Auctorität als einer göttlich beglaubigten Gewalt seinen Arm zu leihen, so will der vollendete Macchiavellismus der Neuern die Religion nur mehr als ein Mittel der Politik gelten lassen, und ihr auch nur insoweit, als es seinen politischen Gesichtspunkten entspricht, seinen Schutz zuwenden. Es soll nicht weiter die Rede sein von einer der Staatsgewalt durch ihren Urheber auferlegten Pflicht, die katholische Religion gegen Störungen jeder Art, gegen Schisma und Häresie zu vertheidigen und das Ansehen der Kirche und ihrer göttlichen Sendung durch den weltlichen Arm aufrecht zu halten. Wie sehr diese Auffassung von der Aufgabe der christlichen Staatsgewalt, allen vorangegangenen Jahrhunderten, der Lehre der Väter und der Concilien [1], wie der Uebung christlicher Fürsten widerspreche, ist überflüssig hervorzuheben. „Im Widerspruche mit der hl. Schrift, der Lehre der Kirche und der hl. Väter behaupten sie: der beste Zustand der Gesellschaft sei der, in welchem der Regierungsgewalt nur soweit die Pflicht zuerkannt wird, mit gesetzlich bestimmten Strafen die Verletzer der katholischen Religion im Zaume zu halten, als es die öffentliche Sicherheit verlangt" [2]. Es ist der Standpunkt des Territorialsystems, herübergenommen in die „Erklärung der Menschenrechte" [3]. Für beide ist der höchste Gesichtspunkt beim Schutze der Religion der bürgerliche Frieden unter den in religiöser Hinsicht geschiedenen Staatsbürgern. Während aber die früheren Gestalten dieses falschen Princips die unumschränkte Freiheit der Staatsgewalt über die Gewissen als Ziel ver-

---

[1] Vergl. Conc. Trid. S. XXIV. c. 8. de ref. und S. VII. c. 14. de Bapt. mit S. Leo. Ep. 15. ad Turribium. Opp. I, 960. Ep. 156 ad Leonem Augustum I. 1323. — P. Schneemann in VII. L. St. n. 36.

[2] Pius IX. in Quanta cura.

[3] S. oben n. 29.

folgten, ist es bei den Liberalen auf die schrankenlose Ungebundenheit des Individuums abgesehen. Die Religion ist diesen letztern nur mehr persönliche Angelegenheit; wird sie geschützt, so ist eigentlich die persönliche Freiheit, zu meinen, was beliebt, vom Staate berücksichtigt. Die Gemäßigteren unter den Liberalen ziehen hier allerdings gewisse Grenzen gegen die Meinungsfreiheit, aber am Princip des Indifferentismus halten sie fest. Der moderne Staat, sagt Bluntschli, ist „christlich“, nicht „confessionell“, und „erkennt und ordnet von sich aus nach staatlichen Principien die Rechte der Individuen, wie der kirchlichen Gemeinschaft“ [1]. Oder wie er das Bekenntniß an einer andern Stelle formulirt: „Ich bin weder katholisch noch protestantisch. Die confessionellen Parteien kümmern mich nicht, wenn sie nur die Gesetze des Staates achten. Die Politik, nicht die Religion, ist der Geist meiner Wirksamkeit. Katholiken wie Protestanten und selbst Andersgläubige sind mir gerecht, wenn sie nur treue Staatsbürger sind, und ich stelle mich freundlich zu den verschiedenen religiösen Gemeinschaften, insoferne sie mein politisches Leben nicht verletzen“ [2]. Wir untersuchen hier keineswegs, ob nicht unter gewissen Verhältnissen diese Indifferenz politische Nothwendigkeit werden könne; es wird unten noch weiter davon die Rede sein. Hier handelt es sich um die principielle Berechtigung des liberalen Standpunktes und die Frage, ob eine katholische Obrigkeit sich zu dem Grundsatze bekennen dürfe. Dieses läugnen wir.

194. Göthe sagt irgendwo, wie hoch der Mensch wähnen möge, sich zum Himmel zu erheben, in Wahrheit bleibe sein Antlitz allezeit der Erde zugeneigt. Als Heide hat er die Sache nicht besser verstanden; die übernatürliche Erhöhung des menschlichen Willens ist den Ungläubigen ein böhmisches Dorf. Aber der Ausspruch ist vollkommen zutreffend für die liberale „Hochachtung“ gegen die Religion und die Würdigung der Kirche. Denn wie devot auch die Versicherungen dieser Politik lauten, in Wahrheit bleibt das Antlitz der Liberalen allezeit von der Religion abgewendet, und alle Verbeugungen schlagen darum naturnothwendig in das Gegentheil von Verehrung aus. Die liberale Politik conservirt immer nur, wie man nicht unrichtig gesagt hat, die „unendliche Gleichgiltigkeit“ gegen die Religion. Darin liegt aber unseres Dafürhaltens der Hauptgrund für die Verwerflichkeit des liberalen Princips. Die Religion ist nun

---

[1] Allgemeines Staatsrecht. II, 301. 329.
[2] A. a. O. II, 308.

einmal wesentlich für die zeitliche Wohlfahrt des Staates für sich, wie seiner Bürger; die liberale Politik zerstört mit innerer Nothwendigkeit das Ansehen der Religion, sie ist also verwerflich und dies umsomehr, als es Aufgabe gerade der Staatsregierung ist, die zeitliche Wohlfahrt zu för=dern. Es bedarf auch nur kurzer Ueberlegung, von der Lehre der Ge=schichte ganz abgesehen, daß in katholischen Staaten dieses Werk der Zerstörung mit jedem Weichen von den katholischen Grundsätzen beginnt. Was kann man hiegegen einwenden? Man sagt wohl, es sei entwür=digend für die Staatsgewalt als Gehülfe der kirchlichen Auctorität zu figuriren. Aber ist es denn herabwürdigend, dem nächsten besten armen Bürger zu seinem Rechte zu verhelfen? Und doch kommen hiebei ge=meinhin lange nicht so hohe Interessen ins Spiel, als wenn der welt=liche Arm von der Kirche angerufen wird. Das Recht ist etwas Er=habenes, Göttliches, sein Schutz an sich selber die ehrendste Aufgabe für die Staatsgewalt. Aber, sagt man, die staatliche Ordnung hat es mit dem Natürlichen, nicht wie die Kirche mit dem Uebernatürlichen zu thun. Das läuft im Allgemeinen auf die doctrinäre Scheidung der beiden Gebiete hinaus, die vor dem Leben keine Berechtigung hat[1]. Damit daß die Kirche in ihren Mitteln und ihrem Ziele geistlich ist, wird sie nicht unfähig, Rechte in der Gesellschaft zu erwerben und eben damit den Anspruch auf den staatlichen Schutz derselben. Im katholischen Staate sind die Bürger Gläubige und der Staat schützt sie nicht allein in ihrem bürgerlichen, sondern auch religiösen Rechte, er schützt also auch die religiöse Auctorität nach Maßgabe des katholischen Gewissens. Auf andere Ein=würfe, so weit sie nicht besser der dritten Seite an der Trennung vor=behalten bleiben, hat schon der h. Augustinus geantwortet.

195. Die Donatisten nahmen es den Katholiken übel, als diese den kaiserlichen Schutz gegen ihre Bedränger anriefen. Als sie selber, die Donatisten nämlich, schon zuvor, nach ihrer Niederlage vor dem bischöf=lichen Gerichte, an den Kaiser appellirten, war dieses ganz in der Ord=nung gewesen. Gegen die Katholiken, welche nicht gegen ein rechtmäßi=ges kirchliches Urtheil, sondern gegen notorische Friedensstörung ein Gleiches thaten, wurde auf die Urkirche verwiesen. „Die Apostel", sagten die Donatisten, „haben nicht so gehandelt." „Der Glaube ist eine freie Sache"; „Christus hat Niemand gezwungen." Damals, antwortet der heil. Augustin, waren andere Zeiten. Als aber die Könige dem Herrn

---

[1] Vergl. oben. III. § 9 n. 159.

mit Furcht dienten, bestraften sie die Uebertretung der göttlichen Gebote; eben darin bethätigt sich die Furcht des Herrn Seitens der Obrigkeiten. Die Könige haben öffentliche Verbrechen gegen die Sittlichkeit zu ahnden, also auch gegen die Religion. — Es wäre freilich besser, die Menschen durch ihren freien Willen auf dem Wege des Heils zu erhalten, aber Viele bedürfen auch des äußeren Zwanges. — Hat nicht Christus Selber beim heil. Apostel Paulus, als Er ihn bekehren wollte, dieses Mittel angewendet? [1]

195. Damit sind wir ganz von selber zur eigentlichen Spitze der Trennung, zum Princip der Gewissensfreiheit geführt. Das höchste Ziel des vom Glauben apostasirten Staates, wenn der Ausdruck gestattet ist, besteht in der Geltendmachung der von Gott abgelösten Natur, während der christliche Staat nur die von Gott erhöhte und durch die Heilsanstalt geleitete menschliche Freiheit, als die Vollendung menschlichen Strebens anerkennt. Wie der erstere folgerichtig die natürliche individuelle Vernunft in ihre volle Autonomie einsetzt, so hingegen wird der christliche Staat in der Autonomie der verderbten Natur das Princip des Abfalls von der übernatürlichen Ordnung verfolgen. Im natürlichen Bereich ist allerdings die durch Auctorität erzogene individuelle Einsicht das Herrschende, weil zuhöchst Entscheidende. Aber der Mensch ist zum übernatürlichen Ziele geordnet, und um in das Himmelreich einzugehen, muß er den Kindern gleich werden, wie das Evangelium sagt. Hier, auf geistlichem Gebiet, bleibt die Kirche mütterliche Führerin, bis Gott selber den Menschen vollkommen erleuchtet. Hier ist das Sichselbervertrauen der Anfang nicht der Erkenntniß, sondern der Blindheit. Und Blindheit, oder vielmehr, wie die Encyclica Quanta cura mit Gregor XVI. sagt, Wahnsinn ist es, in Sachen des Heils die unbeschränkte Autonomie oder Freiheit der Vernunft zu proclamiren und folgerichtig jede kirchliche und staatliche Aufsicht über die Aeußerung dieser obersten Gebieterin zu verwerfen. Diese Autonomie, angeblich ein unveräußerliches natürliches Recht des Menschen [2], ist den Liberalen etwas so fest Stehendes, daß sie dieselbe geradezu auf die Offenbarung selber zurückführen und als ein eminent christliches Princip behandeln. Freilich in ihrer Art mit einer Vagheit und Unbestimmtheit, daß man kaum recht in's Klare kommen

---

[1] Ep. 185 an Bonifacius cp. 2 n. 6. — cp. 5 n. 19 sqq. Vergleiche Ep. 93 an Vincentius. Bei Migne S. Aug. II. col. 792 sqq. und II. col. 321 sqq.

[2] Art. 11 der Erklärung der Menschenrechte von 1791. Siehe die V. St. a. M. L. S. 30. Vergl. Oben n. 30 ff.

kann, was sie eigentlich damit meinen. Hören wir **Dr.** Bluntschli, so sind aus den christlichen Urthatsachen zwei Fundamentalsätze den Christen offenbar geworden: „1) Die Religion ist, wie nicht das Product des Staates, so auch in ihrem Wesen vom Staate unabhängig. 2) Die Religion erfüllt das Individuum mit göttlichem Geiste und verbindet die unsterbliche Seele mit Gott. Sie ist daher überall kein Verhältniß des menschlichen Rechts, sondern gehört wesentlich dem ewigen und geistigen Reiche an, von dem Christus gesagt: Es ist nicht von dieser Welt . . . Auf dem zweiten Satze ruht das Princip der sogenannten individuellen Gewissensfreiheit" [1]. Diese wäre also mit der unsichtbaren Kirche der Rationalisten von Christus selber proclamirt. Religion ist nämlich für Bluntschli im Unterschiede zur Kirche als des „sichtbaren Organismus der Gemeinschaft", ihrem Wesen nach „unsichtbare Einigung der menschlichen Seele mit Gott und Erfüllung derselben durch Gott" [2]. Man muß nun freilich sogleich bemerken, daß die christliche Offenbarung sehr dürftig ausgefallen ist, wenn sie nicht mehr als diese deistischen Principien, zu denen sich auch ein Mahomedaner und ein Neuplatonifer bekennen kann, zu Tage gefördert hat. Daß das Gesetz von Gott komme, wußte schon der Jude, und selbst der fromme Heide glaubte etwas Aehnliches, indem er eher den Staat als ein Product der Götter faßte, als umgekehrt. Die Christen erkennen aber in der That viel mehr, als all' das; namentlich, daß die Kirche von Gott sei, gestiftet durch den heiligen Geist, dem sie auch die Einsetzung der kirchlichen Vorsteher zuschreiben, sowie daß die Kirche eine Säule und Grundfeste der Wahrheit sei. „Einen häretischen Menschen meide", schreibt der Apostel; „wer euch eine andere Lehre verkündet, der sei verflucht", an einer andern Stelle; „wer euch hört, der hört Mich", sagt Christus Selber. „Wer die Kirche nicht hört, der sei euch wie ein Heide und Zöllner." Das begründet doch ein Recht, wenn auch kein menschliches, für die Apostel und ihre Nachfolger, die Bischöfe? nicht ein vages, geträumtes, sondern durch die ganze Geschichte der Kirche hin, von Anfang an energisch geübtes? Also von der individuellen Gewissensfreiheit im Sinne der Gegner ist im historischen Christenthum nichts zu spüren. Die Kirche aber sieht heute noch im Grundsatz der Gewissensfreiheit einen totalen Abfall von der Religion zum Indifferentismus, wie die Verurtheilung von Lamennais durch

---

[1] Allgem. Staatsrecht. II, 252. 253.
[2] A. a. O. S. 250.

Gregor XVI. beweist, welche die übrigen liberalen Principien einschließt [1]. Sie läßt sich in ihrem Urtheil durch die glänzenden Anerbietungen der Liberalen nicht irre leiten. Die Revolution bleibt dieselbe, ob sie sich in das Gewand des Eifers für ein theofratisches Weltreich kleide, oder die Maske abwerfend den Umsturz aller legitimen Gewalt in einer Universalrepublik anstrebe.

196. Suchen wir, um etwas tiefer einzubringen, zuvor die verschiedenen Bedeutungen der hier in Frage kommenden Ausdrücke zu würdigen. Taparelli unterscheidet [2] eine Freiheit im Willen (die natürliche Freiheit, der das innere Gesetz gegenübersteht) von der äußern Freiheit des Individuums oder des moralischen Körpers in der Gesellschaft. Ihm zufolge besteht das Wesen der Freiheit überhaupt in der Autonomie oder Selbstleitung. Eine andere Unterscheidung wäre, wenn der physischen (Wahlfreiheit) die moralische (unter der Vernunftherrschaft) und die sociale (unter der Geltung des Rechtes) zur Seite gestellt würde. Im zweiten Falle wäre an der Freiheit vornämlich das negative Element, der Ausschluß dessen, was der Selbstbestimmung Hemmniß bereitet (Zwang; Leidenschaft; fremde Willkür), in's Auge gefaßt. Bei der ersten Eintheilung aber tritt die positive Seite in den Vordergrund. Die Definition des Römischen Rechtes [3] hat offenbar das äußere Wirken des Willens vor Augen, als dessen Schranken sie die physische Macht und das Recht in Betracht zieht. Sofern in diesem Rechte das Naturrecht (jus gentium) inbegriffen ist, kann man die ebengenannte Definition von

---

[1] S. oben n. 53. 54. — „Atque ex hoc putidissimo indifferentismi fonte absurda illa fluit ac erronea sententia, seu potius deliramentum, asserendam esse ac vindicandam cuilibet „libertatem conscientiae". Cui quidem pestilentissimo errori viam sternit plena illa, atque immoderata libertas opinionum, quae in sacrae ac civilis rei labem late grassatur, dictantibus per summam impudentiam nonnullis, aliquid ex ea commodi in religionem promanare. ... Huc spectat deterrima illa, ac nunquam satis execranda et detestabilis libertas artis librariae ad scripta quaelibet edenda in vulgus, quam tanto vitio audent nonnulli efflagitare ac promovere ... Cum autem circumlatis in vulgus scriptis doctrinas quasdam promulgari accepimus, quibus debita erga principes fides atque submissio labefactatur. ... cavendum maxime erit, ne populi inde decepti a recti semita abducantur ... Neque laetiora et religioni et principatui ominari possemus ex eorum votis, qui Ecclesiam a regno separari, mutuamque imperii cum sacerdotio concordiam abrumpi discupiunt." Recueil. p. 162 ff.

[2] A. a. O. § 617 f.

[3] Naturalis facultas ejus, quod cuique facere libet, nisi si quid vi aut jure prohibetur. Florent. de statu hom. I, 5.

der Freiheit als dem Correlate der Ordnung noch heute mustergiltig nennen. Die Uebertragung vom äußeren Socialgebiet, dem sie entnommen ist, auf die innere sittliche Sphäre ergibt sich von selber. Durch die übernatürliche Ordnung sodann ist nicht allein die Wirkungs=Sphäre des Willens erweitert, sondern auch ein tieferer Einblick in die innere Natur dieses Vermögens gestattet worden. Seitdem wird mit Recht von der geistigen Wurzel der Freiheit (der inneren Wahlfreiheit) als der Grund=lage ausgegangen. — Betrachte ich diese Wahlfreiheit in den Grenzen der Ordnung, also nach einer neuen Seite, so kann ich hier die allgemeine sittliche Weltordnung, oder auch die äußere, natürliche oder übernatürliche Ordnung in's Auge fassen. Im ersten Falle ergibt sich die innere na=türliche Freiheit des Menschen, im zweiten die äußere sociale, und zwar persönliche, bürgerliche, politische und kirchliche Freiheit. Die letztere Gliederung beruht darauf, daß ich entweder bei der dem Individuum als solchem zukommenden Freiheit stehen bleibe, oder den Menschen als Glied der bürgerlichen, politischen, kirchlichen Gesellschaft nehme.

198. Suchen wir nun die Stelle auf, welche die Gewissensfreiheit einnimmt, so erscheint sie auf den ersten Blick als etwas, was dem in=neren Gebiete angehört; und gleichwohl behaupten wir, daß ihre eigent=liche Bedeutung die sociale Seite an ihr ist, oder daß sie sich auf die äußere Wirkungssphäre des Willens bezieht. Gemeinhin versteht man darunter die durch das natürliche Recht dem Menschen bewilligte per=sönliche Befugniß, nach der eigenen Vernunfteinsicht, unabhängig von fremder Einmischung, seine Handlungen zu bestimmen. In sich selber ist das Gewissen so wenig frei, als die Vernunft, deren Act es ist. Je ge=setzmäßiger es ist, desto richtiger ist es. Der Mensch ist aber innerlich wahlfrei, sich der erkannten Wahrheit zu unterwerfen oder nicht; und dieser rein innere Gebrauch der Freiheit entzieht sich dem menschlichen Richter. Das ewige Gesetz gestattet jedoch dem Menschen keine Freiheit der Wahrheit entgegen, wenn es auch die innerlichen Acte als solche nicht unter den menschlichen Richter stellt. Er hat kein Recht, sich sein Ge=wissen nach Belieben zu bilden. Wollte man nun sagen: Gewissensfrei=heit sei nichts anderes, als die Freiheit vom menschlichen Richter für die inneren Acte, so wäre sie ein natürliches Recht, das sich von selber ver=stände. De internis non judicat praetor. Allein die Gewissensfreiheit besagt viel mehr, so wie sie gemeinhin verstanden wird. Sie ist ein für das Socialleben geltend gemachtes Recht, nach eigener Vernunfteinsicht in seinen Handlungen sich zu richten. Wie weit geht nun dieses Recht?

Wir bemerken hiezu: das natürliche Recht entscheidet nicht darüber, wie die Vernunfteinsicht zu Stande kommt; es schließt also die Erziehung des Menschen durch göttlich menschliche Auctorität keineswegs aus. Und wir sagen ferner: diese Erziehung, wenn sie von der katholischen Religion geleitet wird, ist so weit entfernt davon, das Gewissen zu beeinträchtigen, daß sie vielmehr seine beste Schutzwehr ist. Umgekehrt drittens, eine angebliche Vernunfteinsicht, welche sich zu dieser Leitung feindselig verhält, überliefert eben insoweit dem Irrthum. Gewissensfreiheit also in dem Sinne, daß es dem Menschen freistehen solle, seiner Einsicht, im Gegensatz zur göttlichen Leitung, zu folgen, läßt sich wenigstens als ein natürliches Recht nicht behaupten. Um dieses noch deutlicher zu erkennen, gehen wir vom gewöhnlichen Leben aus. Es gibt Handlungen, bezüglich deren wir dem Nächsten eine Berufung auf das Gewissen unbedenklich gestatten, um ihn von der Schuld freizusprechen. Es sind das namentlich jene, denen eine entschuldbare Unkenntniß über das gegen sie bestehende Verbot zu Grunde liegt. Wissen wir, daß Jemand bona fide gehandelt hat, so sprechen wir ihn frei, obwohl seine Handlung materiell fehlerhaft ist. Durch die Berufung auf sein Gewissen entzieht er sich in gewissen Fällen der Verantwortung vor dem menschlichen Richter. Manche Vorgesetzte, insbesondere die Träger der höchsten Gewalt, entziehen sich derselben durch die Natur ihrer Verrichtungen. Wieder Andere unterstehen mit Handlungen dem menschlichen Gerichte, für welche sie bloß Gott Rechenschaft schuldig sind, oder aber sie verfallen dem menschlichen Gesetze als strafbar, während sie vor ihrem Gewissen schuldlos sind. Wäre nun unter den Menschen das Gesetz denkbar: es solle Jeder nach seinem Gewissen gerichtet werden, so wäre allgemeine Gewissensfreiheit eingeführt, so wie sie hier gefaßt wird. Es wäre erklärt, daß der höchste Gesetzgeber und Richter des Menschen das Gewissen ist, und daß die Socialgewalt sich bloß als Vollstreckerin desselben bethätigt. Und eine solche Gewissensfreiheit wäre möglich im paradiesischen Stande der Unschuld, wenn Alle als Kinder Gottes von dem Einen göttlichen Gesetze erleuchtet und von der Wahrheit beherrscht wären. Dem Irrthume und der Lüge entzogen, bedürften sie bloß der Erklärung ihrer Motive, um darnach beurtheilt zu werden. Diese idealen Voraussetzungen der Antinomisten passen aber nicht auf den gefallenen Menschen. Deßhalb kommt hier das äußere, positive Gesetz dem Gewissen zu Hülfe, die Berufung auf das Gewissen wird vom Rechte nur in beschränkten Fällen zugegeben. Sie kann aber um so mehr Statt haben, je besser das Gewissen innerlich bestellt ist, und es ist um so besser, je mehr es Gott unterworfen ist; Gott aber ist es um so mehr unterworfen, je mehr es sich der Leitung der Kirche, dieser Wiederherstellung des Urstandes, hingibt. Wenn wir also Jemanden die Berufung auf das Gewissen gelten lassen, was setzen wir dabei voraus? Daß er ein wirkliches Gewissen habe, dieses aber sehen wir nur bei Jenen, die an eine Verantwortung vor Gott glauben; er soll es mit Gott abmachen, heißt so viel, als: wir überlassen ihn seinem Gewissen. Das Gewissen setzt die Anerkennung der Oberherrschaft Gottes voraus. Bei den Gläubigen versteht sich diese von selber. Noch mehr, durch den Gehorsam gegen die Kirche um Gottes willen wird diese Herrschaft Gottes erweitert und befestigt. Daher können wir kurzweg sagen: die Gewissensfreiheit steht zur inneren Freiheit dem Gesetze Gottes und seiner Kirche gegenüber im umgekehrten Verhältniß. Gott dienen ist herrschen. Je mehr wir dem lebendigen Gott uns innerlich unterwerfen, desto mehr werden wir frei von den Menschen; was auch daraus erhellt, daß jene Unterwerfung zur Erfüllung aller menschlichen Gerechtigkeit, die Gerechtigkeit aber zur Unabhängigkeit führt. Nun wird es auch klar, warum es keine größeren Feinde der Gewissensfreiheit gibt als die Antinomisten, welche den Menschen ihre Freiheit von Gott und der Führung der Kirche aufdrängen, um sie zu Sclaven der Menschen zu degradiren. — Mit der Freiheit der Wissenschaft hat es eine ähnliche Bewandtniß. Ihr Gewicht, ihr Ansehen, ihre Sicherheit steht im directen Verhältniß zur Anhänglichkeit an die geoffenbarte Wahrheit, im umgekehrten zur Verachtung der kirchlichen Lehrauctorität.

199. Hiemit glauben wir uns den Weg gebahnt zu haben zur Lösung der schwierigen Frage: inwiefern die staatliche Gesellschaft das Gewissen ihrem Rechte unterwerfen und dasselbe durch Gesetze regeln könne. Sofern nämlich die Freiheit desselben dem Socialgebiet angehört, nicht etwas rein Innerliches ist, steht sie unter der menschlichen Gesetzgebung, nicht allein der kirchlichen, sondern auch der staatlichen. Als eine bloß innerliche Befugniß, eine Wahrheit anzunehmen oder den Willen einem Gebote zu unterwerfen, gehört sie, wie gesagt, vor den Richterstuhl Gottes und hat zu ihrer unverletzlichen Norm das ewige Gesetz. Beruft man sich aber, wie dies z. B. im sechszehnten Jahrhundert geschehen ist [1],

---

[1] Bei der Uebergabe der Augsburger Confession im Jahre 1830 wurden für die sich abtrennenden Religionsgenossen drei Grundsätze angerufen: 1) Der Glaube

gegen die Glaubenseinheit auf das Gewissen, so macht man damit einem bestehenden öffentlichen Rechte gegenüber Ansprüche auf ein Socialrecht, und hier greift dann die gesellschaftliche Gewalt ein. Daraus erhellt auch, daß die Frage der Gewissensfreiheit von jener der Cultfreiheit nicht verschieden ist. Schon jene fordert Anerkennung eines Bekenntnisses, wenn es sich auch nur erst negativ, als Ausschluß des öffentlich geschützten Glaubens oder als persönliche Sache Einzelner geltend macht. In der Cultfreiheit tritt dann das Positive hinzu, daß für das Bekenntniß und zwar einer Gesellschaft, im Gegensatz zur Glaubenseinheit Freigebung verlangt wird. (Die weiteren Abstufungen dieses Socialrechtes von der Gewährung der Hausandacht bis zur öffentlichen Gleichberechtigung mit der zuvor ausschließlich geschützten Religion können wir hier füglich bei Seite lassen.) Wir sagen nunmehr: so gewiß es einen Rechtsanspruch der Kirche auf öffentlichen Schutz ihres Glaubens gibt, so gewiß auch ist der Staat, welcher dieses Recht gewährt hat, der katholische Staat nämlich, verpflichtet, diesen Schutz aufrecht zu halten; dieses schließt aber allen Mitgliedern der Kirche gegenüber die Versagung der Gewissens- und Cultfreiheit in sich, diese kann also nicht als ein natürliches Recht gegen die Glaubenseinheit vom Staate gewährt werden. Wir sagen ausdrücklich: den Mitgliedern der Kirche gegenüber; denn wie schon im Ersten Theile bemerkt ist [1], hat die Kirche, als sie das liberale Princip der Menschenrechte verwarf, ausdrücklich sich dagegen verwahrt, daß sie eine Gewalt über das Gewissen der Ungläubigen anspreche oder dem Staate einräume. Deßhalb haben auch gerade die Päpste im Mittelalter mit der größten Energie für das natürliche Recht der Juden und Saracenen gegen politischen Glaubenszwang Partei genommen [2]. Es

---

ist ein frei ungezwungen Ding, der Jedem freistehen muß. 2) In Gewissenssachen darf kein geistliches oder weltliches Gebot oder Verbot Statt haben, Niemand darf das Gewissen regieren. 3) Ohne Freistellung der Religion ist kein Friede im Reiche möglich. Es ist bekannt, daß gerade die neuen Religionsparteien sich von diesen Grundsätzen viel weiter entfernten, als die Reichsgesetze, welche die Glaubenseinheit schützten. Sie enthalten auch bloß ein negatives auflösendes Ferment und beruhen auf einer genugsam beleuchteten Mißkennung des socialen Charakters der Gewissensfreiheit.

[1] S. n. 54.

[2] Wir können es uns nicht versagen, aus dem Proteste, den die Bischöfe der Provinz Santiago aus Anlaß des gegenwärtigen, liberalen Wirrsals in Spanien erhoben haben, einige lichtvolle Stellen zur Aufhellung unserer Frage auszuheben. (Mitgetheilt im Monde Nr. 170. 4. Dec. 1868.) Die Bischöfe bemerken zur Stimmung der Spanier über die neu octroyirte Religionsfreiheit: Die Gesinnung

schließt aber die Versagung der Gewissensfreiheit in sich, weil die Pflicht,

---

der revolutionären Junten und eines großen Theiles der Tagespresse werden von
der weit überwiegenden Mehrheit der Spanier zurückgewiesen; es gibt vielleicht
nicht 6 Spanier, welche aus Ueberzeugung eine andere positive Religion als die
katholische anzunehmen geneigt wären; eine sehr geringe Zahl ist gegen die katholische Religion nur deßhalb, weil sie gar keine Religion will und mit dem katholischen jeden Cult verachtet. Darauf fahren sie fort: „es liegt also keine Nothwendigkeit vor, bürgerliche Toleranz und Cultfreiheit gesetzlich einzuführen. Geschieht
es dennoch, so werden die Folgen nicht ausbleiben: die Zwietracht in den Familien,
die religiöse Gleichgiltigkeit und andere Uebel. Sind wir nicht schon ohnehin genug
heimgesucht mit Spaltungen unter uns; müssen wir auch noch eine viel tiefer gehende
und unheilvollere hinnehmen? Wozu einen Gährungsstoff herein werfen, der bald
die ganze Masse ergreifen müßte? Das scheint uns wenig weise zu sein, von der
Pflicht zu schweigen, welche eine katholische Obrigkeit vor Gott anhält, die wahre
Religion, die allein die Völker glücklich machen kann, zu beschützen. Der Irrthum
bleibt immer ein Uebel, das Uebel aber kann die Wohlfahrt einer Nation unmöglich begründen. Ein Staat, welcher sich zur Einheit in der Wahrheit bekennt, ist
unzweifelhaft viel vollkommener als ein anderer, der unter den beständigen Wand-
lungen des Irrthums zu leiden hat" ... Sodann erörtern die Bischöfe die Frage
im Allgemeinen: „Gott hat dem Menschen die Freiheit gegeben, zu denken, die
Freiheit zu reden, die Freiheit zu lehren, die Freiheit zu schreiben und seine Ansichten durch das Mittel der Presse zu veröffentlichen. Wer bezweifelt das? Aber
all diese Freiheiten haben ihre nothwendige Schranke, die ihnen von der Wahrheit
und der ewigen Gerechtigkeit gezogen sind. Sobald man diese Schranke durchbricht,
hat man nicht mehr die von Gott verliehene Freiheit, sondern den Mißbrauch dieser
kostbaren Gaben, d. h. die Unordnung und die Knechtschaft. In der That, welche
Knechtschaft ist kläglicher als die unter dem Joche des Irrthums und ungeordneter
Leidenschaften? Gott hat dem Menschen die Freiheit nicht zum Mißbrauch gegeben,
denn dieser stört die Ordnung Seines Reiches, die Ordnung aber darf von den
Geschöpfen nicht ungestraft verletzt werden. Unbeschränkte Freiheit auf dem Gebiete
des Wahren und Guten ist deßhalb eine mit Mangel behaftete Freiheit. — Nehmen
wir nun die Denk- und Gewissensfreiheit. Im einfachen Sinne verstanden geben
wir zu, daß dieselben nur vor Gott verantwortlich machen, daß weder Staat noch
Kirche eine Gewalt über sie haben. Allein versteht man darunter die Bekenntnißfreiheit, so gestehen wir, daß man diese beiden Freiheiten durch Gesetze regeln kann,
um die gute Ordnung in der bürgerlichen und religiösen Gesellschaft aufrecht zu
halten. In gleicher Weise ist es mit der Freiheit der Presse und des Unterrichts
bestellt. Wir können ihnen nicht Schranken- und Bedingungslosigkeit zugestehen;
dieselben finden vielmehr ihre Schranken am Naturgesetz, welches verbietet den Irrthum zu lehren und den Nächsten zu beleidigen; sowie an jener Schutzwehr, welche
die Gesellschaft gegen sie errichtet, damit nicht die Ordnung durch sie gestört werde.
Der Irrthum hat so wenig ein Recht als das Böse. So gut die Gesellschaft die
Falschmünzerei verbietet, ebenso gut kann sie der Verbreitung des Irrthums ent-
gegentreten. Gleichwohl gestehen wir zu, daß eine Gesellschaft in eine so unglückliche Lage gerathen kann, daß es ihr erlaubt wird, den Irrthum zu dulden, um der
Wahrheit Freiheit gewähren zu können; in einem so traurigen Falle wählen wir
das geringere Uebel, die Gleichheit für Alle."

sich der kirchlichen Auctorität in Sachen des Heils zu unterwerfen, ein integrirender Bestandtheil des öffentlich geschützten Glaubens ist. Man kann hiegegen nicht die Schwierigkeit erheben, daß damit dem welt= lichen Richter eine Entscheidung über innere Angelegenheiten des Ge= wissens eingeräumt werde; denn er hält sich theils an das äußere Be= kenntniß, theils wendet er darauf objective, durch die kirchliche Lehrancto= rität aus dem Glauben abgeleitete und von den Katholiken anerkannte Normen an. Das Urtheil über das Innere des Gewissens bleibt damit allezeit Gott vorbehalten. Kann aber der katholische Staat den Getauften keine Gewissensfreiheit im angegebenen Sinne geben, so fällt auch eben damit jeder Anspruch von Cultfreiheit für dieselben.

200. Die Cultfreiheit geht nämlich noch weiter als die Gewissens= freiheit, sofern sie nicht den Einzelnen für sich in's Auge faßt, sondern so, wie er sich mit einem bestimmten Bekenntnisse zu einer neuen Re= ligionsgesellschaft erweitert. Solche neue Religionsgesellschaften mit ihrem Anspruch auf staatliche Anerkennung ihres Bekenntnisses treten dann dem katholischen Staate, in welchem nur das katholische Bekenntniß öffentliche Berechtigung hat, gegenüber. Kann eine katholische Obrigkeit unter der Eingangs genannten Voraussetzung [1] ihren Unterthanen solche Cultfreiheit geben? Kann sie von der gesetzlich bestehenden Glaubenseinheit weichen? Wir glauben die verschiedenen Seiten der Frage zu erschöpfen, wenn wir erstens dieses Weichen von der Glaubenseinheit in einem katholischen Volke, auch wenn es allein zur beschränkten Religionsfreiheit führte und die von den Liberalen geforderte unbeschränkte Freiheit ablehnte, als ver= werflich, die Aufrechthaltung der Einheit als geboten bezeichnen. Dagegen halten wir zweitens fest: wo immer besondere Verhältnisse es der Staats= gewalt unmöglich machen, die Einheit zu erhalten, ist das Weichen als ein Uebel an sich zu betrachten. Zur Abwehr von Mißverständnissen dient es drittens, wenn wir die Rechte der von der Kirche getrennten Religionsgenossen in's Auge fassen. Wir beginnen mit dem Ersten.

201. Wo immer die Glaubenseinheit besteht, ist sie ein Recht nicht allein der Staatsgewalt, sondern auch der Unterthanen und der Kirche. Nimmt man also für den Staat die Freiheit in Anspruch, auf dieses Recht zu verzichten, unbeschränkt ist jedenfalls diese Freiheit nicht. Es kann die Staatsgewalt mit anderen Worten nicht nach eigenem Belieben

---

[1] S. n. 187.

verfahren; denn es bestehen zugleich bezüglich dieses Gutes bestimmte
Pflichten gegen die Kirche und die eigenen katholischen Unterthanen. Es
müßten also mit diesen letztgenannten Pflichten andere, die stärker an
Gewicht wären, collidiren, was eben in einer katholischen Nation nicht
denkbar ist; es bleibt also bei der Schutzpflicht gegen die Glaubenseinheit.
— Mit der Glaubenseinheit in einem Volke wird die katholische Religion
in der Art ein Bestandtheil des öffentlichen Rechtes, daß ihre Verletzung
zugleich ein bürgerliches Verbrechen und nach dem Staatsgesetze strafbar
wird. Daß nun aber mit dieser Verletzung auch dem Staatswesen Schaden zugefügt wird, wie ihm aus dem Schutze der Religion Vortheile erwachsen, ist leicht ersichtlich. Ohne Noth kann dem Staatswesen nicht
zugemuthet werden, auf die letzteren zu verzichten, dem ersten sich auszusetzen.

202. Diese Pflicht der Gewalt gegen sich selber wird erhöht durch
viele Gesichtspunkte, die noch dem politischen Bereich entnommen sind.
Die Glaubenseinheit ist ein so bedeutendes Gewicht zur Verstärkung der
politischen Macht, daß selbst außerhalb der Kirche und des Glaubens die
Natur zu einer Art künstlichen Erzeugung und Nachbildung auffordert.
Die Staatsreligionen des Alterthums wie in den Ländern der Neuzeit,
welche in der freien Forschung das Lebensprincip der Religion angenommen haben, lassen sich hieraus erklären. Selbst jene despotischen
Kaiser, welche die kirchliche Einheit durch Begünstigung von Schisma
und Häresie zu brechen strebten, haben zugleich mittelst ihrer Religionsedicte eine nachgeäffte Glaubenseinheit herzustellen gesucht[1]. Es bedarf
auch nur einer kurzen Erwägung, um die Bedeutung der Religionseinheit
zu erkennen. Die Macht der Religion auf die Gemüther beruht auf der
menschlichen Natur; das Gewaltigste ist aber dem Menschengebilde gegenüber die Wirksamkeit der Natur und in dieser hinwiederum die Richtung auf Gott und das Jenseits oder die Religion. Erweist sich nun
diese vollends als eine göttliche, untrügliche Führerin, wie dieses bei der
katholischen Religion der Fall ist, die Jeden, welcher guten Willens ist,
von ihrer Göttlichkeit zu überzeugen fähig ist; und umfaßt sie wie
eben diese Religion den Menschen in allen seinen Beziehungen: so läßt
sich die Stärke des Bandes einigermaßen ermessen, welches sie um eine

---

[1] Auch Bluntschli müht sich ab, die Eine Staatsreligion aus den Trümmern,
in welche der Liberalismus mit Hülfe der Secten die christliche Religion zerschlägt,
zu retten; so fest ist er von der politischen Nothwendigkeit der Glaubenseinheit
durchdrungen. Allg. Staatsr. II, 272 ff.

Nation zu schlingen vermag. Das ist aber als ein offenbar öffentliches Gut in erster Linie Gewinn für die öffentliche Gewalt, ihr Ansehen, ihre Gesetze, ihre Vertheidigungsmittel. Es wäre wahrhaft eine bis an Verrücktheit grenzende Vergeudung der Lebenskraft, mit einem solchen Gute leichtfertig zu spielen und es ohne die höchste Noth von sich zu geben.

203. Hiemit vereinigt sich eine Pflicht gegen die Unterthanen. Daß die Glaubenseinheit ein zeitliches wie geistliches Gut für diese ist, erhellt abermals aus ihrer Natur. Beginnen wir wie billig mit dem Höchsten, so trägt dieselbe nothwendig dazu bei, die religiöse Ueberzeugung von der Glaubenswahrheit zu verstärken und somit auch all' das geistige Elend, das mit dem Zweifel und der Glaubenslosigkeit einzieht, ferne zu halten. Mit der Glaubenseinheit sind selbst beim Verfall der Sitten unversiegliche Quellen zur Heilung noch vorhanden, die außerdem ver= schlossen bleiben. Wie viele Aergernisse in den Schulen für die Jugend werden mit ihr fernegehalten! Und im bürgerlichen Verkehr wie wohl= thätig wirkt für Treue und Glauben, für die wechselseitige Mittheilung und Hülfe, für die eheliche wie die freundschaftliche Liebe die Gemeinsam= keit der Gesinnung, der Hoffnung bezüglich der höchsten Güter! Mit der Glaubenseinheit gewinnen also die einzelnen Staatsmitglieder für sich, ihre Familien, ihre Mitbürger und Volksgenossen ein Gut von unschätz= barer Bedeutung, das sie aber nicht für sich selber zu schützen im Stande sind. Es hat also der Staat eine heilige Pflicht einzutreten. Hier ist einer der Zwecke, um derentwillen er von Gott gewollt ist; und mit der Gerechtigkeit vereinigen sich für eine christliche Obrigkeit noch die Pflichten der Liebe, die aus der Rücksicht auf das Seelenheil der Unterthanen ge= schöpft sind. Anderer Seits bildet die kirchliche Gemeinschaft, welcher dieselben angehören, eine unabhängige Person mit bestimmten Rechten, zu denen gewiß auch die Glaubenseinheit gehört, wenn sie irgendwo er= rungen ist. Durch ihre Apostel, häufig durch Martyrer ist sie begründet und durch geistliche Mittel in erster Linie aufrecht erhalten worden; sie erleichtert die Wirksamkeit der Kirche, erweitert ihre Freiheit und ist in der Regel die Quelle von besonderen Vorrechten und Gütern. Die Kirche ist dem Staate nicht unterworfen; hätte sie auch nur als eine öffentlich anerkannte Corporation Rechte erworben, so wäre er verpflichtet, dieselben zu schützen, also um so mehr, da sie ihm unabhängig gegen= übersteht.

204. Demungeachtet bestreiten wir nicht, daß sich Collisionen im

Leben der Völker ereignen können, welche der Staatsgewalt die Pflicht
auferlegen, auf den Schutz der Glaubenseinheit zu verzichten. Wir
halten hier mit neueren Auctoren, deren Stimme für gewissenstreue Katholiken schon deßhalb ein besonderes Ansehen hat, weil sie unter den
Augen des heiligen Stuhles ihre gewichtvollen Entscheidungen abgegeben
haben, den Grundsatz der Moral für anwendbar: zu einer positiven
Leistung, welche mit unverhältnißmäßigem Nachtheil für den Betreffenden
verbunden wäre, kann Niemand angehalten werden. Die Staatsgewalt
hat zunächst die Bestimmung, die zeitliche Wohlfahrt der Unterthanen
durch ihre Anstalten zu sichern; darf sie nun auch unter keinerlei Umständen um dieser Wohlfahrt willen zur Verläugnung des Glaubens oder
zum Ungehorsam gegen die Kirche anhalten oder mitwirken, weil dieses
einfach als etwas Böses verboten ist; so kann sie doch auf den Schutz
kirchlicher Rechte, auch der Glaubenseinheit, dann verzichten, wenn derselbe sich nicht ausführen ließe, ohne die öffentliche Sicherheit, dieses
näherliegende Object ihres Schutzes, unmöglich zu machen. So kann,
wer eine Stadt vertheidigt, in die Lage kommen, das Eigenthum und
selbst das Leben unschuldiger Bürger preiszugeben zu müssen, weil er den
Schutz dieser Güter nicht zugleich mit der Lösung der ihm obliegenden
Aufgabe wahrzunehmen vermag. In einem ähnlichen Collisionsfalle gibt
die Rücksicht auf ihre erste Bestimmung, die zeitliche Wohlfahrt der Unterthanen zu besorgen, für die Staatsgewalt den Ausschlag. Es kann sich
damit noch eine andere auf die Kirche und deren Glieder verbinden; denn
diese können möglicherweise nur durch Compromiß den Rechtsschutz, dessen
sie bedürfen, erlangen oder sichern. Das Weichen von der Glaubenseinheit ist dann berechtigt und lobwürdig.

205. Bleiben wir auf dem Boden der abstracten Theorie[1], so unterliegt es keinem Zweifel: nur der katholische Cult, weil auf göttlicher
Wahrheit ruhend, ist öffentlich berechtigt, er hat einen Anspruch auf ausschließlichen Schutz durch den Staat, wo immer er den Besitz errungen
hat. Allein in der Anwendung kann dieser Satz mit einem andern, der
gleichfalls berechtigt ist, zusammentreffen und dann bestimmte Modificationen erleiden. Es entsteht dann gleichsam eine Diagonale aus zwei
Kräften, die sich gemessen haben. Ein Beispiel soll das erläutern. Das

---

[1] La liberté des cultes et le droit de l'Église, par le P. F. Kestens.
2me éd. Louvain. Fonteyn. 1864. p. 10 sqq. Die Civiltà hat die hier entwickelten Principien ausdrücklich seiner Zeit als die ihrigen anerkannt.

Recht des Eigenthums steht fest; es ist nicht erlaubt, sich eine fremde Sache anzueignen. Aber wer nicht anders sein Leben fristen konnte, als durch die Aneignung fremden Eigenthums, war im Rechte. Dieses geht aber nicht weiter, als die äußerste Noth verlangt; somit entsteht eine Diagonale, eine mittlere Richtung. Machen wir die Anwendung. Das katholische Princip erleidet als solches keinen Zweifel; aber denken wir uns ein Land, das verschiedene Religionsbekenntnisse im Schoße seiner Bevölkerung birgt. Um den inneren Spaltungen und Uneinigkeiten zu entgehen, schließen die Parteien einen Vergleich, in welchem sie sich gegenseitig Freiheit der öffentlichen Religionsübung verbürgen. Konnten die Katholiken einen solchen Vertrag schließen? Sind sie verpflichtet, ihn zu halten? Ohne Zweifel. Nicht als ob die Cultfreiheit an sich berechtigt wäre; wohl aber weil die bürgerliche Gesellschaft ein natürliches Recht auf die Existenz besitzt, ein Recht, welches die Anwendung des katholischen Princips modificirt. Die Freiheit, welche der katholischen Religion absolut gebührt, kommt ihr nunmehr immer noch relativ zu, verbürgt nämlich durch den Gesellschaftsvertrag, in den sie eingeschlossen ist. (Die Geschichte des Religionsfriedens in Deutschland, zu dessen Aufrechthaltung z. B. 1566 Theologen ohne Makel, wie der sel. Canisius, mitwirkten, beleuchtet diese Lehre allseitig).

206. Denken wir uns nun aber eine katholische Nation, mit dem eben angeführten Schriftsteller. „Regierende wie die Unterthanen bekennen sich einmüthig zu demselben Cult und leben so in der vollkommensten religiösen Einheit. Darf diese Gemeinschaft als solche dem wahren Gott, den sie erkannt hat, ihre Huldigung verweigern? Muß sie nicht in ihren Gesetzen die Grundsätze des Evangeliums zur Anerkennung bringen? Muß sie nicht Denjenigen zurückweisen, welcher Zwietracht unter den Geistern aussäete und die Empörung gegen ihre Gesetze predigte, indem er zur Zerstörung der Religion aufreizte, welche sie bekennen und beschützen? Hier ist es gerade die Erhaltung der Gesellschaft, welche sich mit dem absoluten Rechte der Kirche verbündet, um die Freiheit der Culte auszuschließen." Eine andere Frage ist es, bemerkt unser Auctor, in welcher Weise eine solche Gesellschaft sich der Störung ihrer Glaubenseinheit erwehren solle. Das hängt von der Zeit ab, von dem Charakter und den Sitten der betreffenden Völker. Er begegnet damit den landläufigen Einwürfen, die von der Inquisition entnommen sind. Das Strafrecht ist heute ein anderes, viel milderes, als in jenen Zeiten, wo die Carolina ihre Schrecken entfaltete und in denen eben die

Kirche mäßigend dazwischen trat. Es war bei aller Strenge ebenso ein anderes zu den Zeiten des hl. Augustin, welcher das Einschreiten der weltlichen Gewalt zu Gunsten der religiösen Einheit, theils aus Erfahrung, theils aus den Pflichten der christlichen Obrigkeit entwickelt. Spanien schützte seine Glaubenseinheit in unserm Jahrhundert, dem Geiste desselben gemäß, auf eine viel mildere Weise, als in jenen Zeiten, da Calvin es ganz in der Ordnung fand, eine Abweichung von seinen Ansichten mit dem Feuertode zu bestrafen; und selbst Protestanten sehen eben in der Auf= rechthaltung des Katholicismus das einzige Mittel der Regeneration für diese Nation.

207. Ist also, um zu unserem Schlusse zurückzukehren, eine Nation katholisch, so fehlt jeder zureichende Grund, um das Gut der Glaubens= einheit schutzlos zu lassen. Oder könnte beispielsweise die Republik von Neu=Granada den Vortheil vorkehren, daß sie auf diese Weise mehr Einwanderer anlocke, also eine höhere Prosperität des Landes hoffen dürfe? Allein gesetzt, es handle sich hier um ein sicheres Gut, so kommt es, wie Billige zugeben werden, nicht einmal mit den zeitlichen Vor= theilen der Glaubenseinheit, welche verbürgt sind, in Vergleich; von den geistlichen ist ganz abgesehen. Und was noch mehr ist und die eigentliche Verkehrtheit enthüllt: die religiösen Pflichten des Staates sind, nach Art der Liberalen, ganz mißachtet.

208. Wir gehen nun zum zweiten Satze über. An sich bleibt die Religionsfreiheit unter allen Umständen ein Uebel. Der Grund liegt zuletzt darin, weil der Irrthum ein großes Uebel ist und die Religions= freiheit, als die Freiheit des Irrthums, ihn begünstigt. Die Wahrheit, schon die natürliche, ist ein belebendes Princip, es läßt sich ohne ihre Erkenntniß eine menschliche Glückseligkeit nicht denken. Je richtiger die Erkenntniß, desto fester und sicherer in der Regel auch der Wille. Die Wahrheit macht frei, wie der Erlöser gesagt hat. Dieses gilt nun aber in erhöhtem Maße von jener Wahrheit, welche die übernatürliche Ord= nung der Menschen enthüllt und zugänglich macht. Auf ihr ruht die wahre Glückseligkeit, weil sie allein mit Wahrheit und Tugend den Menschen ausrüstet, und in diesem Sinne ist sie das höchste irdische Gut. Es gibt deßhalb auch kein größeres Unglück als das, dieser be= seligenden Wahrheit beraubt zu sein, und das größte Aergerniß ist jenes, welches den Menschen aus der Bahn der richtigen Erkenntniß heraus= wirft. Mag deßhalb die Religionsfreiheit mit dem politischen Gute, das sie in sich birgt, noch so viel bringen; ein Uebel bleibt sie immer,

wenn auch das geringere im gegebenen Falle. Als eine öffentlich ausge=
sprochene Gleichgiltigkeit gegen die geoffenbarte Wahrheit enthält sie
eine beständige Versuchung, die namentlich bei den Schwächeren leicht
Erfolge haben kann. Dazu kommt der Verlust all der Vortheile, die
in der Glaubenseinheit enthalten sind. Deßhalb ist es geziemend, daß
die Kirche von ihrem erhabenen Standpunkte aus die christlichen Völker
immer und immer wieder an das höhere Gut gemahnt, das sie gegen
Güter einer niederen Ordnung mit dem Ausscheiden aus der kirchlichen
Einheit eingetauscht haben. Aus demselben Grunde hört sie mit ihren
Gläubigen nicht auf, um die Wiederherstellung der Einheit im Glauben
zu beten.

209. Dieses will aber nicht sagen, daß für die Katholiken jene
Gesetze, welche Nichtkatholiken öffentliche, politische und bürgerliche Rechte
gewähren, nicht verpflichtende Kraft besitzen. Wir ziehen es hier vor,
eine römische Stimme sich aussprechen zu lassen: „In diesen Fällen"
(im Allgemeinen dieselben, die wir oben berücksichtigt haben) „ist es
unzweifelhaft, daß zu jener (Religions=) Freiheit zuzustimmen, nicht
allein erlaubt, sondern selbst lobwürdig ist; und so hat auch die Kirche that=
sächlich zugestimmt. Obwohl sie die Religionsfreiheit an sich selber mißbilligt,
hat sie gestattet, daß der französische und belgische Episcopat die betreffen=
den Verfassungen ihrer Länder beschworen, in denen sie ausdrücklich auf=
gestellt ist. Damit ist dem Irrthum selber kein Recht eingeräumt, wohl
aber konnten die Irrenden, sei es durch beschworene Verfassungen, sei
es durch ausdrückliche Verträge, sei es durch langes Herkommen und
Gewohnheiten, welche Gesetzeskraft erworben haben, ein wahres Recht
erlangen. Ist dieses einmal eingetreten, so hat Niemand mehr in Zweifel
gezogen, daß die Katholiken insgesammt und die Regierungen, sowie
jede andere geistliche oder weltliche Behörde verpflichtet sind, dieses er=
worbene Recht zu respectiren." [1] Der Einwand, der aus der Stellung
des Papstes zum Westphälischen Frieden genommen werden könnte, ist
von katholischen Publicisten aus Anlaß der letzten Phasen des oberrh.
Kirchenstreites so lichtvoll erledigt, daß wir uns nicht länger hiebei
aufhalten [2].

210. Die Cultfreiheit kann also ein nothwendiges Uebel werden
für den Staat; ein Uebel bleibt sie allezeit. Strafen die Thatsachen

---

[1] Civiltà. V, X. p. 546.
[2] Zu vergl. C. v. Jsenburg. Die neue Aera in Baden. S. 44 ff.

diese Lehre Lügen? Man erhebe sich zu einer unparteiischen Würdigung ihrer Früchte in der Gegenwart. Ein Blick auf das allseitig unter den Regierungen herrschende Mißtrauen, das Schwanken alles Rechtes und die Unterhöhlung der Verträge, durch die Appellation an die Gewalt der Thatsachen, drängt zur Frage: „wie sind die Regierungen zu einer solchen Verkehrtheit gekommen, der Idee des Rechtes zu entsagen, um sich der Gewalt in die Arme zu werfen?" [1] Die Antwort ist: „Sie haben sich genöthigt gesehen, der Idee des Rechtes zu entsagen, weil sie der Idee Gottes den Abschied gegeben haben. Der Beweis liegt auf der Hand. Welcher Grundsatz hat heutzutage die meiste Geltung bei den Regierungen? Es ist die Trennung des Staates von der Kirche, die Gleichheit der Culte vor dem Staate, die Gleichgiltigkeit des Staates in Ansehung alles dessen, was die Religion betrifft, was in der Formel enthalten ist: der Staat ist atheistisch. Denn es ist unmöglich, Gott anzuerkennen, ohne sich verpflichtet zu fühlen ihn zu verehren, noch kann man Gott verehren und zugleich des Glaubens leben, er halte gleich hoch Wahrheit und Irrthum, Frömmigkeit oder Aberglaube. Daher ist die Erklärung, daß man gleichgiltig ist in Ansehung der verschiedenen Culte, gleichzustellen der Erklärung, daß man einen Gott nicht annehme oder wenigstens nicht annehme Seine Vorsehung und Sorge um die menschlichen Angelegenheiten. Nimmt man aber die Idee Gottes und Seiner Vorsehung hinweg, dann bleibt Nichts mehr von der Idee des Rechtes. Denn das eigentliche Element am Rechte ist seine Unverletzlichkeit. Sein nothwendiges Correlativ ist die Pflicht. Die Pflicht entspringt aus dem Gesetze, für die Staaten aber kann nur Gott Gesetzgeber sein. Die Staaten also, welche von Gott abstrahiren, abstrahiren eben damit von der Pflicht, und somit fällt ihnen gegenüber das Recht zu Boden. Sie können folgerichtig weder in Anderen Rechte sich gegenüber, noch in sich Andern gegenüber anerkennen. Für sie hat nur noch die Thatsache und das, was sie erzeugt, Bedeutung, das ist aber die Gewalt. Hiemit sind wir an der eigentlichen Quelle der beklagenswerthen Verkehrung und ihrer traurigen Früchte angelangt. Man jammert, daß die Städte sich heutzutage in ebenso viele Kasernen verwandelt haben. Die weite Ausdehnung der Militärpflichtigkeit hindert

---

[1] „Die gegenwärtigen Rüstungen oder Gewalt für Recht" (Gli odierni armamenti ossia la forza sorrogata al diritto). Civiltà VII, I. (Märzheft 1868) p. 641 sqq.

die Ehen zum großen Schaden für die Sittlichkeit, den Frieden und die
häusliche Ehre. Die zahlreichen Aushebungen nehmen dem Landbau und
der Industrie die stärksten Arme zu unschätzbarer Einbuße für den privaten wie den Nationalreichthum. Durch die beständige Furcht vor dem
Kriege stockt der Handel, der Geldumlauf wird gehemmt, die Bankerotte
nehmen überhand. Die ungeheuern Auslagen, um so große Heere unter
den Waffen zu halten, zwingen zu stetiger Erhöhung der Steuern, was
die wachsende Verarmung der Bevölkerung zur Folge hat. All diese
und noch viele andere Calamitäten in den modernen Staaten rühren einzig von der Nothwendigkeit, sich auf die Gewalt zu stützen, nachdem
die Idee des Rechtes in die Brüche gegangen. Und der Untergang der
Rechtsidee? er kommt von dem Verluste der Gottesidee, der mit der
Trennung von Staat und Kirche gekommen ist. Dieses verderbliche
Princip aber stammt vom modernen Liberalismus, der mit seiner vor-
geblichen Gewissensfreiheit und der Unabhängigkeit der Vernunft die
durchgängig in seine Gewalt gerathenen Regierungen verleitet hat, sich
von der Kirche zu trennen und jeden Cult ohne Wahl zuzulassen, d. h.
alle für gleich unwahr zu erklären, was praktisch nichts anderes ist,
als Bekenntniß des Atheismus. Der Atheismus aber führt zur Verläugnung des Rechts und zur Anbetung der Gewalt. So zeigt sich der
Liberalismus als die Quelle all der Uebel, unter denen die Völker
ohne einen Schimmer von Hoffnung darniederliegen."

§ 12. Papst und Liberalismus.
(Gegen These 80. Vergl. oben n. 58 f.)

211. „Seit Langem", sagte jüngst Pius IX.[1], „haben sich zweideutige und verfängliche Meinungen eingeschlichen im Gefolge einer falschen Philosophie, denen der trügende Reiz der Freiheit Aufnahme verschafft hat. Immer weiter verbreitet, dazu unterstützt durch eine fortge-
setzte Reihe von Unordnungen, haben diese Ansichten nicht allein der
Gottlosigkeit und der Empörung eine breite Straße geöffnet, sondern
auch die vielleicht nicht minder betrübende Erscheinung bewirkt, daß viele
religiös gesinnte Männer von denselben sich einnehmen ließen. So kam
es, daß diese sich zu Vorkämpfern und Herolden dieser Ideen machten,
in denen sie arglos nicht allein nichts Trügerisches oder Unheilvolles

---

[1] In einem Breve an die Redacteure des „Katholik" zu Brüssel v. 4. Nov.
1868.

wahrnehmen, sondern sogar die vollste Uebereinstimmung mit dem gegen=
wärtigen Fortschritt der Völker und eine natürliche Folge aus diesem zu
vertheidigen glauben. Sie sind dabei von der Ueberzeugung geleitet,
daß man bei der Entscheidung der Streitfragen jene Lösungen vorziehen
müsse, welche sich des allgemeinsten Beifalls erfreuen. Sie wissen in=
dessen wohl, daß ihre Vorstellung den Revolutionären selber nur zum
Spotte Anlaß gibt; sie wissen zudem, daß diese Ansichten wiederholt
von Unsern Vorgängern verworfen und von Uns Selber auf eine noch
augenfälligere Weise verdammt worden sind. Aber ihre Eingenommen=
heit für ihre eigene Ansicht läßt sie wähnen, die apostolischen Unter=
weisungen seien einer milderen Auslegung zugänglich. Würden diese
Meinungen, urtheilen sie, nur auf bestimmte Grenzen eingeschränkt, so
widerstreiten sie keineswegs der gesunden Lehre; sie bleiben also in sich
selber unschädlich und seien selbst nützlich. So verleiten sie durch ihr
Beispiel und ihr Ansehen auch Andere zu diesen Ansichten, bringen die
in ihnen verborgenen schlimmen Keime zur Entfaltung, säen die Zwie=
tracht und schwächen gegen ihre eigene Absicht und ihren Zweck die guten
Kräfte, statt sie zu einigen und gegen den gemeinsamen Feind zu führen.“

212. Wir hoffen, dieses apostolische Wort hebt die letzten Zweifel
über die Tragweite der 80. These. Nicht allein jene Vertheidiger des
liberalen Princips sind zurückgewiesen, welche die Kirche offen verfolgen;
mit ihnen sich auszusöhnen, wird ohnehin dem Papste nicht ernstlich zuge=
muthet; sondern auch Jene, welche diese Ausgestaltung der modernen Ideen
verdammen, daneben aber diese in sich selber noch zu retten hoffen. Mit
dem liberalen Princip ist schlechterdings kein Vergleich möglich. Die
katholische Lehre stellt es der weltlichen Obrigkeit nicht frei, ob sie die
Wahrheit gegen den Irrthum beschützen wolle oder nicht. Das Postu=
lat, in die Kirche einzutreten als Obrigkeit, ist unvergänglich; ebenso
unzweifelhaft ist die Pflicht der katholisch gewordenen Staatsgewalt, die=
sen ihren Charakter zu bewahren. Aber nicht jede Pflicht ist hienieden
ausführbar. Insofern können triftige Gründe vor dem katholischen Ge=
wissen bestehen, vom staatlichen Schutze der Glaubenseinheit zu Gunsten
der Cultfreiheit abzugehen und es können sich Rechte Andersgläubiger
auf Bekenntnißfreiheit entwickeln, welche treue Söhne der Kirche ver=
pflichten. Die Entscheidung darüber, ob solche Gründe in einem ge=
gebenen Falle vorliegen, kann wegen der gemischten Natur der Frage
nicht ausschließlich der Staatsgewalt zustehen. Die Kirche hat auch zu
allen Zeiten in ihren Concilien wie in den päpstlichen Constitutionen

ihr Urtheil hierüber den weltlichen Gewalthabern intimirt. Indem Papst Pius IX. im Syllabus das Princip der Trennung verwirft und in Quanta cura mit seinen Vorgängern Pius VI. und Gregor XVI., unter Zustimmung des gesammten katholischen Episcopates, die liberalen Grundsätze der Religionsfreiheit ächtet, gibt er hierüber unzweifelhaft Vorschriften, welche Nachachtung heischen. Mit diesem Verhalten der Kirche ist ebensowohl der Forderung des Glaubens, als der Freiheit des politischen Handelns genügt.

213. Gesetzt nun, ein Katholik wäre hiemit nicht zufrieden, sei es, daß er für die Religionsfreiheit, und wäre es auch nur die beschränkte, principielle Berechtigung anspräche; sei es, daß er der Kirche das Recht bestritte, sich in diese Angelegenheit einzumischen, so würde er eben damit in Widerspruch mit der Lehre und Auctorität der Kirche treten, wie sehr er auch seine Unterwürfigkeit betheuerte. Welchen Vorwand aber könnte ein solcher Katholik allenfalls gebrauchen, um sein Verfahren zu beschönigen? Er könnte etwa die Freiheit der Kirche selber vorschützen. Stützt sich dieselbe denn nicht auf den Grundsatz der Unabhängigkeit des Geistlichen vom Weltlichen, um sich der Einmischung des Staates in ihre Angelegenheiten zu erwehren? Ist es also nicht ein eminent christliches Princip, daß die religiöse Ueberzeugung von der weltlichen Gewalt gänzlich ferne gehalten werde? Oder ist die volle Freiheit der Kirche zu halten, wenn nicht auch dem Staate die volle Freiheit von der Kirche zugestanden wird? Spricht man (so reassumirt der „liberale Katholik", dessen wir Eingangs gedachten [1], diese landläufigen Bedenken) der weltlichen Gewalt die Pflicht zu, die Religion zu schützen, so gewährt man ihr auch das Recht, diese Religion zu prüfen, also auch über sie zu entscheiden. Das heißt aber, man hebt das christliche Grundgesetz über die Unabhängigkeit des Geistlichen vom Weltlichen auf. Wie soll es also gegen den Glauben sein, der weltlichen Gewalt die Schutzpflicht zu bestreiten? — Wir geben zu, daß das Christenthum die Unabhängigkeit des Geistlichen vom Weltlichen zum Grundgesetz gemacht hat, weil es eine von Gott selber gestiftete Religion bekennt; ebenso räumen wir ein, daß mit der Zumuthung der Annahme und des Schutzes, der weltlichen Gewalt ein Prüfungsrecht zugestanden worden ist. Aber wir läugnen die Folgerung, daß dieses Prüfungsrecht eine Gewalt über die christliche Religion eintrage. Jeder

---

[1] S. n. 57.

Ungläubige hatte das Recht der Prüfung; wurde damit die Offenbarung seiner Vernunft unterworfen? Gewiß nicht! Dieselbe blieb als göttliche Wahrheit über die Vernunft erhaben, ob diese sich ihr fügte oder nicht fügte. Das Recht der Prüfung hebt weder die Pflicht der Unterwerfung unter die erkannte Wahrheit auf noch die Schuld der Treue nach der Unterwerfung. Hat die Obrigkeit geprüft, so schuldet sie den Eintritt in die Kirche mit den ihr als Obrigkeit zukommenden eigenthümlichen Leistungen. Unter diesen aber befindet sich weder die Leitung der Seelen, noch die Verwaltung der Geheimnisse oder die Regierung der Kirche. Denn für alles dieses ist bereits vor dem Eintritt der Obrigkeit durch die Religion selber Vorsorge getroffen. Die Furcht der Liberalen, es könnte unter der allerdings entstehenden weltlichen Schutzpflicht die geistliche Ordnung an ihrer Freiheit Einbuße leiden, ist edel, aber nicht begründet.

214. Es wird also auch mit der Lehre von der Schutzpflicht keineswegs der Grundsatz aufgestellt, daß der Staat als solcher das Recht habe, eine ihm beliebige Religion einzuführen, oder unter dem Deckmantel der Religion trübe politische Zwecke zu verfolgen. Die Religion ist Sache Gottes, und der Mensch hat sich hier zu unterwerfen. Sagt man aber, thatsächlich werde jene Schutzpflicht zu diesem Mißbrauch der Gewalt führen, so sehen wir nicht ein, wie man diesen dem Princip schuld geben will, und noch viel weniger, wie das Aufgeben des Princips den Abweg abgraben soll. Sind denn vielleicht die Liberalen hierin unschuldige Kinder der Kirche gegenüber? — Aber führt nicht wenigstens heutzutage die Behauptung der Schutzpflicht so viele Nachtheile im Gefolge, daß man unmöglich annehmen kann, dieselbe liege in den Absichten der göttlichen Vorsehung? Eigentlich sind wir eine Antwort hierauf nicht schuldig. Denn wir geben ja zu, daß unter gewissen Verhältnissen nicht allein die Klugheit, sondern auch Rechtspflichten gebieten können, vom Schutze der Glaubenseinheit gegen Dissidenten abzustehen. So haben, wie jüngst der Bischof von Nimes im Univers mit Recht hervorhob, die Päpste selber, ein Pius VII. und ein Gregor XVI., es nicht etwa bloß als unvermeidliche Nothwendigkeit hingenommen, daß in gewissen Staaten die modernen Freiheiten eingeführt wurden, und den Katholiken den Eid auf Verfassungen mit jenen Freiheiten gestattet; sondern sie haben unter gewissen eigenthümlichen Verhältnissen die Religionsfreiheit als einen wahren Fortschritt angesehen. „Als Fürsten haben sie selber solche Freiheiten gewährt, freilich nicht wie jene Regierungen,

die sich zu ihnen im Princip bekennen." Was läßt sich mehr verlangen?

215. Aber, sagt man weiter, sind nicht Repressalien zu fürchten,
wenn katholische Staaten nach dem katholischen Princip ihre Verfassung
gestalten? Zunächst ist klar, daß damit abermals Nichts gegen das
Princip gesagt ist; sodann aber ist der Einwurf in sich selber haltungs-
los und genauer besehen eine beleidigende Insinuation. Oder werden
z. B. gerechte Protestanten von einem Staate mit katholischem Grundgesetze fordern, daß er die Dissidenten nach den Regeln der Parität
behandle, welche der Verfassung anderer Staaten entspricht? Es wäre
dasselbe Unrecht, als wenn einem monarchischen Staate zugemuthet
würde, republikanische Bestrebungen auf seinem Gebiete zu dulden. Auch
nichtkatholische Staatsmänner müssen es vom rein politischen Gesichtspunkte aus als ein großes Unglück, als eine weit greifende Störung
des allgemeinen Friedens ansehen, daß in vormals katholischen Staaten
das religiöse Grundgesetz durch heillose Umtriebe untergraben wird. Aber,
wenden uns wohlmeinende Katholiken ein, ist denn nicht die ganze moderne
Weltentwicklung derart gestaltet, daß es im Interesse der Kirche selber
läge, vom Princip der Glaubenseinheit auch da abzugehen, wo die
Kirche ein Recht hätte, auf ihr zu bestehen?[1] Zur Verstärkung ließe
sich noch anführen, daß auf diesem Wege der Intoleranz getrennter
Staaten (Schwedens z. B.) jeder Vorwand benommen würde, dem katholischen Bekenntnisse die ihm gebührende Freiheit noch länger vorzu-
enthalten. — Wir wollen ganz absehen von der Gleichstellung; das
Nöthige ist diesfalls bereits oben berührt. Das katholische Bewußtsein
vermag in einem Besitzstand religiöser Einheit, der sich ursprünglich durch
Abfall begründet hat und in der Folge faktisch zur Anerkennung gelangt ist, niemals ein Seitenstück zu dem Besitz katholischer Glaubenseinheit erblicken, welcher sich auf objectiv göttliches Recht stützt. Davon
also abgesehen geben wir zweierlei zu bedenken. Erstens überträgt diese
Forderung auf die europäische Staatenfamilie einen Charakter der innern
Einheit und Wechselwirkung, den sie nicht besitzt. Dieselbe macht aus
ihr eine Ethnarchie, die sie aufgehört hat zu sein, und muthet den katholischen Gliedern das Opfer von sichern Gütern zu, ohne einen entsprechenden Ersatz dafür in feste Aussicht stellen zu können. Die Wirkung könnte leicht eher die gegentheilige von derjenigen sein, welche man

[1] Dr. Segesser. Studien und Glossen zur Tagesgeschichte. S. 83 ff.

sich verspricht: die Feinde der Kirche könnten gerade in ihrem Unrecht bestärkt werden. Zweitens ist der letzte Gedanke, der in der indifferentistischen Strömung arbeitet, ein Gegenbild zum christlichen Gottesreich unter den Menschen aufzurichten. Ueber den rechten Namen für das Ziel wären wir nicht verlegen. Die Strömung ist ohnehin stark genug. Können die Katholiken dieselbe mit gutem Gewissen bekräftigen? Ist ihnen denn nicht durch ihren Glauben bekannt, daß das Ziel der Menschheit in der gerade entgegengesetzten Richtung liegt? Daß nicht auf der Freiheit von dem lebendigen Gott, sondern auf der Unterwerfung unter Ihn und Sein Wort das Heil des Geschlechtes beruht? Ist es darum einer katholischen Obrigkeit aufrichtig um die Wahrung allgemein kirchlicher Interessen zu thun, so wird sie diese am sichersten dadurch erreichen, daß sie treu jener Strömung zu folgen beflissen ist, welche von den legitimen Organen der Kirche selber und der in ihnen sich kundgebenden Leitung des h. Geistes ausgeht. Diese werden sich freilich niemals im Namen der Kirche und zu Gunsten angeblich kirchlicher Interessen zu einem Westphälischen Frieden auf Grund vollständiger Gleichheit mit dem erstarkten Irrthum herbeilassen.

216. Allein setzt sich denn eine solche Ansicht von den Pflichten des Staates nicht in Widerspruch mit der gesammten modernen Bildung, mit allen Errungenschaften der Neuzeit, unter denen die Religionsfreiheit die erste Stelle einnimmt? [1] Es ist der letzte Schreckensruf, und bei der herrschenden Grundsatzlosigkeit ist seine Wirkung nicht zu unterschätzen. Allein unser Urtheil über eine Bildung, deren oberstes Gesetz nicht die Wahrheit ist; eine Bildung, welche den Menschen für die Religion kalt und gleichgiltig, wenn nicht gar unfähig macht, welche ihm die übernatürlichen Güter verschließt, um seine Kräfte an der Oberfläche dieser Erscheinungswelt zu zersplittern — unser Urtheil über eine solche Bildung, gestehen wir es offen, ist etwas kühler, als das der liberalen Katholiken. Nach der höchsten Seite scheint sie uns eher den Namen der Barbarei zu verdienen, und sehen wir mit den Besten unserer Zeit in ihr ein übertünchtes Grab von Moder und Fäulniß, in welchem die wirklichen Elemente von Bildung zu versinken drohen, wenn nicht mit dem wirksamen Schutze der höchsten Güter ein Damm aufgerichtet wird.

217. Nicht anders urtheilen wir über den Fortschritt. Was dem

---

[2] S. oben n. 57.

Menschengeiste das höchste Ziel alles Strebens entrückt, die Aehnlichkeit und beseligende Einheit mit seinem Schöpfer; was über die unverletz=lichen Schranken der ewigen Gerechtigkeit hinwegschreitet, das kann nicht wahrer Fortschritt sein. Das mag in Geistesblitzen aufflackern, aber das Ende wird Finsterniß, Erstarrung und Versumpfung sein. Nur die Völker des Glaubens sind Völker des Fortschrittes; weil belebt und genährt von einer unversieglichen Lichtquelle, bewahren sie die Fähigkeit, aus der tiefsten Entartung sich wieder zu erheben, so lange sie das Band des Glaubens nicht zerreißen. Oder man vergleiche Pius IX., den milden Friedensfürsten, mit seinen Gegnern, den Vollblutliberalen. Auf welcher Seite ist der wahre Fortschritt, der im Umbilden erhält, nicht zerstört? Wo ist die wahre Gesittung? wo die ächte Liebe zur Freiheit? Wer übt im Namen der Freiheit die Tyrannei über die Ge=wissen aus? „Als Italien", ruft Pius IX. seinen Verleumdern zu, „von seinen rechtmäßigen Obrigkeiten freiere politische Einrichtungen er=hielt, haben Wir in väterlicher Gesinnung Zugeständnisse gemacht." Und wer hat diese milderen Formen zerstört? wer an ihre Stelle die Schreckensherrschaft gesetzt? Wer machte das blühende Italien zu einer Räuberhöhle? Es sind die folgerichtigen Vertheidiger der Grundsätze von 1789; es sind Jene, welche sich mit dem Namen der Liberalität brüsten. „Wer aber immer aus Irrthum oder Furcht auf die For=derungen dieser Zerstörer der bürgerlichen Gesellschaft eingeht, der halte sich überzeugt, daß sie erst dann ruhen werden, wenn sie jedes Princip der Auctorität aus dem Wege geräumt, jeden Zügel der Religion ge=sprengt, jede Norm des Rechtes und der Gerechtigkeit beseitigt sehen."

218. Wir sind am Schlusse. Der Römische Papst, durch göttlichen Beruf der oberste Wächter der Heilsordnung, ist zugleich der stärkste Hort der Gerechtigkeit, die verläßigste Wehr gegen die Feinde aller zeitlichen Wohlfahrt. Das göttliche Licht, das er am heiligen Heerde hütet, ist der menschlichen Vernunft nicht feind, sondern ihre ergiebigste Hülfe, und deßhalb bleibt das Papstthum die mächtigste Bürgschaft für die menschliche Bildung. Der wahre Fortschritt unseres Geschlechtes, welcher diesem mit den ewigen Normen seine kostbarsten Errungenschaften sichert, ist bedingt durch die Versöhnung des Forschens mit dem Glauben, durch die Unterordnung alles Strebens unter jenes höchste übernatürliche Ziel, zu welchem der Papst, unmerklich für das gewöhnliche Auge, aber nichts desto weniger mit Sicherheit und Stätigkeit das Geschlecht hinbewegt. In dem höheren Geistesleben, in welchem unter Führung des Statthalters

Christi Freiheit und Ordnung, das Recht der Gesammtheit und der Glieder, das Natürliche und Uebernatürliche zu wunderbarer Harmonie sich umfangen, liegen reichlich aufgeschichtet die Heilmittel gegen die Uebel, an denen die Gegenwart krankt. Wird die Zeit ihr Heil ergreifen? Werden die Mächte des Irrthums die Menschen unrettbar mit sich fortreißen? Die Wege der Vorsehung sind uns verborgen. Wenn aber Gott verleiht, um was alle Guten zu Ihm flehen, eine Erneuerung der Christenheit von Innen heraus, und mit der Erneuerung die Einheit der widernatürlich Getrennten, einen starken Frieden für die Bedrängten, eine Aera des Glücks und der Wohlfahrt: dann wird eine dankbare Nachwelt, deß sind wir gewiß, den Hauptantheil am Verdienste den Unterweisungen Pius IX. beimessen, zu deren Verständniß beizutragen, wir nach dem schwachen Maße unsrer Kräfte bestrebt waren.

Beilage zu § 1 n. 10.

Nähere Beleuchtung der Hegel'schen Staatsidee.

219. Die Hegel'sche Staatslehre ist nicht originell; nach ihren Hauptzügen findet sie sich ausgeprägt in dem Systeme des ungläubigen Juden Spinoza. Was die Hegel'sche Schule vor einigen Jahrzehnten gegen das Evangelium und die auf dasselbe gegründete christliche Socialordnung vorgebracht, hat Spinoza längst zuvor in seinem Tractatus theologico-politicus, und zwar mit einem Cynismus entwickelt, der kaum noch zu überbieten war. Hienach besteht zwischen dem Glauben und dem Wissen ein unversöhnlicher Gegensatz; wo das Wissen anfängt, hört der Glaube an die Geheimnisse auf; der Glaube ist nicht die Vollendung, sondern eine sehr unvollkommene Vorstufe des Wissens. Der Glaube soll den Menschen nicht durch eine höhere Wahrheit bereichern, sondern nur ein Mittel sein, um die Unaufgeklärten gegen die bestehende Gewalt im Staate gefügiger zu stimmen. Die Philosophie dagegen mache den Menschen durch Aufklärung glückselig; und zwar ist hiebei die pantheistische gemeint, nach welcher das menschliche Wissen selbst ein Theil des göttlichen Verstandes sein soll. Diese vom Glauben abführende, den Menschenverstand vergötternde Erkenntnißweise oder Aufklärung anstreben, heißt nach Spinoza Gott lieben, Gott nämlich als den Inbegriff der Erkenntnisse, wodurch der Mensch sich selber und die Natur außer sich erkennt![1] (Ihr werdet sein wie die Götter, wissend das Gute und das Böse [Gen. 3, 4], wenn ihr vom Baume esset. Was uns Empörung gegen Gott, das ist Diesen Liebe Gottes[1].) — Der Staat soll nun eine Art Ersatz für dieses höhere Wissen sein, der durch Gesetze bei den Menschen, die ihren Vorurtheilen und Trieben folgen, zu erreichen suche, wozu die Philosophie die Freien führe. Mit dem Staate entstehe so das

---

[1] Tractat. theolog. pol. cp. 14. cp. 4. Ethic. I, 16. 17. Schol. IV, 28. App. cp. 4. Epp. 21. 31 sqq.

Recht [1]. Da das absolute Recht bei der Philosophie ist, so folgt schon hieraus, daß der Staat die höchste Pflicht hat, durch Gesetze und Einrichtungen die philosophische Aufklärung zu befördern. In dieser Richtung ist einer aufgeklärten Regierung nicht allein Alles erlaubt, sondern genauer besehen geboten. Ohnehin ist ihr Alles erlaubt, wozu sie die Macht besitzt. Sie ist deßhalb insbesondere die allein rechtmäßige Quelle aller Religionsgesetze und hat über das Gewissen der Bürger ebenso unbeschränkte Gewalt als über ihr Leben und Eigenthum [2].

220. Diese philosophische Begründung des Absolutismus ist darin lobenswerth, daß sie folgerichtig und ehrlich ist. Der entscheidende Punkt tritt deßhalb gleich von vornherein mit aller nur wünschbaren Klarheit hervor: es gibt nach Spinoza keine sittliche Verpflichtung, kein Sittengesetz, keine sittliche Weltordnung, keine Freiheit und keine göttliche Vorsehung. Wo aber keine Pflicht, da ist kein Recht; verschwindet das Recht, so herrscht einzig die Gewalt, die zwar physische, aber keine sittlichen Schranken kennt. Die höchste Macht hat der Staat, und will man sie Recht heißen, so ist sein Recht unbegrenzt. Der letzte Grund der Läugnung des Rechtes und der Sittlichkeit ist also die Gottesläugnung oder der spinozistische Fatalismus, wornach Alles im Reiche des Geistes wie der Natur von einer blinden Nothwendigkeit beherrscht ist. Natürlich hat dann die Tugend und der Besitz Gottes als des höchsten Gutes keinen Sinn. Das Höchste ist die Erkenntniß der Nothwendigkeit, und ebenso wenig ist noch ein Verständniß des Glaubens möglich, der von Seiten Gottes ein freies Sicherschließen, von Seite des Menschen ein sittlichfreies Sichhingeben an den lebendigen Gott in sich enthält. Der Spinozismus theilt diese finstere Grundlage seines Absolutismus mit den Manichäern, welche mit ihrer Lehre, daß die Sünde etwas Naturnothwendiges sei, gleichfalls die Sittlichkeit und das Recht untergruben. Insofern hat bereits der große Gegner der Manichäer, der heil. Augustin, die stärksten Waffen gegen die moderne spinozistisch-atheistische Gesellschaftslehre angewendet. Die Sünde ist That des freien Willens, das Gewissen, das sie richtet und verdammt, lügt nicht; der freie Wille aber ist ein Geschöpf des gütigen Gottes und von seinem Urheber gebunden an das ewige Gesetz, oder den göttlichen Grundsatz, daß Alles in höchster Weise geordnet sei. Die freie Unterwerfung des

---

[1] Ethic. IV, 37. Schol. II. Tract. pol. cp. 2. §§ 18. 19. 23.
[2] Tract. pol. cp. 3. §§ 2. 5 sqq. cp. 4 § 4. etc.

Geistes unter dieses höchste Gesetz der Ordnung, die Weisheit, begründet allein hienieden unsere wahre Glückseligkeit und ist der Weg zur seligen Unsterblichkeit; die Thorheit aber, der freiwillige Abfall vom ewigen Gesetze, überliefert der göttlichen Gerechtigkeit, als deren Stellvertreterin hienieden schon die zeitliche Strafgerechtigkeit thätig ist [1]. Hiemit ist dem Staate die sittliche Grundlage, dem Rechte die göttliche Sanction, der Wohlthat des Glaubens die gerechte Würdigung gerettet und dem Absolutismus durch die christliche Staatsidee gründlich vorgebeugt.

221. Den kalten Hohn des spinozistischen Fatalismus auf Alles, was den Menschen adelt, konnte ein deutscher Philosoph nicht wohl auf den Markt bringen, weil der sittliche Abscheu ihn sofort zurückgestoßen hätte. Auch hatte die Kant'sche Philosophie bei allen Verirrungen doch das große Verdienst, gegen die Läugner der sittlichen Freiheit wie gegen die praktischen Materialisten für die Unerbittlichkeit des Moralgesetzes mit ihrem kategorischen Imperativ eingestanden zu sein. Als nun Hegel nach den Fichte'schen Uebertreibungen des Kant'schen Moralprincips in die materialistische Sitten= und Rechtslehre zurücksank, wurde von ihm sein wesentliches Einverständniß mit Spinoza wiederholt eingestanden; aber zugleich nahm er Bedacht darauf, jene Seiten seiner Philosophie, welche Religion und Sittlichkeit zerstören, in eine unverständliche, dem äußeren Anscheine nach der christlichen Gesellschaftsordnung günstige Terminologie einzuhüllen. So konnte es kommen, daß seine Aussprüche über Staat, Religion und Christenthum als eine Art Heilmittel gegen den Alles zernagenden Rationalismus von den Freunden des „christlichen Staates", von Juristen wie Theologen, mit einer Art Devotion behandelt wurden. In Wahrheit aber hat die Gesellschaftslehre dieser Philosophie, wie auch heutzutage allen Einsichtsvollen klar ist, die widerchristlichen, revolutionären Grundsätze des achtzehnten Jahrhunderts auf die Spitze getrieben. Um zu beweisen, daß hiemit dieser Philosophie kein Unrecht geschieht, falls dies je nöthig sein sollte, darf man nur auf die Art und Weise hinsehen, wie dieselbe ihren Standpunkt gegen ältere Naturrechtslehrer, gegen die Sensualisten und ihre unmittelbaren Vorgänger aus der Kant'schen Schule, selber angegeben hat [2].

---

[1] De libero arbitrio. I, 12 n. 26 sqq. 15, 31. De vera religione. 9, 16 etc.

[2] Lehrreich ist hierüber der Aufsatz: „Ueber die wissenschaftlichen Behandlungsarten des Naturrechts, seine Stelle in der praktischen Philosophie und sein Verhältniß zu den positiven Rechtswissenschaften." Ges. Ausgabe I, 321 ff. Parallelen ließen sich aus allen Schriften Hegels zur Seite stellen.

222. Man kann sagen, Alles was an diesen verschiedenen Richtungen am weitesten von der Wahrheit sich entfernt, wird richtig herausgefunden und als ein glücklicher Fund von Hegel eingesammelt; dagegen was sie noch Gutes an sich haben, bei Seite geschoben. Zu dem Letzteren gehört bei den älteren Naturrechtslehrern die Anerkennung einer sittlichen Verpflichtung gegen Gottes heiligen Willen, die der „unendlichen Freiheit", d. h. genauer besehen, dem Atheismus geopfert wird. In Kant und Fichte ist es ein gewisser sittlicher Ernst, in der Erkenntniß, daß das Sittengesetz unerbittlich ist, welcher von Hegel dem „griechischen Princip" d. h. der Verherrlichung der Legalität auf Kosten der Moralität nachgesetzt wird. Deßhalb kommen auch die Encyclopädisten, welche den Egoismus als die wahre Triebfeder des tugendhaften Handelns auf den Schild erhoben und alle Scheu vor dem Sittengesetz abwarfen, verhältnißmäßig am besten weg. Freilich in dem werden auch Kant und namentlich Fichte belobt, daß sie Gott aus der Moral zu bringen suchten und die Wege zur Vergötterung der menschlichen Freiheit und Vernunft einschlagend, dem Spinozismus die Thore öffneten [1]. Man nehme also

---

[1] Beispielsweise führen wir einen der abstrusen Sätze an mit dem Versuche, ihn durch den „olympischen" Transscendentalidealismus zurück in die Sprache der „übertägigen" Menschen zu übertragen. „Der Naturzustand und die den Individuen fremde und darum selbst einzelne und besondere Majestät und Göttlichkeit des Ganzen des Rechtszustandes, sowie das Verhältniß der absoluten Unterwürfigkeit der Subjecte unter jene höchste Gewalten, sind die Formen, in welchen die zersplitterten Momente der organischen Sittlichkeit ... als besondere Wesenheiten firirt und eben dadurch, sowie die Idee verkehrt sind. Die absolute Idee der Sittlichkeit enthält dagegen den Naturzustand und die Majestät, als schlechthin identisch; indem die letztere selbst nichts Anderes als die absolute sittliche Natur ist, und an keinen Verlust der absoluten Freiheit, welche man unter der natürlichen Freiheit verstehen müßte, oder im Aufgeben der sittlichen Natur, durch das Reelsein der Majestät gedacht werden kann." (A. a. O. S. 338.) Das heißt in gemeiner Sprache: das ältere Naturrecht stellt auf die eine Seite den Menschen mit seiner natürlichen Freiheit, auf der andern anerkennt es noch den persönlichen Gott mit dem ewigen Gesetze und der sittlichen Weltordnung, welcher das menschliche Geschöpf unterworfen und durch welche es angehalten ist, sich der rechtmäßigen Obrigkeit um Gotteswillen zu fügen. Damit hat es getrennt und firirt, was an sich Eines und dasselbe ist. Die absolute, göttliche Persönlichkeit ist nicht ein für sich bestehendes Wesen, eine „den Individuen fremde und darum selbst einzelne, besondere Majestät", sondern soll die freie Natur der menschlichen Individuen sein, nur abstract genommen. Ebenso ist der Naturstand derselben, d. h. der Stand, in welchem vom geselligen Stande des Menschen in der bestehenden Gesellschaft abstrahirt wird, nichts von der eben genannten freien Natur, oder von Gott Verschiedenes; er drückt nur die Absolutheit oder Göttlichkeit der menschlichen Freiheit aus. Also versteht es sich von selber, daß zwischen dem Menschen und Gott kein Sub-

den Wolfianern den theiſtiſchen Hintergrund und bewahre von ihnen den Rationalismus; man entlehne Rouſſeau den allgemeinen Volkswillen, mit dem er ſich über alle rechtmäßige Gewalt hinwegſetzte und gebe dem= ſelben göttliche Attribute, woran er ſelber noch nicht dachte; man ver= ſetze das Ganze mit der „griechiſchen" Sittlichkeit, die von den Materia= liſten ihre Füllung, von den Skeptikern die Freiheit, von den Staats=

---

jectionsverhältniß angenommen werden darf, das hieße den Menſchen ſich ſelber unterthan machen. In keinem Stande ferner verliert der Menſch etwas von dieſer „unendlichen" Freiheit, vermöge deren er ſelber Gott iſt; und im geſelligen Stande, im Staate, im „Reelſein der Majeſtät" iſt nichts anderes als ſeine göttliche Frei= heit realiſirt. Die abſolute Freiheit und Gleichheit alſo, wie die franzöſiſche Revo= lution ſie vom Naturrecht auf den Staat übertrug, iſt und bleibt berechtigt. Sie iſt nach Hegel allerdings nicht wirklich in allen Staatsmitgliedern, namentlich noch nicht in dem gewöhnlichen Bürgerthum, wohl aber im Stande der Philoſophen oder Auf= geklärten, welche als die Herrſchenden und Geſetzgebenden den Nichtfreien gegenüber ſtehen und den Naturſtand ſo in ſich repräſentiren. (A. a. O. S. 380 f.) Da wir nun den Leſer ſchon in dieſes Labyrinth hereingeführt, iſt es wohl erlaubt noch einige weitere Gänge und den Ausweg zu zeigen. Das Große der kant'ſchen und fichte'= ſchen Philoſophie nämlich wird darein geſetzt (S. 343), daß „das Weſen des Rechts und der Pflicht und das Weſen des denkenden und wollenden Subjects ſchlechthin Eins ſind." Dieſes Weſen iſt die praktiſche Vernunft, welche ohne Rückſicht auf den göttlichen Willen aus ſich ſelber die höchſte Geſetzgebung für Recht und Sitt= lichkeit abſpinnen ſoll, was ſie allerdings Gott gleich machen müßte, weil ihr Ge= ſetz unbedingt verpflichtet. Alſo dieſe coloſſale Verirrung auf den pantheiſtiſchen Irrweg ſoll das Große an jener Philoſophie ſein! Eben daſelbſt wird von den Encyclopädiſten (Helvetius und Conſ.) geſagt: „In einer niedrigern Abſtraction iſt die Unendlichkeit zwar auch als Abſolutheit des Subjects in der Glückſeligkeitslehre überhaupt und im Naturrecht insbeſondere von den Syſtemen, welche antiſocialiſtiſch heißen, und das Seyn des Einzelnen als das Erſte und Höchſte ſetzen, heraus= gehoben, aber nicht in die reine Abſtraction, welche ſie in dem K. u. F. Idealismus erhalten hat." Das heißt, wenn die Encyclopädiſten den abſoluten Egoismus pro= clamirten und dem Menſchen Alles erlaubten, was ihm beliebte oder zum Genuſſe verhalf, ſo fehlten ſie nicht darin, daß ſie ihn ſo von allen göttlichen und menſch= lichen Geboten frei erklärten; nur das war ihr Fehler, daß ſie ſtatt der Vernunft den ſinnlichen Trieb, die Leidenſchaft als das Höchſte anſahen. — Endlich wird aber auch an Kant und Fichte getadelt, daß ſie über dem Staate noch eine beſondere Sittlichkeit annahmen; in der organiſchen Sittlichkeit ſoll die Ordnung umgekehrt, d. h. genauer beſehen die Moralität der Legalität geopfert werden. (A. a. O. S. 394. 399.) Wir haben alſo nach dieſer in Ausſicht genommenen Geſellſchafts= ordnung der Philoſophen im Staate nichts als einen ungläubigen Philoſophenſtand, der ſich und ſeine Anhänger, nach Art der Bramínen, als Incarnationen der Gott= heit, als abſolut Freie oder Herrſchende anſieht, dabei für die Andern das Recht macht, damit ſie wenigſtens als Dienende die abſolute Freiheit verkoſten. Der Hegel'ſche Staat mit andern Worten iſt nichts anders als die unumſchränkte Herr= ſchaft der Philoſophen.

absolutisten die Achtung vor dem Bestehenden erhält: so hat man den eigenthümlichen Stoff, aus welchem Hegel Recht, Sittlichkeit und Gesellschaft knetet, um ihn später durch eine Art Destillation, durch Kunst und Religion, in die pantheistische Philosophie zu verklären. Jenen Stoff heißt er absolute Sittlichkeit; auch das „griechische Princip", nach welchem Staatsgesetz und Religion zusammen fallen, die Theologie in Philosophie sich auflöst, das Jenseits im Diesseits aufgeht. Es ist eine Auffassung von der Bestimmung des Menschen, welche zur christlichen den reinen Gegenpol darstellt und gerade in dem die Sittlichkeit annimmt, worin das Christenthum das radical Böse, die Wurzel der Empörung des geschaffenen Geistes erblickt. Es ist die Trennung vom Glauben und seiner Ordnung bis zum Gegensatz verkehrt.

223. Da aus dieser Quelle hauptsächlich die Urheber der Thesen 39 und 40 ihren absolutistischen Staatsbegriff geschöpft haben, verweilen wir noch etwas bei dieser „absoluten Sittlichkeit", um das Gesagte mehr zu verdeutlichen. Nehmen wir also die vielbesprochene Hegel'sche Definition vom Staate vor: „der Staat ist der göttliche Wille als gegenwärtiger, sich zur wirklichen Gestalt und Organisation einer Welt entfaltender Geist"[1]. Hier könnte nun scheinen, es wolle gelehrt werden, der Staat ruhe als eine sittliche Ordnung auf dem göttlichen Willen; seine Gesetze und Einrichtungen seien nichts anderes, als die Entfaltung der sittlichen Natur, in bestimmter Anwendung auf concrete Verhältnisse und Thatsachen, wie sie sich unter dem Walten der Vorsehung für einzelne Völker gestalten. Aber eine solche, der christlichen Staatsidee entnommene Deutung dieser Definition ist völlig bei Seite zu lassen. Die Hegel'sche Philosophie kennt weder einen göttlichen Willen im Sinne des Christenthums, noch ist ihr die sittliche Natur in uns eine Auslegung seiner heiligen Ordnung, noch endlich weiß sie etwas von Fügungen der göttlichen Vorsehung in Bildung und Leitung der Staaten. Göttlich heißt hier vernünftig, im Sinne von Spinoza; göttlicher Wille ist der von der Vernunft geleitete Wille; Vernunft aber in einem Volke ist die jeweilige Culturstufe eines Volkes. Diese soll Gott selber darstellen in einem besonderen Stadium seines Lebens oder geschichtlichen Processes. Denn die Entwicklung des menschlichen Geistes ist nach dieser Philosophie das Leben Gottes. Wenn sich also die in einem Volke herrschenden Ideen in den Sitten oder in den Gesetzen und religiösen Vorschriften

---

[1] Grundlinien der Philosophie des Rechts. Ges. ausg. VIII. S. 334.

Ausdruck geben, so ist „göttlicher Wille" vorhanden. Ein solcher „göttlicher Wille" mag nun mit dem Convent von Frankreich die Religion abschaffen, oder mit dem Sultan von Dahomey die Anbetung der Ameisen befehlen, er bleibt immer göttlich, seine Aussprüche sind das Recht eines Volks, das Recht seines Daseins, dieses allgemeinen Willens, wie der technische Ausdruck lautet. Der Complex dessen, was ihm in seiner vollen Organisation durch Familie und bürgerliche Gesellschaft hindurch entfließt, ist der Staat; dieser ist „gegenwärtiger Geist", die jeweils erstiegene Bildung und Cultur als wirksam durch Gesetze und Einrichtungen in einem existirenden Volke. Die Religion ist nichts anderes als der Staat; aber ein Christ soll die Cultur, den Volksgeist als etwas Jenseitiges, als ein persönlicher Gott, oder als Götter, mit einem anderen jenseitigen Leben vorgestellt sein, was nur Phantasmagorie wäre. Kommt die Philosophie oder die Aufklärung darüber, so wird das Jenseits verlassen und im Staate Alles, Himmel, Vorsehung u. s. w. erkannt. Glückliche Aufklärung, die den Menschen für den Heiland und Erlöser einen Robespierre, für die Vorsehung einen Philosophen beschieden! Suche Ich nun einen Staat mit seinen Gesetzen auf, göttliche Auctorität, so heißt das, für die Philosophen ruht er individuell der menschlichen Vernunft, göttliche Auctorität, und an ihn Recht kommt von seiner Vernünftigkeit. Weil die Vernunft überhaupt, das Denken Grund alles Seins ist, so hat ein Staat so viel Recht, als er dieser Vernunft dient, wie bei Spinoza. Er ist gleichsam ein Beweis von der Göttlichkeit der menschlichen Vernunft; denn die Menschen unterwerfen sich ihm, ebenwohl er nichts anderes ist, als die Verwirklichung der Menschenvernunft. Dieser Gedanke werden in Hegelscher Terminologie also ausgedrückt: „Bestimmt ist Freiheit, welche der Staat verwirklicht, um nicht aus dem Wesen des Selbstbewußtseins auszugehen, denn der Mensch mag es wollen oder nicht (Er sieht hierüber denken oder in eitlen Glauben die Sicherheit betrachten), diese Welt realisirt sich als selbständige Gewalt, in die die vereinzelten Individuen nur Momente sind. Der Menschengeist also ist vor dessen Hoheit dem Staate seine Rechte gibt, das heißt auch die unumschränkte Oberstaatsgewalt gegenüber den Unterthanen. Nun in Ordnung, hat denn meine Vernunft nicht unumschränktes Recht über mich? Aus Oder: denn Staate gegenüber haben die Mitglieder als Unterthanen eine Pflicht, weil der Staat nichts anderes ist, als ihr eigenes geistiges Wesen, dem sie sich so wenig widersetzen können, als das Blatt der Triebkraft des Baumes. „Es ist der Gang Gottes in der Welt, daß der Staat ist: sein Grund ist die Gewalt der sich als Wille verwirklichenden Vernunft"[1]. In unserer Sprache: da die Geschichte nichts anderes, als die Entwicklung der Menschennatur oder des Denkens, dieses aber Gott selber ist, so gehört der Staat, als das zur Herrschaft gelangende Denken in einem Volke zum Leben Gottes und hat göttliche Gewalt. Mit andern Worten: der pantheistische Atheismus führt mit Nothwendigkeit zur absolutistischen Staatslehre oder zur Zerstörung alles Rechtes im Staate. Indem das menschliche Recht sich zu Gott erweitert, geht es ihm wie dem Frosche in der Fabel, welcher platzte, weil er sich durch Aufblähen dem Ochsen gleichmachen wollte.

224. Hieraus erhellt aufs Neue, wie bei Spinoza, nicht allein wie enge der Staatsabsolutismus mit der atheistischen Grundlage der ganzen Weltansicht zusammenhängt, sondern auch wie gründlich hier für den Absolutismus gesorgt ist. Denn wenn über dem Menschen eine Weltordnung und Vorsehung nicht besteht, wenn also Verantwortung vor einem höhern Richter, jedes Abhängigkeitsverhältniß schlechtweg verschwindet, dann wird die Ueberlegenheit, sei es der Intelligenz, sei es der materiellen Gewalt, die einzige noch bleibende Schranke für die individuelle Willkür, das Gesetz des Staates wird selber schrankenlos, eine Gottheit, die dem Menschen Alles ersetzen muß, wofür die sittliche Weltordnung durch das Gewissen und den religiösen Glauben neben der staatlichen Ordnung gesorgt hat. Je weniger ferner eine solche Staatsgewalt höhere Stützpunkte besitzt, weil ihr ganzer Rechtstitel die Vernünftigkeit ihrer Anordnungen ist, desto mehr muß sie durch äußere Gewaltmittel nachhelfen und die Herrschaft durch das, was den Vernunftgründen direct entgegengesetzt ist, aufrecht halten. Die Verherrlichung der Menschenvernunft schlägt durch eine bittere Ironie in den Götzendienst der äußeren Macht um. Allein der ruhelose Proceß der Revolution bleibt stets an seine Ferse geheftet. Denn das Kritisiren und Besserwissenwollen der Untergebenen ist ja der göttliche Lebensfunke im Menschen; es ist die Gottheit, die der bestehenden Staatsgewalt selber ihre Auctorität verleiht. Wird also die auflösende Kritik von dieser gewaltsam gefesselt, damit Ordnung möglich werde, so vergreift sich die bestehende Macht an ihrer eigenen Lebensquelle. Die Entfesselung, oder die Revolution gegen die bestehende Gewalt, wird dann vor der Vernunft vollkommen berechtigt. Sobald also die „gött=

---

liche" Vernunft des Menschen im Staate zur Herrschaft kommt, wird ihr Gebahren von den Beherrschten als unvernünftig verurtheilt. Es geht ihr wie den römischen Imperatoren: ihre Apotheose ist das Signal, daß es mit ihrer Herrschaft zu Ende geht. Die Abwechslung zwischen absolutistischem Gewaltmißbrauch und revolutionärem Umsturz bildet darum das Lebensgesetz dieses Staates der Pantheisten. Ihre Staatslehre zerstört so den Staat, weil sie seine natürliche Bestimmung, Friede und Sicherheit zu wirken, unmöglich macht.

225. Auch bei Hegel ist der tiefere Grund dieses antisocialen und antinomistischen Endresultates, daß ihm der Sinn für die moralische Weltordnung abhanden gekommen ist. Es würde zu weit führen, auf diesen Grund tiefer einzugehen. Die Thatsache, die wir bloß nachweisen wollen, hängt mit der hyperkritischen und skeptischmaterialistischen Richtung des 18. Jahrhunderts zusammen, aus dessen Taumelbecher dieser hochbegabte Geist zu viel getrunken hat. Wer das Gewissen im Menschen nicht zu würdigen weiß, wem der sittliche Abscheu vor der Sünde unverstanden bleibt, der verräth eben dadurch seinen Fall aus der sittlichen Weltanschauung, sowie die Unfähigkeit, die Grundlage der Sittlichkeit, die Religion, geschweige denn das Uebernatürliche in ihr zu würdigen. Nun ist wirklich die Hegel'sche Lehre über die beiden Punkte bodenlos und erinnert unwillkürlich an jene alten Antinomisten unter den Gnostikern, welche in der Schlange im Paradiese die Manifestation des guten Princips, in Kain und Judas Auserwählte, dagegen in Jehovah und seinen Anhängern das Reich der Finsterniß erblickten. Der Sündenfall nämlich erscheint als die erste Regung des specifisch Menschlichen ("die Scheidung des unvernünftigen Thieres und des Menschen"), als ein nothwendiger Durchgangspunkt für die Sittlichkeit, also als etwas eminent Gutes [1] und Natürliches! Dagegen wird vom Gewissen behauptet, es sei "dies, auf dem Sprunge zu sein, ins Böse umzuschlagen". Das Böse ist ein zurechnungsfähiger Act des freien Willens, das Gewissen ein Act des Verstandes, dazu an sich nothwendig und im Allgemeinen unzurechnungsfähig; hienach wäre also der Verstand auf dem Sprunge, in den Willen, das Nothwendige in das Freie umzuschlagen! Aus demselben colossalen Mißverständnisse über die sittlichen Grundbegriffe muß es erklärt werden, wenn die principielle Gewissenlosigkeit der modernen Antinomisten mit dem rechtmäßigen reflexiven Gewissensdictamen unter dem Ausdrucke:

---

[1] A. a. O. VIII. 185.

„formelles Gewiffen" in Eins zusammengeworfen wird. Welche Vor=
stellung vom Gewiffen muß da herrschen, wo diefes als der „Stand=
punkt der modernen Welt" bezeichnet wird im Gegensaße zu den „voran=
gegangenen sinnlicheren Zeiten," d. h. im Gegensaß zu der christlichen
Gesinnung, welche noch an der göttlichen und menschlichen Auctorität
als objectiven Leitern des Gewiffens festhält. Unter diesen „sinn=
licheren Zeiten" versteht nämlich Hegel jene, die „ein Aeußerliches und
Gegebenes vor sich haben, sei es Religion oder Recht". Das Gewiffen
diefer Modernen ist „eben dies, auf dem Sprunge zu sein, in die Ge=
wiffenlosigkeit umzuschlagen", könnte man hier mit Recht sagen; oder viel=
mehr es hat den Sprung vollzogen und trägt den Namen nur von dem,
was es zerstört hat. Mit diesen großartigen Verirrungen hängt es
zusammen, wenn diese Philosophie ein Naturgesetz im Sinne der christ=
lichen Naturrechtslehrer nicht kennt [1], sie weiß nur von Naturgesetzen
außer uns und von positivem Recht; freilich müßte sie, um jenes zu ver=
stehen, auch vom göttlichen Wesen ganz andere Begriffe annehmen.
In alldem offenbart sich auch bei Hegel als die wahre Grundlage
seiner Staatsvergötterung der völlige Mangel einer sittlichen Welt=
anschauung.

226. Ist schon das Gewiffen und die sittliche Weltordnung geläug=
net, so darf noch weniger darauf gerechnet werden, ein Verständniß für
die übernatürliche Führung des Menschen in der Kirche bei Hegel vor=
zufinden. In der That wird auch Alles, was diesem Gebiete angehört,
als etwas Unhaltbares, Staatswidriges, also (nach der Vorausseßung,
daß das Sittliche im Staate aufgehe) Unsittliches, Schlechtes von die=
ser Philosophie verfolgt. Sofern die Kirche sich sogar herausnimmt,
nach selbsteigenem Rechte, ohne vorher bei der Philosophie oder ihrem
Staate um Erlaubniß anzufragen, voran zu gehen, wird ihr eine
Art Hochverrath gegen die Majestät des Vernunftstaates zur Last ge=
legt. Hegel kann daher seinen „sittlichen" Abscheu gegen die Un=
abhängigkeit der Kirche nicht stark genug aussprechen. Der Staat
als das Höhere, als der Vertreter der Aufklärung, müsse solchen
Prätensionen des Glaubens den Garaus machen. Wie es in sei=
ner unvergleichlichen Ausdrucksweise heißt: Wenn der Staat gegen
die eine „unbeschränkte und unbedingte Auctorität ansprechende Kirche
das formelle Recht des Selbstbewußtseins an die eigene Einsicht, Ueber=

---

[1] Rechtsphilof. S. 8 Anm.

zeugung und überhaupt Denken dessen, was als objective Wahrheit gelten soll" (d. h. die rationalistische Aufklärung), „in Schutz nimmt, so vertheidigt er damit die „Grundsätze des sittlichen Lebens" gegenüber dem „Meinen schlechter Grundsätze".[1] Wir wollen dies mit derselben Ergebung hinnehmen, mit der wir der Entdeckung uns unterwarfen, daß die Encyclopädisten das „Gewissen" in die Welt eingeführt haben. Es ist eine von den Wahrheiten, die „dies sind, auf dem Sprunge zu sein, in ihr Gegentheil umzuschlagen".

227. Nunmehr würde es wahrlich zu verwundern sein, wenn die Hegelianer und ihr Meister Geschmack an der katholischen Lehre gefunden oder ihren Widerwillen gegen sie zurückgehalten hätten. Hegel gibt hierin dem Convent nichts nach; mit derselben Offenheit, mit welcher er die Revolution des „Gedankens", wie er die Schreckensherrschaft nennt, bewundert, spricht er sein philosophisches Verdammungsurtheil über die Kirche und ihre Lehre, über die christliche Religion überhaupt aus. „Hier", sagt er z. B. an einer Stelle, an welcher er dem „Sonnenaufgang" der genannten Umwälzung seine Huldigung spendet und der „erhabenen Rührung" gedenkt, welche in „jener Zeit (der Freiheitsbäume) geherrscht", der „Versöhnung des Göttlichen mit der Welt" (durch die edeln Sansculotten!), hier also „muß nun schlechthin ausgesprochen werden, daß mit der katholischen Religion keine vernünftige Verfassung möglich ist".[2] Deßhalb soll auch die belgische Unabhängigkeitserklärung, in welcher eine politische Verfassung mit der Beibehaltung der katholischen Religion nicht allein möglich, sondern auch wirklich, also auch vernünftig wurde, Hegel ganz außer Fassung gebracht haben[3]. Statt der christlichen Religion fordert er, gleich Julian, Rückkehr zum „griechischen Princip", in welchem die Religion Staatssache, der Staat aber in den Händen der Philosophen wäre, denen somit die Bürger mit dem leiblichen Leben auch die Seele zu verschreiben hätten. Scheinbar zwar, und dies könnte man gegen uns einwenden, kommt der symbolgläubige Protestantismus günstiger bei ihm weg, und dieser Schein hat viele Anhänger des protestantisch-christlichen Staatsprincips über den jakobinischen Bodensatz im Hegelthum irregeführt; allein in Wahrheit

---

[1] A. a. O. S. 342 ff.

[2] Philosophie der Geschichte. S. 535—36. 538. Zu vergl. ähnliche Ausfälle. Gesch. der Philos. III, 527 ff. Naturrecht und Staatswissenschaft im Grundrisse. 1821. S. 243. 261 f. Religionsphilosophie I, 173. 177 ff. U. s. w.

[3] Rosenkranz. Das Leben von Hegel. S. 416.

gibt es keine schneidendere Kritik des Protestantismus, als die Hegel und seine Schule geübt haben. Denn nach ihnen ist die Mission desselben zur Abschaffung der christlichen Religion die Brücke zu bilden. So heißt es in einer der Vorbereitungsarbeiten Hegels für sein System: „Nachdem nun der Protestantismus die fremde Weihe ausgezogen" (es ist das übernatürliche Element in der Kirche gemeint), „kann der Geist sich als Geist in eigener Gestalt zu heiligen und die ursprüngliche Versöhnung mit sich" (vergleiche oben die Rührung unter den Freiheitsbäumen!) „in einer neuen Religion herzustellen wagen ..., wenn es nämlich ein freies Volk geben und die Vernunft ihre Realität als einen sittlichen Geist haben wird, der die Kühnheit haben kann, auf eigenem Boden und aus eigener Majestät sich seine reine Gestalt zu nehmen". [1] Es ist wieder auf das „griechische Princip" gezielt, die heidnische Bedürfnißlosigkeit euphemistisch als eine ursprüngliche Versöhnung mit sich, die Vergötterung des Menschengeistes und Verherrlichung der Göttersöhne in den Philosophen unter der „reinen Gestalt" und der „eigenen Majestät" zu verstehen. Nach solchem Schwindel muß man der katholischen Religion mit ehrfurchtsvoller Verbeugung zu der Anklage der Hegelinge gratuliren, daß ihre Gesellschaftslehre mit der neuen Vernunft schlechterdings nicht verträglich sei.

---

[1] Rosenkranz. a. a. O. S. 141.

Inhaltsverzeichniß.

Erster Theil.
Geschichtliche Erörterung der Thesen.
§ 1. Die Thesen 39 und 40.

§. 2. Die Ausbildung der Theorie von der Trennung des Staates und der Kirche.

sowie zur Römischen Staatsgewalt, die noch weniger zu gebieten hat. 17. Bedeutung der heidnischen Verfolgung für die Verwirklichung des christlichen Socialprincips. Die Verfolgung war im Allgemeinen legal, aber rechtswidrig. Der römisch-heidnische Staat zum Schutze der Freiheit der Kirche verpflichtet? Beweisgründe hiefür von Seite der christlichen Apologeten aus der allgemeinen Religionsfreiheit im Römerreich. Die Gesetze gegen neue Religionen und politische Factionen nicht anwendbar auf die Christen. Erhabene Anschauung schon bei Tertullian über den universalen Charakter des Christenthums. Die Verlegenheit der besseren Kaiser. Trajan und Plinius. 18. Die Annahme des christlichen Socialprincips durch die Römischen Kaiser und ihre specifische Wirkung. Diese besteht nicht im Rechtsschutz, sondern in der Unterwerfung der staatlichen Auctorität unter das christliche Gesetz und die kirchliche Auctorität. Hierin das Wesen des christlichen Staats, 19. den die germanische Periode herübernimmt aus der griechisch-römischen und weiterbildet. 20. Vergleichung des christlichen Staates mit der alttestamentlichen Theokratie. Die Bedeutung des abendländischen Kaiserthums, das die Kirche wieder erweckt hat. Ethnarchischer Charakter desselben. Verdienste der kirchlichen Entwicklung um den Staat. 21. Ist der christliche Staat für die Völker des Abendlandes ähnlich wie für die des Morgenlandes verloren? Die Grundlage der völkerchristlichen Socialtheorieen. 22. Ihr gemeinsamer Pol und Stützpunkt und dreifache Abstufung. Die Stellung der Kirche und die Gewinnste für die christliche Gesellschaftslehre aus diesen Theorieen. 23. Der mittelalterliche Cäsareopapismus. Marsilius von Padua. 24. Die protestantischen Theorieen im 17. Jahrhundert entwickelt. 25. Hugo Grotius. Pusendorf. 26. Der christliche Staat im protestantischen Sinne, Vergleichung mit dem katholischen. Kritik. Absolutismus. 27. Gefährdung der christlichen Grundlage. 28. Die staatlichen Hoheitsrechte über die Kirche. Ihr Grund der vollkommene Bruch mit dem canonischen Rechte. 29. Einzelne Hoheitsrechte: das jus reformandi, cavendi et inspiciendi und advocatia. 30. Ist die Gewissensfreiheit, wie J. H. Böhmer will, natürlichen Rechtes? Widerspruch dieses Princips mit den Symbolen des gläubigen Protestantismus. 31. Naturalistischer Kern des Princips. 32. Der Versuch des Trienter Concils, die weltliche Gewalt zu reformiren, gescheitert. Die Hindernisse. Gallicanische Grundsätze nach Petrus de Marca. 33. Das System von Edmund Richer. 34. Die gallicanischen Artikel von 1682. — 35. Eine Stimme über den Gallicanismus aus dem französischen Senat gegen den Syllabus und die Enc. Quanta cura. 36. Der Josephinismus. 37. 38. Züge und Wirkungen des kirchlichen Liberalismus nach Zarde. 39. Die Vollendung desselben in den Grundsätzen von 1789, welche die Gewissens- und Religionsfreiheit poniren und negiren. 40. Der Bruch mit der natürlichen Gerechtigkeit und der Vernunft eine Strafe Gottes für den Abfall ins Heidenthum. Die Wendung und der Charakter der neuen Stellung des getrennten Staats zur Kirche; Signatur: das napoleon'sche Concordat und die organischen Artikel . . . . Seite 17—40

Zweiter Theil.

Widerlegung der Thesen.

Erster Abschnitt.

Das liberale Staatsprincip in seiner Grundlage, oder die atheistische Gesellschaftslehre.

§ 4. Stammen auch mancherlei Rechte vom Staate, so ist dieser doch nicht der Ursprung des Rechtes überhaupt, der vielmehr in Gott zu suchen ist, von welchem auch unabhängig vom Staate verschiedene Rechte verliehen werden. Es ist also das Recht des Staates in keiner Weise unbegrenzt. (These 39.)

§. 5. Wie die Religion überhaupt wesentlich ist für die menschliche Wohlfahrt, so ist insbesondere die katholische Lehre, weit entfernt eine Feindin der menschlichen Gesellschaft zu sein, vielmehr ihre größte Wohlthäterin.

Zweiter Abschnitt.
Das liberale Staatsprincip und die beiden Gewalten.

§. 6. Zu den natürlichen Grenzen von Staat und Kirche.

Durch die Trennung der Staatsgewalt von der Kirche werden die geistlichen Rechte von dieser über die katholischen Unterthanen eben so wenig aufgehoben, als das Recht der Unterthanen auf den staatlichen Schutz derselben. Daher erwirbt der getrennte Staat keine Rechte über das katholische Gewissen; es behaupten in diesem nach wie vor bei der Collision mit den politischen Pflichten die kirchlichen das Uebergewicht, und wo immer der getrennte Staat zur Kirche in directe Beziehung tritt, muß er sie als eine heterogene, unabhängige Gesellschaft behandeln.

§ 7. Die indirecte negative Gewalt im Geistlichen; Placet; Recurs; das Ueberwiegen des Weltlichen über das Geistliche.
(Thesen 41, 42 und 54.)

125. Wie entsteht bei Nuytz die Theorie von der indirecten negativen Gewalt? Was ist hierunter zu verstehen? im gewöhnlichen Sinne zugleich eine directe positive

§. 8. Die Concordatsbrüche.
(These 43. 54.)

147. 148. Wollen die Concordate der Kirche eine souveräne Stellung in einem Lande erwerben? Im Gegentheil, sie schränken ihre Stellung ein. Das beste Mittel, um Concordate überflüssig zu machen, ist Gerechtigkeit. Card. Wiseman. 149. Wird die Kirche deßhalb der weltlichen Hoheit unterworfen, weil sie durch die Ausübung von dieser Staatsrechte erwirbt? Mit nichten! Domat. 150. Die Kirche ist nicht zum Scheine bloß unabhängige Besitzerin eines eigenen Rechtes, über welches der Staat nichts vermag. Conventionen berücksichtigen in besonderer Weise die weltliche Souveränetät. 151. Der Staat soll der katholischen Kirche verpflichtende Gesetze auferlegen können. Ist es widersprechend, daß eine juristische Persönlichkeit im Staate zugleich unabhängig sei vom Staate? Was die Anhänger des neuerweckten Territorialsystems träumen. 152. Hat der Papst als Haupt der württ. Katholiken oder der Gesammtkirche sich mit dem weltlichen Souverän vertragen? v. Moy. Portalis. Urtheil des Gesetzgebenden Körpers über das franz. Concordat von 1801. 153. Confessionelle Mißverständnisse. Sie ruhen zuletzt auf einer ungerechtfertigten Anwendung des Territorialsystems. Letzte Consequenz Communismus. 154. Der tiefste Grund des Widerwillens sitzt in der von der Revolution erstrebten Unbändigkeit. Azeglio. Antonelli. Lösung der Schwierigkeit aus dem innigen Zusammenhang der Concordatsgegenstände mit der politischen Verfassung. 155. Die Concordatsbrüche und die Revolution. Pius IX. Der Dep. Boggio. Die Wirkungen des Concordatsbruches in Italien übersichtlich . . . . Seite 139—152

Dritter Abschnitt.
Das liberale Staatsprincip und das Leben der Kirche.

§ 9. Das öffentliche Leben der Kirche.
(Thesen 44—51. 54.)

§ 10. Das Socialleben der Kirche.
(Thesen 52. 53.)

Vierter Abſchnitt.

Das liberale Staatsprincip und die katholiſche Glaubenseinheit.

§. 11. Trennung, Gewiſſensfreiheit und Cultfreiheit.

(Vergl. mit der Theſe 55 die Sätze aus Quanta cura in n. 52 und die Theſen 77—79.)

In der Unterzeichneten ist erschienen:

Die Encyclica Papst Pius' IX.
vom 8. Dezember 1864.
Stimmen aus Maria-Laach. gr. 8°.

Unter vorstehendem Sammeltitel ist von einem Kreis von Priestern der Gesellschaft Jesu eine gründliche Erörterung der Encyclica und des Syllabus nebst Vertheidigung derselben gegen berücksichtigenswerthe Einwürfe veröffentlicht worden, die in dem vorliegenden XII. Hefte ihren Abschluß gefunden hat. — **Jedes Heft enthält eine in sich abgeschlossene Abhandlung und wird einzeln abgegeben.**

Inhalt der ganzen Sammlung:

Freiburg, 1869.

Herder'sche Verlagshandlung.